AF500120

SOCIÉTÉ NATIONALE D'ÉDUCATION DE LYON
Reconnue d'utilité publique.

LA CRISE
DE
L'ENSEIGNEMENT SECONDAIRE

L'ÉDUCATION ET LE DROIT SOCIAL

PAR

M. A. LEGORJU
Chef d'Institution.

LYON
A. REY & Cie, IMPRIMEURS-ÉDITEURS
4, RUE GENTIL, 4
—
1905

LA CRISE

DE

L'ENSEIGNEMENT SECONDAIRE

L'ÉDUCATION ET LE DROIT SOCIAL

SOCIÉTÉ NATIONALE D'ÉDUCATION DE LYON

Reconnue d'utilité publique.

LA CRISE

DE

L'ENSEIGNEMENT SECONDAIRE

L'ÉDUCATION ET LE DROIT SOCIAL

PAR

M. A. LEGORJU

Chef d'Institution.

LYON

A. REY & Cie, IMPRIMEURS-ÉDITEURS

4, RUE GENTIL, 4

1905

LA CRISE

DE

L'ENSEIGNEMENT SECONDAIRE

L'ÉDUCATION ET LE DROIT SOCIAL

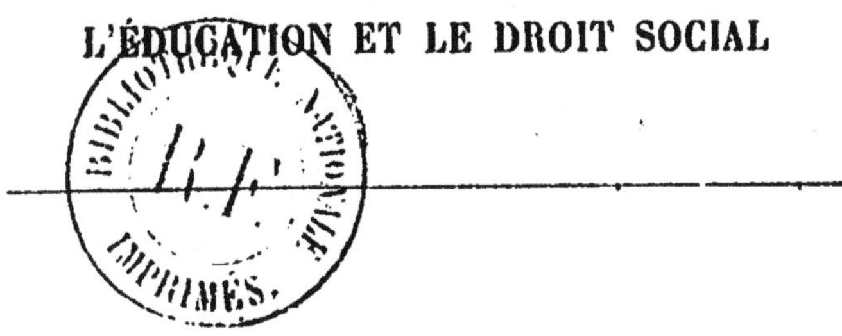

AVERTISSEMENT

Je n'ai pas eu l'intention, en écrivant ces lignes, de faire un ouvrage de politique, mais d'examiner, au point de vue pédagogique, philosophique et historique, la situation en face de laquelle se trouve placé, à l'heure actuelle, quiconque s'occupe d'enseignement. J'ai cherché simplement à me rendre compte des choses, pour moi-même d'abord. C'était mon droit ; c'était même, pour moi, un devoir professionnel. J'ai cru utile de présenter mes réflexions à la critique de mes collègues de la Société d'Éducation. Telle est l'origine de ce travail.

Ces lectures ont fini par former un livre plus ou moins bien ordonné. D'autres questions sont venues se greffer sur la principale. Je n'ai pas cru devoir les écarter, quoiqu'elles touchassent aux plus graves préoccupations du moment, et j'ai allongé le titre.

On me rendra cette justice que je les ai traitées dans une pensée de large libéralisme, évitant avec soin toute polémique, ramenant même à quelques lignes toute la première partie du chapitre VI, dont le texte primitif avait provoqué, malgré moi, une certaine émotion, m'attachant surtout à examiner des questions de principe et de pédagogie. Si je recherche les causes qui tendent à diminuer la liberté de l'enseignement et celles qui l'ont faussée, ce n'est point dans un esprit de parti. Je l'ai considérée moins au sens passif du mot, qui est le point de vue du père de famille, qu'au sens actif, qui est celui des maîtres. Je n'ai fait que me conformer aux principes qui ont présidé à la naissance de la Société Nationale d'Education et soutenu son développement ultérieur. Cette Société fut l'œuvre des chefs d'institutions, sa constitution en 1830 le premier acte en faveur de l'enseignement libre, son but la défense des intérêts et des droits des maîtres, et, en même temps, les progrès de l'éducation. Je me suis inspiré de cette double pensée.

On ne s'étonnera donc point de ne pas trouver de solution pratique aux problèmes que j'ai discutés. Je me suis précisément efforcé de démontrer la nécessité de placer l'enseignement en dehors de toute action politique, soit religieuse, soit laïque, dans l'intérêt de l'enfant, des maîtres, des familles, de l'enseignement et du pays même. Au surplus, j'estime que les réformes sérieuses, dans les institutions d'un peuple, sont plutôt l'œuvre du temps et de la liberté que l'effet de lois qui les précisent ou de décrets qui les ordonnent, que les lois les meilleures sont celles qui se bornent à tracer les lignes générales et les grandes limites de l'action des citoyens au lieu de tout réglementer, et qu'il faut attendre beaucoup de l'initiative privée, pourvu qu'on ne l'entrave pas. Il suffirait que cette initiative fût assurée par une loi très générale, qui en déterminerait, au point de vue de l'enseignement, les conditions civiles.

C'est sans ambition que je livre à la publicité des pa-

ges, dont la lecture a rempli pendant plus d'une année les séances de la Société, mais avec un sentiment profond de gratitude envers mes collègues, pour l'honneur qu'ils m'ont fait d'en voter l'impression.

Lyon, le 31 mars 1905.

A. L.

INTRODUCTION

L'enseignement secondaire, en France, traverse, depuis quelques années, une crise redoutable, s'il faut appeler crise tout conflit de principes et tout effort pour passer d'un état à un autre. Il y a crise, à la fois, dans les conditions d'existence de cet enseignement et dans son organisation. Après un demi-siècle de monopole, suivi d'un demi-siècle de liberté, voici que le droit d'enseigner est de nouveau remis en question. Après un demi-siècle d'éducation libérale, voici que l'utilitarisme semble prévaloir comme principe d'éducation. On se demande si la Révolution s'est faite au nom de la Liberté ou au nom du Socialisme.

Cette crise n'est, en effet, qu'une des manifestations de la grande crise qui agite les âmes, à l'heure présente, et qui tend à modifier les principes fondamentaux sur lesquels reposent le droit public, le droit civil, les institutions et la société elle-même.

De toutes les questions qui préoccupent l'opinion publique, l'éducation est celle qui soulève les discussions les plus passionnées, car elle ne met pas seulement en opposition les hommes, mais encore les grandes institutions qui les gouvernent, l'autorité de ces mêmes institutions et les principes auxquels elles se rattachent. Elle donne une forme précise et toujours actuelle au grand débat éternellement renouvelé qui divise l'Eglise et l'Etat. Elle ramène sans cesse les esprits sur le grave problème du sens de la vie, au sujet duquel depuis des siècles les philosophes sont partagés.

L'année dernière, à pareille date, la Société nationale d'Education nous avait confié le soin de rédiger un rapport sur le projet de loi Chaumié. Notre tâche s'était bornée à donner une formule aux idées émises au cours de l'examen qu'elle avait fait, en séance, du premier texte.

Les craintes que nous éprouvions alors étaient inférieures aux menaces qui devaient se produire. Depuis, les événements se sont précipités. Ils ont en partie justifié nos critiques. Des opinions ont été émises, des doctrines se sont affirmées, des tendances manifestées, qui dépassent de beaucoup celles que le projet Chaumié laissait entrevoir. Au cours de la discussion de ce projet au Sénat, son caractère politique s'est accentué avec une netteté plus grande. Combien d'amendements ont été proposés, qui, sous prétexte de garantir les droits de l'Etat, vont à nier les droits des personnes ! L'application des principes aux conditions contingentes de la vie réelle est souvent faussée par l'action de ces circonstances. Le but à atteindre risque de les faire dévier. Quand on touche à leur intégrité, ils sont emportés eux-mêmes avec tout ce qu'ils soutenaient. C'est ainsi que le désir de frapper les congrégations a poussé leurs adversaires à combattre la liberté elle-même. On a remis en question les droits les plus incontestables et posé les problèmes les plus graves relativement à la capacité d'enseigner et à la nature de l'éducation. Ainsi, tandis que l'Etat conçoit et applique un nouveau plan d'organisation de l'enseignement secondaire public, et juste au même moment, les hommes politiques entreprennent de limiter la liberté. L'abrogation de la loi Falloux nous apparaît comme une mesure politique destinée à écarter tous les obstacles qu'elle permettrait d'opposer à la réalisation complète du vaste plan d'éducation, conçu au lendemain de la fondation de la République. La réforme de l'enseignement secondaire n'est qu'une suite de la réforme de l'enseignement primaire. Elle s'effectue dans le même esprit. Voilà pourquoi il ne sera laissé qu'une demi-liberté à l'enseignement privé, qui paraît devoir être seulement placé sous un simple régime de tolérance.

Il s'agit donc de savoir, à l'heure actuelle, si celle des libertés qu'il a été le plus difficile de fonder en France, doit périr dans ce conflit mémorable, et de qui doit relever l'éducation des enfants.

Pour apprécier équitablement l'œuvre qui s'accomplit sous nos yeux, il convient d'en rechercher les raisons politiques et historiques et les principes philosophiques. Le 5 juillet 1850, Guizot écrivait : « Ni par les représentants de l'élément laïque, ni par ceux de l'élément religieux, la transaction n'est considérée comme bonne en soi et définitive. L'Université se tient pour sacrifiée ; le clergé ne se tient pas pour satisfait. L'une se résigne, quant à présent ce qu'elle n'a pu empêcher ; l'autre accepte ce qu'il a obtenu, sans renoncer à d'autres espérances. C'est un temps d'arrêt dans la lutte, ce n'est point la paix... » A un demi-siècle de distance, ces paroles sont singulièrement suggestives. La lutte qui, depuis vingt-cinq ans, s'est livrée avec tant de force entre l'enseignement congréganiste et l'enseignement universitaire, et en dehors de laquelle l'enseignement laïque a réussi à peine à subsister, leur donne un regain d'actualité. D'autre part, ce n'est pas un simple conflit d'influence qui éclate entre les partis politiques. Il y a, au fond, des causes d'un autre ordre, qui tendent à renverser tout l'édifice des traditions religieuses, morales et sociales. Voilà ce qu'il faut examiner.

Il n'entre point dans notre pensée de faire ici œuvre politique. Si nous sommes entraînés sur ce terrain par la nature du sujet, ce n'est point notre faute.

Il nous appartient, cependant, de discuter selon une méthode rigoureuse et dans un but d'utilité générale, les questions de principe et l'histoire de ce grand débat. Chose étrange ! les vérités les plus certaines ne cessent d'exiger une démonstration nouvelle. Les passions, les préjugés, les intérêts les dénaturent. Le bon sens même a besoin quelquefois d'être prouvé. Les politiciens sont avant tout des hommes d'action. Ils se préoccupent plutôt de l'application des principes selon les nécessités du moment ou les vues des partis, que de leur valeur absolue. Peut-on même affirmer qu'ils obéissent toujours à des principes ? Ils donnent le plus souvent le spectacle d'adversaires aux prises, opposant une volonté à l'autre. Il est nécessaire que le philosophe ramène les débats aux questions fondamentales, car tout problème politique ou juridique est réductible, en définitive, à un problème de morale ou de psychologie, tout système d'éducation à une philosophie de l'homme et de sa destinée. D'autre part, comme aucune de ces questions n'est nouvelle, l'expérience et l'histoire peuvent en éclairer la signification.

Au fond, il convient de se demander dans quels rapports sont entre eux les droits de l'Etat et de l'individu en matière d'enseignement et d'éducation ; si l'éducation a pour fin la société ou l'individu ; si le droit d'enseigner vient de la loi positive ou de la loi naturelle.

Mais il y a aussi des questions de fait qui se rattachent aux précédentes et qui n'ont de sens que par rapport à elles.

Toutes ces questions se ramènent : à déterminer le rapport qui existe entre la réforme du plan des études secondaires et la loi Chaumié ; à montrer les origines historiques et les bases philosophiques de ces réformes pédagogiques et législatives ; à en examiner la valeur et les conséquences ; à rechercher les véritables fondements de l'éducation et du droit d'enseigner et quelles réformes seraient de nature à mettre un terme à la crise et à fonder la liberté.

Le sujet est vaste et, s'il y a de notre part quelque témérité à le reprendre, après tant d'écrivains éminents, notre excuse est dans la nécessité où ont été placés de se défendre tous ceux qui, à un titre quelconque, bénéficient de la liberté d'enseigner ou s'occupent d'éducation, et de savoir, dans un tel conflit d'opinions, ce qui est la vérité et le droit.

CHAPITRE PREMIER

LA LOI CHAUMIÉ ET LE PLAN D'ÉTUDES DE 1902

L'organisation de l'enseignement secondaire en France et ses conditions d'existence sont ou ont été l'objet d'une grave réforme. La liberté d'enseigner semble menacée et un esprit nouveau s'introduit dans notre système d'éducation. Nous assistons, à l'heure présente, aux derniers efforts pour achever l'exécution d'un plan nettement conçu et depuis longtemps préparé. Les théories se réalisent et passent dans le domaine des faits, heurtant et repoussant les doctrines et les droits antérieurs.

Il existe une relation étroite entre ces deux actes du pouvoir : l'abrogation de la loi Falloux et l'application des nouveaux programmes dans les lycées. Ces deux réformes sont inspirées par la même pensée. Elles répondent à deux questions solidaires l'une de l'autre : Qui a droit d'enseigner ? Quel est l'intérêt de la société dans l'éducation de la jeunesse ? Mais la réponse est celle-ci : l'enfant appartient d'abord à la société, il est fait pour elle ; c'est-elle qui a intérêt à ce qu'il reçoive une éducation conforme à ses besoins et capable de l'adapter à l'ordre par lequel elle subsiste ; c'est-elle qui est seule juge de la méthode selon laquelle il doit être élevé et de la compétence des maîtres, auxquels il peut être confié. L'intérêt social domine tout. L'éducation est donc une affaire d'Etat et une fonction publique, ce qui exclut la liberté d'enseignement, en tant que droit, et autorise toutes les mesures propres à nationaliser l'éducation.

I

Nous ne dirons qu'un mot de la loi Chaumié, l'ayant examinée ailleurs au point de vue pratique (1). Nous l'avions considérée comme une loi de combat, plutôt que comme une loi de principe. Nous avions reconnu cependant que, malgré les restrictions qu'elle y apportait, cette loi laissait subsister la liberté comme un droit. Cependant, il nous avait semblé que les formules équivoques du texte enveloppaient des arrière-pensées et ouvraient la voie à l'arbitraire. L'exposé des motifs ne laissait aucun doute sur son sens général. Ce sens se dégage encore plus nettement des commentaires dont les orateurs du Sénat ont souligné le texte. Ils l'ont trouvée trop libérale, car ils considèrent la liberté comme un obstacle à l'expansion des idées modernes.

Le sort de la République et de la France dépend, selon eux, de la suppression d'une liberté qui n'est pas un droit imprescriptible, mais une concession de l'Etat. M. Thézard célèbre les avantages du monopole, « car il a produit des générations qui ont servi la science, la patrie et l'humanité ». M. Béraud conseille de « retirer l'éducation à un parti qui reçoit son mot d'ordre de l'étranger ». M. Combes affirme que la liberté d'enseigner n'est qu'une « liberté de fait, susceptible de se restreindre et de s'étendre suivant les époques et les intérêts vitaux de la Société ». Il soutient que « l'Etat a le droit d'édicter certaines incompatibilités en cette matière ». Les adversaires de la liberté d'enseigner se fondent donc sur des raisons politiques et sur les principes nouveaux du droit social.

La liberté d'enseignement est un obstacle à certaine politique, car elle permet les avantages d'une éducation vraiment libérale à tous ceux qui la cherchent pour elle-

(1) Cf. Rapport sur le projet de loi Chaumié (1903).

même, ou plutôt pour ses effets. L'éducation libérale était l'unique refuge des esprits indépendants, d'où qu'ils vinssent, de la classe laborieuse ou de la classe bourgeoise. Fondée sur la véritable tradition classique, sur celle qui n'exclut ni la métaphysique d'Aristote ou de Platon, ni les moralistes chrétiens, sur ce qui unit les hommes dans un même amour de la vérité et dans un même sentiment de charité, sur la raison aussi bien que sur la foi, sur le respect qui est dû à la personne humaine, comme sur les croyances les plus universelles, elle a pour effet de mettre les esprits et les volontés en possession d'eux-mêmes, de les placer au-dessus des intérêts ou des passions, en dehors des polémiques contemporaines. Les hommes formés à cette école ne suivent point volontiers les démagogues ni les ambitieux. L'élite d'esprits qu'elle élève n'est point une élite d'*arrivistes*, mais un choix parmi les bons esprits et parmi les hommes capables de devenir des caractères. C'est pourquoi elle a pu être considérée comme une « éducation d'ancien régime » ou comme un obstacle au triomphe de la démocratie. Si l'éducation libérale est un obstacle, la liberté de la donner en est un autre qui fortifie la première. La conclusion, c'est qu'il faut les renverser toutes deux.

Quand une fois on a confondu l'éducation avec la politique ou l'intérêt social, tout ce qui relève de la conscience et de la personnalité morale n'a plus droit à aucun respect. Dès lors, au nom de quoi reconnaîtrait-on comme un droit une liberté qu'on nie en principe et dont on déclare les effets dangereux pour l'intérêt public ?

C'est pourquoi le monopole apparaît comme l'unique moyen de servir utilement cet intérêt.

Quant à la liberté, on fait des lois qui ont l'air de la sauvegarder, mais qui arment les pouvoirs publics de telle sorte qu'elles n'en laissent plus subsister que l'ombre.

La liberté que concède la loi Chaumié n'est-elle pas

en effet une illusion ? L'indépendance des chefs de maisons n'est-elle pas limitée étroitement ? La manière dont l'inspection est organisée les expose à toute espèce de vexations et même à la délation. L'enseignement n'est-il pas menacé, sous un tel régime, de subir une baisse considérable ? Que serait une maison réduite aux classes de grammaire ou au simple rôle d'auxiliaire de l'Université ? Or, il suffirait, pour aboutir là, d'une loi qui interdirait l'accès des carrières publiques aux jeunes gens des maisons libres. Que serait un enseignement découronné et privé de sanction ? Mais c'est précisément au rôle d'auxiliaire qu'on voudrait le réduire, comme au temps du monopole, et non point lui laisser l'indépendance. On fut même tenté de donner aux établissements privés un caractère demi-officiel. L'amendement Fallières aboutissait à un monopole déguisé. Soumettre l'ouverture d'un établissement privé à une « autorisation spéciale », au moyen d'un « décret rendu après avis du Conseil supérieur », autorisation susceptible d'être « retirée par décret rendu en même forme », équivalait à avouer pour siens de tels établissements. Néanmoins, le but a été atteint. L'existence de tout établissement suspect d'indépendance peut être mise en question par l'autorité, au mépris des intérêts individuels et contrairement à tous les principes du droit civil ou du droit commercial, qui tendent à assurer la protection des biens. En vertu de l'article 22, tout établissement privé pourra être fermé par décret, sans avis du Conseil supérieur et sans condamnation préalable. C'est donc une illusion de croire que le principe de la liberté est sauvegardé.

La loi Chaumié n'est, en définitive, qu'une loi destinée à créer un régime de transition, sous lequel l'enseignement libre aura la faculté de mourir.

Il est trop évident que cette réforme législative se rattache à une autre et qu'elle est subordonnée à des vues politiques, qu'il s'agit de faire prévaloir.

II

La réforme du plan des études secondaires est une mesure complémentaire de l'abrogation de la loi Falloux. Elle la complète en ce sens qu'elle est dictée par la même pensée fondamentale. Tandis que la loi Chaumié frappe la bourgeoisie par les restrictions qu'elle apporte à la liberté d'enseignement, la nouvelle organisation introduit dans l'enseignement destiné à tous les enfants de la démocratie un esprit nouveau.

On verra par l'histoire des antécédents de cette réforme quel lien étroit la rattache au mouvement politique. Il convient d'en préciser le caractère, car ce caractère apparaît nettement, si on se rappelle les vœux qui l'ont précédée et si on la place en regard des opinions de ceux qui l'ont préparée.

Elle est la conséquence d'une théorie nouvelle de l'éducation, qui consiste à subordonner aux fins sociales la formation intellectuelle et morale des esprits et des consciences. A l'antique maxime : « Fais ton devoir », Herbert Spencer a substitué cette formule : « Adapte-toi à ton milieu. » La stabilité et le progrès des sociétés ont des conditions positives. Ce sont les lois sociologiques. Stuart-Mill les ramène à l'unité morale, à la solidarité entre les citoyens et à un système d'éducation approprié à la fin que se propose l'Etat. Ainsi se conserve et se développe le *moi* national. Ce n'est pas l'individu mais l'intérêt social qu'on prétend servir. L'éducation « est la base essentielle de tout progrès... Sans éducation, la société est semblable à un vaisseau désemparé que vainc la tempête ; les mâts, le foc, ainsi que tous les agrès nécessaires à lui assurer un bon fonctionnement sont sur place, mais ils gisent réduits à l'impuissance, alors que l'intelligence de leur emploi équivaudrait à un gréement favorable à la marche du bâtiment. Que l'on apprenne au jeune enfant à user de la vie selon l'intérêt général, plutôt que dans son intérêt particulier, et la société disposera enfin de l'agent indispensable à sa transformation ; elle sera servie à souhait par l'émulation même de ses membres (1) ». Les idées de solidarité universelle doivent éclairer les esprits et diriger l'activité des membres de la société. L'individu n'étant qu'un rouage de la grande machine, une cellule de l'immense organisme, il doit s'absorber dans cet ensemble et développer en lui seulement ce qui est susceptible de fonctionner conformément à l'un ou à l'autre des besoins généraux.

L'enseignement secondaire, jusqu'à présent réfractaire à ces doctrines, doit donc s'en inspirer à son tour et se coordonner à l'enseignement primaire, afin de réaliser la fusion de toutes les classes sociales dans la démocratie moralement unifiée.

Le nouveau plan d'études est l'œuvre non point d'éducateurs, mais de politiciens et de gens d'affaires, uniquement préoccupés de progrès sociaux et économiques. C'est le coup le plus audacieux qui ait jamais été porté à la tradition classique. Les assurances contraires ne doivent point nous égarer, car les arguments par lesquels on paraît vouloir la défendre, en faveur d'une élite, n'ont rien de commun avec le véritable esprit classique. La réforme donne satisfaction aux *desiderata* d'une démocratie qui aspire à substituer aux anciennes classes dirigeantes une élite nouvelle, fille du peuple et de la science.

Ce qu'il y a d'original dans cette réforme, c'est la tentative qui a été faite pour imprimer aux esprits une même direction fondamentale, pour approprier l'enseignement aux aptitudes individuelles et aux besoins sociaux, pour « adapter les programmes rendus plus souples à la variété croissante des besoins (2)». M. Chaumié l'a caractérisée en ces termes : « Chacun trouvera la culture qui, s'adaptant le mieux à ses goûts, à

(1) Darel, *Le Peuple Roi*, p. 108.
(2) Leygues, lettre à M. Ribot.

l'orientation de ses aptitudes et de son esprit, fournira à son intelligence le meilleur et le plus complet développement (1) ». M. Leygues la considère comme capable de développer toutes les aptitudes et de donner à chacun l'instruction appropriée à ses besoins et à son milieu... La vie est plus diverse et plus multiple qu'elle ne le fut jamais, et le champ de la science s'élargit chaque jour davantage. La diversité croissante de l'instruction est la conséquence inévitable de la diversité croissante des aspirations et des besoins (2). » D'autre part, comme l'existence du futur citoyen est solidairement liée à celle de la cité ou de la collectivité, et que l'intérêt général exige qu'une même pensée anime tous les esprits et vivifie la société tout entière, l'enseignement doit être, à tous les degrés, l'expression de cette unique pensée. « Une nation démocratique est une grande solidarité... La collectivité a un intérêt capital à donner à tous ses membres une idée précise de la transformation qui s'est opérée, depuis un demi-siècle, dans la condition intellectuelle, politique et sociale des hommes et à marquer nettement les rapports nouveaux qui se sont établis entre l'individu, l'Association et l'Etat (3) ». Ainsi, réaliser par l'éducation l'idéal moral de la société, faciliter à chaque enfant le choix des études qu'il doit faire et auxquelles le prédisposent ses aptitudes, tel est le double sens de cette réforme.

On ne s'est pas demandé si cette spécificité d'aptitudes n'était pas pour chacun une hypothèse et s'il était possible à tel père de famille d'augurer par avance des aptitudes de son fils, à ce fils de se connaître lui-même avant d'avoir fait l'épreuve de ses propres forces. On ne s'est pas demandé si l'éducation ne doit pas précisément avoir pour effet d'équilibrer les aptitudes, de les harmoniser, en rectifiant les unes et en suscitant les autres, de mettre les esprits en garde contre une spécialisation pré-

(1) Chaumié, Discours du concours général, 1902.
(2) *L'Ecole et la Vie*, p. 218.
(3) Leygues, *l'Ecole et la Vie*, p. 257.

maturée. Au contraire, on a individualisé, en quelque sorte, l'enseignement secondaire et, par là même, on en a affaibli les caractères essentiels, qui sont le désintéressement et l'humanisme. Tout a été disposé de manière à spécialiser les études. Au lieu de leur donner une forte unité, on les a, pour ainsi dire, coupées en tranches, parmi lesquelles chacun choisit selon son goût ou son appétit.

On a fait un système de ce qui n'était autrefois qu'une exception, et même on pourrait dire qu'on en est revenu non seulement à l'ancienne bifurcation, que Duruy avait supprimée, mais à un régime très semblable à celui des *Écoles centrales* de 1795. M. Liard semble regretter, en effet, que ce régime n'ait pas été mieux compris et réformé progressivement, car il « était vraiment l'esprit du XIXe siècle et le gain de la Révolution ». Il assurait « une instruction variée, bien en rapport avec les besoins multiples de la société nouvelle (1) ». Ces écoles, qui ont à peine duré sept ans, du 25 février 1795 au 1er mai 1802, avaient substitué à l'ancienne éducation des collèges de l'Université un enseignement technique et scientifique. « A côté des mathématiques et du latin, on devait y enseigner les sciences physiques, les sciences morales, les arts pratiques, l'agriculture, l'hygiène, les arts et métiers. » Les écoliers suivaient à leur gré les uns ou les autres. « Le libre arbitre de l'enfant devient une base du système (2). » On avait banni des collèges l'ordre régulier des classes et l'on pouvait voir les élèves « distribués dans les classes comme des essaims d'oiseaux, voltiger de l'une à l'autre au gré de leurs caprices, quitter celle qu'ils avaient d'abord choisie pour aller dans une autre, qu'ils supposaient plus attrayante, les franchir par sauts et par bonds et les fréquenter toutes en amateurs du bel air (3). » C'est en vain que Daunou avait essayé

(1) *L'enseignement supérieur*, II, p. 11.
(2) A. Duruy, l'*Instruction publique et la Révolution*, p. 220.
(3) Enquête de l'an IX.

d'introduire un peu d'ordre dans ce chaos, en divisant les élèves d'après leur âge, ainsi que les matières d'enseignement en trois sections successives, dont on faisait partie à douze, à quatorze, à seize ans. Les cours étaient réciproquement indépendants et les sciences l'emportaient sur les lettres. Chaptal dressa contre ces écoles un réquisitoire. Dans son rapport au Conseil d'Etat (18 brumaire an IX), il critiqua l'absence de gradation dans l'enseignement. L'enquête de l'an IX en montra les vices. L'organisation par cours faisait des matières de l'enseignement de véritables écoles spéciales de mathématiques, de latin, de législation, etc..., étrangères les unes aux autres dans le même établissement. L'enseignement des lettres y était presque abandonné. « On y essaye l'étude de toutes les sciences, disait le Conseil général d'Ille-et-Vilaine, excepté la plus importante, celle des mœurs. » L'instruction elle-même avait baissé, aussi bien que la discipline. Ces inconvénients justifièrent ceux qui, pendant cinquante ans, imposèrent aux études une forte unité. A peu près partout, on réclamait le retour à l'ancienne éducation et l'abandon du système. Bonaparte y substitua, en 1802, un cours d'études de six années, qui faisait aux sciences une part égale à celle des lettres. On faisait deux classes par an : la première année, deux classes de lettres de six mois (6e et 5e) ; la deuxième année, la 4e et 3e lettres et la 6e et 5e sciences ; la troisième année, la 2e et la 1re lettres et la 4e et la 3e sciences ; la quatrième année, s'achevaient les classes de sciences (2e et 1re) et l'on commençait un cours *transcendental* de belles-lettres ; la cinquième année, s'achevait le cours de belles-lettres et l'on commençait un cours *transcendental* de mathématiques, qui s'achevait la sixième année. Ce régime dura dix-neuf ans. Sous la Monarchie parlementaire, les études spéciales étaient une chose exceptionnelle. Les programmes de 1821 maintenaient l'unité des études, mais réduisaient la part faite aux sciences et laissaient aux parents la faculté de faire passer, après la troisième, dans les cours de philosophie ou de sciences les élèves qui n'étaient point destinés à prendre des grades. Dans les grands collèges, il y avait, comme à Lyon, des « cours préparatoires pour les écoles spéciales et pour les élèves qui se destinent aux professions commerciales et industrielles (1) ». Les élèves de mathématiques suivaient un cours spécial de littérature dans les lycées de Paris. L'unité des études classiques fut brisée une seconde fois par M. de Fortoul, au début du second Empire. Les programmes de 1852 établissaient, à partir de la troisième, deux sections : celle des lettres et celle des sciences, avec des cours communs et des cours spéciaux. Ceux de 1865 reportaient la bifurcation après la troisième. Ceux de 1890 la plaçaient à l'entrée dans la division de grammaire. Dès la sixième, existaient deux enseignements classiques parallèles et inégaux en durée, l'ancien et le moderne. Les programmes de 1902 créent non seulement divers types d'enseignement parallèles, mais encore des cycles successifs, c'est-à-dire une bifurcation à deux degrés, un enseignement secondaire élémentaire et un enseignement secondaire supérieur, qui commence seulement en seconde. Enfin, ce système de cycles se prolonge dans les examens eux-mêmes, qui se divisent également en quatre séries parallèles, et qui laissent aux candidats, par le privilège de l'*admissibilité*, la faculté de préparer successivement les deux moitiés de l'examen, l'*écrit* et l'*oral*. L'organisation nouvelle est donc inspirée par la même pensée qui avait séduit les créateurs des Ecoles centrales et elle est un véritable retour à ce système par delà le régime proprement classique.

Ce système offre, dit-on, des avantages. Il permet à certains élèves de ne faire qu'une partie des études, de se munir d'un *certificat* qui sera pour eux une attestation de bonnes études, et cette première partie forme un tout complet (premier cycle). C'est une illusion. Les

(1) *Almanach de l'Université royale*, 1839, p. 127.

élèves, pendant quatre années, auront reçu, en effet, une instruction grammaticale, littéraire, historique et scientifique élémentaire, mais non pas complète. Ils auront suivi un cours élémentaire de langue et de littérature françaises, un cours complet d'histoire et de géographie, un cours élémentaire d'arithmétique, d'algèbre et de géométrie, un cours élémentaire d'histoire naturelle, un cours pratique de langues vivantes. Certains auront, en outre, des connaissances spéciales en physique, en chimie, en physiologie, en comptabilité, en droit usuel ; les autres en latin ou en grec. Mais précisément, ceux qui auront préféré l'étude du latin et du grec se trouveront privés des connaissances physiques, et ceux qui auront préféré les connaissances physiques se trouveront privés de celle du latin. Pourquoi cela ? On aurait de la peine à justifier cette différence et il n'est pas vrai de dire que cette instruction secondaire élémentaire soit complète. Elle ne forme pas un tout complet, mais deux ensembles incomplets. On remarque même, dans la répartition des matières, une certaine incohérence, qui résulte de la préoccupation où l'on a été de faire une place à part à certaines études. C'est ainsi que les programmes de mathématiques de la division A retardent d'un an sur ceux de la division B et que l'enseignement de l'histoire naturelle fait place au grec dans la division A, aux sciences physiques et à la comptabilité dans la division B. Enfin, n'est-ce pas retomber dans une sorte d'enseignement primaire supérieur et continuer les inconvénients de l'ancien enseignement moderne ?

Remarquons aussi que la création de ce certificat constitue un privilège en faveur des élèves des établissements officiels et qu'il n'est pas l'équivalent de l'ancien certificat de grammaire. La circulaire du 8 juillet 1904 en renferme l'aveu : « Les élèves entrés au lycée ou au collège après études faites, soit dans l'enseignement libre, soit dans la famille, ne peuvent être présentés pour l'obtention du certificat, puisqu'ils n'ont pas accompli la scolarité que le certificat a pour objet d'attester. » Ce certificat n'est donc pas la simple constatation d'un examen de passage subi avec succès. C'est une sorte de demi-diplôme qu'on ne peut obtenir qu'en passant par le lycée. En fait, le monopole est la conséquence de cette mesure. On ne méconnaît pas l'utilité d'un certificat de fin d'études, qui est analogue à celle du *Livret scolaire*. C'est un stimulant. En 1850, ce certificat, qui existait auparavant dans les lycées et qui était délivré à la fin des études supérieures, fut supprimé. Cette mesure eut immédiatement pour effet une baisse dans le travail et dans la discipline des élèves des classes élevées, et un accroissement du nombre des élèves amateurs, des préparateurs au baccalauréat, au détriment d'une solide instruction (1). Cette sanction nous paraît donc utile, mais nous nous demandons comment elle se concilie avec un régime de liberté.

Le second avantage qu'on prétend trouver dans ce système, c'est de rendre possible le passage d'un cours dans un autre par un changement de cycle, et par là même, la correction de l'erreur commise dans un premier choix. Nous répondons à cela que la possibilité d'une telle erreur suffirait à condamner le système, car, en matière d'éducation, rien n'est plus funeste que l'incertitude et l'ignorance de la fin. Or, la fin, ici, n'est pas objective, mais subjective : il n'y en a véritablement qu'une, qui est de donner à l'esprit toute sa puissance intellectuelle et morale, toute sa portée.

Le *second cycle* aggrave encore les défauts du premier. Le rapporteur a même été frappé d'une lacune : « Si quelque bachelier de l'ordre scientifique se présente pour les études de la licence ès lettres, c'est qu'*il aura appris le grec en particulier*. » On pourrait en dire autant de quelques autres matières. Il y a quatre sections différentes dans ce deuxième cycle. — Or, il est curieux de constater que l'étude des langues vivantes en seconde et en première est réduite à deux heures par semaine

(1) *Cf.* procès-verbal de la Société d'Education, 8 mars 1851.

dans les sections A et C ; celle des mathématiques à une heure seulement dans les sections A et B, avec un coefficient de 0,5 pour l'interrogation du baccalauréat; celle de la physique et de la chimie à trois heures en philosophie. Si un élève de la section classique désire faire des mathématiques, il n'en a pas la faculté, et le professeur de sciences, pour la classe de philosophie, est averti que « les élèves auxquels il s'adresse n'ont pas l'habitude des mathématiques (1) ». Semblablement, ceux qui désirent étudier les sciences doivent renoncer aux études philosophiques, au grec, à l'histoire ancienne. Ainsi distribué, l'enseignement est amputé de quelque partie essentielle, réduit dans un sens littéraire ou dans un sens scientifique, dosé, individualisé, offert à tous dans la mesure où chacun peut s'y accommoder.

Quant au bénéfice de l'*admissibilité* au baccalauréat, il faut n'avoir jamais été à la tête d'une classe de rhétorique pour ne pas savoir combien il est nuisible aux études ; il faut n'avoir jamais vu un élève non admissible se dispenser provisoirement de l'étude de certaines matières, sous prétexte qu'elles ne sont pas immédiatement nécessaires pour passer les épreuves écrites, ni essuyé, de la part d'un élève admissible, le refus de faire des compositions écrites, sous prétexte qu'il n'en a plus besoin. On ne saurait croire combien ce système a rendu difficile dans les établissements l'unité de l'organisation et l'ordre général. Nous ne pensons pas, d'ailleurs, qu'on ait cherché cette conséquence, mais nous nous permettons de la signaler.

Ces observations montrent le défaut essentiel de ce plan d'études, qui est de trop préjuger des aptitudes individuelles et de laisser trop croire à l'opposition des lettres et des sciences et à l'impossibilité ou à l'inutilité pour un même sujet de cultiver les unes et les autres.

C'est méconnaître les besoins véritables de l'esprit et le caractère d'universalité de la science. Sans doute, les esprits universels sont rares. Cependant, il n'est pas si

(1) *Progr.*, p. 136.

rare qu'on pense de rencontrer des aptitudes variées dans un même esprit et même on peut affirmer que la culture scientifique se fait plus rapidement chez les esprits qui ont déjà reçu la culture littéraire. A tout le moins, on ne saurait admettre que, sous prétexte de spécialité d'aptitudes, les uns ignorent les éléments des sciences, les autres manquent d'une culture littéraire suffisante. En fait, ce sont les mêmes élèves qui, dans toutes les branches, occupent ordinairement les premiers rangs. M. de Salvandy le remarquait en 1839 : « Une observation attentive de tous les *palmarès* atteste que ce sont les mêmes élèves qui réussissent dans les Facultés les plus différentes, ce qui prouve que, lorsqu'il y a zèle et émulation, les études parallèles se développent et fructifient les unes par les autres (1). » Depuis, les mêmes remarques ont été faites par d'autres. La loi de la division du travail est une loi économique, elle n'est pas une loi de l'intelligence.

Et, lors même qu'un élève serait moins bien doué ou aurait moins de goût pour certaines matières d'études, ce ne serait pas une raison pour l'en dispenser. S'il n'y occupe pas le premier rang, du moins il en retient quelque chose. En tout cas, il est bon qu'il en ait reçu quelques notions. Combien d'élèves s'adonnent à l'histoire ? Un fort petit nombre. S'aviserait-on d'éliminer des classes d'histoire tous les élèves qui n'y assistent qu'en amateurs ? Qui permet de dire que ces jeunes gens qu'on prive de certaines études ne regretteront pas, plus tard, de ne pas y avoir au moins été initiés ?

D'ailleurs, est-ce que tout ne se tient pas dans les connaissances humaines ? Est-ce qu'il est possible de s'affranchir de l'une d'entre elles sans se priver d'un auxiliaire utile et sans s'exposer à tomber dans ce travers d'esprit qui consiste à tout ramener à une même manière de juger ? Est-ce que toutes les sciences ne se pénètrent pas les unes les autres ? Les mathématiques enveloppent toutes les connaissances expérimentales : la physique,

(1) Rapport au roi, 1839.

la chimie, la sociologie ; la physique et la chimie enveloppent la biologie ; le droit s'éclaire des lumières que projettent sur ses principes et ses applications de nombreuses sciences auxiliaires, comme l'histoire, l'économie politique, même la médecine. Il ne suffit plus d'être un jurisconsulte pour faire un magistrat, un physiologiste pour faire un médecin, un mathématicien pour faire un astronome, un lettré pour faire un psychologue ou un moraliste. Il est utile de se souvenir que les savants les plus illustres des derniers siècles ont été à la fois des savants et des humanistes : les Pasteur, les Claude Bernard, les Ampère, les Biot, les d'Alembert, les Newton, les Kant, les Leibnitz, les Pascal, les Descartes. La marque du véritable esprit philosophique, c'est, disait un ancien, « d'aimer avec passion toutes les sciences ».

Que devient, dans ce système, l'éducation proprement classique ? Elle ne disparaît point. mais son caractère est profondément altéré. Répartie par fractions dans les différentes branches, appauvrie du côté scientifique, réservée à une élite, elle est regardée comme un ornement de l'esprit, comme un moyen de maintenir les qualités héréditaires de la race ou de constituer dans la démocratie une nouvelle classe dirigeante.

Telle est la conception de M. Leygues : « L'éducation, dit-il, doit être esthétique... Elle doit enseigner les joies délicates et pures qui font la parure et l'enchantement de la vie (1). » L'art, selon lui, doit être envisagé dans ses rapports avec les milieux historiques plutôt que dans ce qu'il a d'expressif de l'âme humaine. L'œuvre d'art « révèle non seulement la nature et l'esprit de celui qui l'exécute, mais encore la race, le milieu, le moment où elle fut conçue. En chaque œuvre d'art sommeille comme un écho lointain du passé qui s'éveille et qui parle pour qui sait l'entendre (2). » M. Leygues insiste sur le caractère national des études classiques, qui sont en France une tradition. Les langues anciennes « sont mères de la nô-

(1) *L'Ecole et la Vie*, p. 249.
(2) *Ibid.*, p. 149.

tre et le génie qui les créa fut la source de notre génie (1). » Enfin, « il est nécessaire au progrès de la civilisation et au développement particulier des peuples qu'il y ait chez chacun d'eux un groupe d'hommes dont l'esprit soit façonné de telle sorte que la fonction de ces hommes, malgré la différence de leurs conditions sociales, soit de travailler au bien et au progrès universels (2). »

C'était la thèse même d'A. Comte, à laquelle Fouillée a donné une formule pédagogique. C'était la thèse de l'école saint-simonienne. Saint-Simon assignait déjà à l'éducation comme but d'« approprier chaque génération nouvelle à l'ordre social auquel elle est appelée par la marche de l'humanité. » « L'évolution individuelle, disait A. Comte, doit être en conformité avec l'évolution collective. » Fouillée précise ce principe par rapport à la race française, en distinguant entre l'individu et l'humanité un moyen terme, la *nationalité*. Selon lui, il importe à la fois de « conserver les traditions nationales et d'y ajouter les progrès réclamés par le temps (3). » Il faut, par conséquent, constituer un « cerveau national », une élite dans la démocratie elle-même. Cela résulte de la méthode allemande qui, introduite en France depuis 1880, par M. Bréal, a fait dévier la pédagogie française, en nous habituant à considérer plutôt le côté contingent de la vie que son principe et sa nature, à faire d'hypothétiques restaurations du passé plutôt qu'à cultiver cette raison qui constitue notre goût et notre génie, à étudier la genèse des formes linguistiques plutôt qu'à placer la pensée en présence de ses procédés logiques et universels.

Ces arguments ne doivent pas nous faire illusion. Je me borne, dans ce chapitre, à les signaler, sans en examiner la valeur. Pourtant, je ne puis m'empêcher de remarquer combien une telle conception de l'éducation

(1) *Ibid.*, p. 205.
(2) *Ibid.*, p. 205.
(3) Fouillée, l'*Enseignement au point de vue national*, p. 131.

classique et du classicisme s'éloigne de la vérité. Si M. Leygues reconnaît, d'ailleurs, la valeur de la culture classique comme moyen de formation intellectuelle, il en méconnaît cependant le véritable caractère, qui est l'universalité des principes et des connaissances qu'elle fournit à l'esprit dans tous les ordres de la pensée. En lui assignant une fin utilitaire, il la rabaisse et tombe dans une contradiction. Il est contradictoire de parler de « la recherche de la beauté harmonieuse et simple dans toutes les manifestations de la pensée (1) », et de songer à « constituer fortement l'armée du travail », à « lui donner un état-major et des cadres (2). » Si une chose peut être belle en même temps qu'utile, elle n'est pas belle parce qu'elle est utile, ni utile parce qu'elle est belle. Le désintéressement, non moins que l'universalité, caractérise la beauté. L'éducation vraiment classique ne saurait davantage être entachée de préoccupations utilitaires, car elle est elle-même une sorte d'œuvre d'art, qui consiste, disait déjà Platon, à « s'embellir intérieurement ».

On en arrive ainsi à ne plus distinguer entre l'enseignement secondaire et l'enseignement primaire. Ces deux enseignements n'ont ni le même objet, ni la même fin, ni les même moyens. Néanmoins, on rêve de préparer les élèves de telle sorte qu'ils puissent « passer de l'école du village au lycée ou au collège, *sans avoir l'impression qu'ils changent de milieu* » et de « réunir pendant un certain temps tous les jeunes Français sur les mêmes bancs (2). » L'enseignement primaire, qui a longtemps suffi aux classes laborieuses, quoique le secondaire ne leur ait jamais été interdit, s'est élevé à un niveau dont elles ne se contentent plus. Comme au XVIe siècle, les esprits, obéissant à un immense désir de savoir et subjugués par la superstition de la science,

(1) Leygues, lettre à M. Ribot, président de la Commission de l'Enseignement.
(2) *Ibid.*
(3) Leygues, l'*Ecole et la Vie*, p. 153.

cherchent à s'élever plus haut. La démocratie, pareille à ce géant qui, dans le roman de Rabelais, symbolise les espérances de l'esprit moderne à son aurore, aspire à l'instruction intégrale. Elle s'efforce d'entrer dans le temple mystérieux où réside cette science et d'en déchirer les voiles. Les humanités se laissent ainsi pénétrer par des éléments étrangers. Elles s'ouvrent à des pensées moins pures, qui altèrent la sérénité de l'esprit classique.

Les caractères par lesquels l'éducation classique est désormais définie ne sont donc point ceux qui la distinguent véritablement. Cette définition ne se rapporte qu'aux contours extérieurs, à l'enveloppe de la pensée classique, non à cette pensée même. Suivre la tradition et connaître l'histoire nationale ou celle de l'antiquité, est-ce un idéal d'éducation au-dessus duquel on ne puisse rien concevoir ? L'éducation classique se ramène-t-elle à cet idéal étroit et limité ? Doit-elle être confondue avec la lutte des races ? Poser une telle question, c'est montrer toutes celles qu'elle exclut par sa précision même .

Aussi bien, ce n'est point de cela qu'on se contente, et l'on cherche encore à donner à l'éducation classique une valeur morale. Le classicisme est interprété dans le sens de la morale indépendante, utilitaire, esthétique, rationnelle. On a introduit dans l'enseignement secondaire un élément nouveau : l'éducation morale et civique. Il est recommandé d'approfondir non seulement le sens historique des œuvres classiques, mais la signification morale. A défaut d'éducation religieuse, on se persuade que la science morale peut suffire à rapprocher les âmes. Les sciences de l'esprit sont regardées comme les seules capables de prévenir l'anarchie intellectuelle dans la société française. Selon Fouillée, elles sont « le pôle de l'enseignement », car « la fin idéale de l'humanité est la vie morale et sociale portée à son degré le plus élevé ». C'est pourquoi il avait réclamé une réforme des études « dans le sens philosophique ». « L'éducation de moins en moins théologique en France sera philosophique ou ne sera pas. *Les vraies humanités,* ce sont les études psychologiques, morales et sociales, et c'est par rapport à ces études que doivent se coordonner les lettres et les sciences. La morale elle-même est une science positive, que n'infirment en rien les incertitudes métaphysiques qui sont à sa base et, selon la parole de Socrate, « la vertu peut s'enseigner ». Ces préceptes pratiques sont hors de toute discussion. On ne saurait être divisé à leur sujet. La solidarité sociale est une loi aussi certaine qu'une vérité d'expérience et le bien peut être enseigné, sinon comme obligatoire, du moins comme utile, tant au profit de l'individu que de la société. De ces points de vue, la morale apparaît comme une fin en soi et il n'est besoin d'aucune métaphysique ni d'aucune religion pour la fonder. Elle est donc un lien capable d'unir les âmes, par le sentiment commun de la solidarité humaine. Dans notre société moderne, scientifique, utilitaire, démocratique, il ne reste qu'un moyen d'unir les esprits, c'est de leur enseigner les fondements de toute science et de toute activité, la psychologie et les conditions hypothétiques du bonheur dans la vie présente.

Les mêmes pensées se rencontrent dans les conférences qui, en 1900 et 1901, ont eu lieu entre quelques-uns des professeurs les plus distingués de l'Université, sous la présidence d'A. Croiset. « Il a été dit à maintes reprises et senti profondément par tous que l'Université se devait à elle-même de respecter, dans l'âme de ses élèves, les convictions des familles ; que le Lycée était comme une petite patrie où tous, catholiques, protestants, juifs, libres-penseurs, devaient pouvoir vivre en paix et se sentir chez eux, vraiment concitoyens d'une même république intellectuelle et morale ; que la morale universitaire, obligée de n'être ni confessionnelle, ni animée d'un étroit esprit de parti, devait être humaine et largement civique ; que le rôle du maître, dans ces conditions, était de chercher, non ce qui divise, mais ce qui unit..... Les principes métaphysiques habitent, pour ainsi dire, une région supérieure d'où ils ne descendent que rarement dans le domaine de l'action. En matière d'éducation, l'influence n'appartient donc pas seulement à ceux qui établissent, au point de vue théorique, les fondements derniers de la morale. Elle appartient tout autant à ceux qui développent les motifs immédiats d'action, et ces motifs, en fait, n'ont, le plus souvent, rien de métaphysique. La première chose à faire, c'est de jeter dans les jeunes âmes les germes de toute vie morale, en y créant des habitudes sérieuses, droites, consciencieuses. Libre à chacun de couronner à sa guise l'édifice de la morale (1). » Le point de vue pratique est donc le seul auquel il convient de se placer pour faire l'éducation morale de la jeunesse, on ne dit pas celle de la conscience ; et c'est à ce point de vue que sont ramenées les vertus personnelles ou sociales, la sincérité, la justice, le courage, la liberté, le sentiment social, le sentiment civique. Ces questions de morale pratique ne sauraient être séparées de l'enseignement littéraire, ou même scientifique, s'il ne s'agit pas d'imposer aux professeurs un *credo* laïque, du moins leur tâche ne se borne pas à démontrer des vérités ou à montrer des beautés. Il faut encore qu'ils ne perdent pas de vue l'âme de leurs disciples et, pour diriger leur action éducatrice, on leur en a préparé la matière.

Ces vues trouvent leur réalisation dans les nouveaux programmes. Pendant deux années, à partir de la quatrième, la leçon de morale se place à côté des autres cours, pour achever l'éducation des élèves qui suspendent leurs études après le premier cycle. Conformément aux principes sus-énoncés, la morale ne repose sur aucune base métaphysique. C'est par des « lectures, récits, entretiens méthodiques » qu'on pense « fortifier les sentiments favorables au développement moral » et on

(1) *L'Education morale dans l'Université*, Avant Propos, p VIII à X.

ne se propose point d'autre but que de « faire comprendre la valeur des fins de l'homme en société (1) ». Les vertus personnelles ou sociales n'ont d'autre sanction que leur beauté ou leur utilité. L'honnêteté du sage antique, la sincérité, le courage, la délicatesse morale, la probité, la bonté, la dignité personnelle, l'abnégation, voilà l'idéal pour l'individu. En tant que citoyen d'une patrie et membre de l'humanité, cet individu doit pratiquer les vertus sociales par excellence, la solidarité, la justice et la fraternité. S'il est question de conscience, de règle et de devoir, il ne paraît point que le maître doive en montrer ni la nature ni les fondements. On se flatte ainsi de préparer des hommes de devoir et de conscience, assez respectueux d'eux-mêmes et des autres pour pratiquer le bien et la justice, parce que c'est bien et parce que cela mérite la considération publique, par esprit d'abnégation et de sacrifice, par dévouement au bonheur universel, comme si la moralité n'était pas quelque chose d'essentiellement différent du progrès social et la conscience publique un composé de consciences individuelles, comme si ce n'était pas confondre le fait de la moralité avec toutes les autres conditions scientifiques et observables de la prospérité et du bonheur dans la vie présente, éliminer enfin de la morale le principe du bien, source de toute moralité, fausser le sens des mots et appeler moralité ce qui est tout autre chose.

Les maximes de cette morale indépendante et esthétique, l'éducation classique semble particulièrement propre à les fournir. Dès la quatrième, les élèves doivent avoir entre les mains un nouveau *Selectæ*, un recueil de « pages et pensées morales extraites des auteurs latins », puis « des auteurs grecs ». Comme au XVIe siècle, c'est à l'école de Sénèque ou d'Epicure qu'on conduit les jeunes âmes. Les moralistes anciens sont regardés comme les véritables maîtres des consciences, mais, parmi eux, on va de préférence aux païens, aux natu-

(1) *Progr.*, p. 53.

ralistes, aux honnêtes gens, à ceux qui sont les plus propres à enseigner, non point les règles impératives, mais l'art d'être heureux. « Des différences considérables séparent les théories de la sagesse qu'ont proposées Aristote, Epicure et les stoïciens. Pourtant, un même esprit les anime. Tous ces philosophes font du bonheur le but même de la vie. Ils montrent à l'humanité une même voie qu'il convient de suivre. Et, s'ils se séparent quand il s'agit de définir exactement le bonheur et la sagesse, ils ont du moins un fond d'idées semblables. Or, ces idées semblent devoir s'imposer à quiconque veut faire une morale de la raison théorique... Et qui sait, à voir la vie telle que l'a faite la prédication du devoir et du sacrifice, si l'humanité ne serait pas plus belle qu'elle n'est en pratiquant simplement celle des vertus que la science de la sagesse force à placer au-dessus de toutes les autres, la modération ? (1) » C'est la modération, la tempérance qui est la vertu de l'honnête homme, tel que l'aime le monde ou tel que le conçoit la raison. Elle semblait aux anciens la condition du bonheur : *nil admirari ;* et les poètes modernes de la vie réelle, à l'exemple de Montaigne, Molière et La Fontaine en célébraient aussi les avantages. L'honnêteté humaine implique tout ensemble des vertus personnelles et des vertus sociales : la modestie et l'urbanité. Par l'une, l'homme s'embellit lui-même, par l'autre il embellit la vie commune. N'est-ce pas la correction de l'égoïsme et la forme classique de la solidarité ? La solidarité a son idéal dans la beauté antique et, ainsi, les moralistes anciens restent encore les maîtres de l'éducation moderne.

En définitive, l'unité de la doctrine morale des anciens, interprétés dans le sens de la morale sociologique, voilà ce qui constitue, d'après les défenseurs de la culture classique, l'unité de l'éducation classique elle-même.

Or, sur ce point encore, nous estimons que la véri-

(1) A Cresson, *La morale de la raison théorique*, p. 232.

table tradition classique est altérée. S'il est vrai que les Stoïciens et les Epicuriens ont enseigné, pendant plusieurs siècles, un certain art d'être heureux, c'est Aristote, Platon et Socrate qui ont élucidé cette question du Bien, qui est le fondement de tous nos jugements moraux et en vertu de laquelle nous concevons le devoir et la justice. Cette tradition renferme encore la pensée chrétienne. Le XVIIe siècle l'avait recueillie et conciliée avec la pensée païenne dans une admirable synthèse. De nos jours, on la méconnaît. On recule par delà les siècles chrétiens. On entoure les vertus chrétiennes d'un respect pharisaïque : on les décore, mais on les bannit de la République.

Le sens de cette réforme est donc bien clair. L'examen du plan d'études en montre l'esprit et le but : imprimer à la démocratie sociale un mouvement de progrès nouveaux, faciliter l'évolution des aptitudes personnelles en vue de leur adaptation ultérieure à l'ensemble et celle d'une élite dirigeante au moyen d'une culture classique en conformité, non pas avec l'idéal humain ou chrétien, mais avec le caractère national et les besoins sociaux, unir les esprits et les bonnes volontés par les sentiments de dignité et de solidarité humaines, jugés suffisants pour faire la beauté de la vie. On pourrait définir ce système : l'*éducation contingente*.

L'ensemble de ces réformes nous apparait, en définitive, comme une mesure violente dirigée contre la bourgeoisie et contre l'esprit libéral des classes moyennes. Cela ressort des deux actes distincts, mais solidaires, qui les consacrent : l'abrogation de la loi Falloux et la réorganisation des études secondaires. L'abrogation de cette loi et la réduction de la liberté d'enseigner à un strict minimum ne sont que les conséquences d'un système d'éducation dont on juge l'application générale nécessaire dans l'intérêt social. Par ces mesures, le raccordement de l'enseignement secondaire à l'enseignement primaire, déjà animé de cet esprit nouveau, semble assuré et, avec lui, le triomphe de la démocratie. « La clientèle de l'enseignement secondaire s'est étendue », écrivait C. Ribot en 1901 (1). C'est pourquoi l'on a cherché à répandre à tous les degrés de l'enseignement le même esprit, à imposer une même direction à l'enseignement privé comme à l'enseignement public. Une pensée politique a dicté ces mesures. Cela est trop évident. Le projet Chaumié et le plan d'études, pour la réaliser, nous conduisent, par des moyens à peine avoués, tout droit à un monopole de fait, comme il est visible par l'exode qui se produit déjà dans la clientèle scolaire indépendante.

Il y a là véritablement une double crise et, puisqu'elle est ouverte, il convient d'en rechercher les antécédents historiques et les raisons philosophiques.

(1) Lettre à M. le Ministre de l'Instruction publique.

CHAPITRE II

CAUSES HISTORIQUES ET POLITIQUES DE LA CRISE

Une page d'histoire va nous apprendre comment une telle crise s'est produite.

Cette crise résulte, selon nous, de la renaissance du naturalisme ancien sous la forme de l'évolutionisme moderne et de l'opposition de cette tradition avec les traditions chrétiennes et libérales. Au fond, c'est une crise sociale, philosophique et religieuse que nous traversons.

Si on examine les idées émises de nos jours, on s'aperçoit qu'elles ne sont point neuves. Leurs défenseurs s'autorisent de l'exemple du passé et prétendent renouer une tradition interrompue par le christianisme et par le libéralisme politique. Ils se réclament à la fois des anciens et des modernes, d'Aristote, de Montaigne, de Richelieu, de Colbert, des hommes de la Révolution, de Napoléon lui-même. « Les républiques grecques voyaient dans l'éducation le seul moyen de défendre la cité contre les barbares du dedans et les barbares du dehors... Pour nous, le problème se pose dans les mêmes termes : l'éducation est une question de vie ou de mort (1) ». « La seule liberté que Talleyran, Mirabeau et leurs collègues refusèrent, en matière d'instruction, aux Français, ce fut le droit de transmettre à la jeunesse leurs opinions et leurs croyances (2). » L'œuvre scolaire de la Révolution a été un effort impuissant pour

(1) Leygues, l'*Ecole et la vie*, p. 243.
(2) Em. Bourgeois, *La liberté d'enseignement*, p. 34.

fonder un enseignement d'Etat, mais c'était « le désir des hommes qui ont fait inscrire leurs droits formulés par les cahiers dans la Déclaration (1). » Le libéralisme leur paraît une déviation et un obstacle. « La liberté d'enseignement a suspendu et presque ruiné l'effort unanime que la Nation avait tenté pour s'arracher à l'ignorance (2). » Il s'agit donc pour eux de renouer une tradition, de restaurer, au profit de l'Etat nouveau, le monopole de l'éducation nationale, pratiqué dans les cités antiques, et même par les monarchies qui s'appuyaient sur la raison d'Etat.

Tour à tour, les Gouvernements se sont emparés de l'éducation et se sont efforcés de la diriger en vue d'une fin politique ou sociale, tâchant de former des citoyens ou des sujets utiles et habiles à augmenter leur force. Ils ont considéré l'éducation comme l'une des obligations principales de l'Etat. Toujours, ils se sont heurtés aux droits de la conscience. Ces conflits remplissent l'histoire.

Nous ne pouvons en entreprendre un récit complet. Il nous suffira de rappeler les origines de la doctrine actuelle et de montrer le développement des causes de la crise contemporaine au cours du XIXe siècle.

La doctrine de la suprématie de l'Etat en matière d'éducation fut celle des Anciens. Combattue pendant les quinze siècles qui séparent la chute de la République de la Renaissance, effacée dans la même proportion que la notion de l'Etat, elle se renouvelle à mesure que les légistes restaurent le droit politique ancien, que disparaît l'individualisme féodal et s'affaiblit l'esprit chrétien ; elle s'affirme enfin à l'époque où, à l'image des cités antiques, la cité moderne se constitue par la centralisation administrative, d'abord sous l'autorité absolue des rois, ensuite sous celle des lois républicaines ou révolutionnaires.

(1) Em. Bourgeois, *La liberté d'enseignement*, p. 42.
(2) *Id.*, p. 45.

I

En Grèce et à Rome, où la cité absorbait la religion, la politique, la vie sociale, où l'individu appartenait, en vertu de ses origines, à une classe sociale déterminée, à un groupe religieux ou politique, à une phratrie, à une tribu ou même à une troupe militaire, l'éducation, comme la morale, était enveloppée dans la politique. « La cité prend tout l'homme, dit A. Croizet, et le fait ce qu'il est. C'est en tant qu'être sociable qu'il est juste et, par conséquent, moral, parce que la justice est le premier besoin des Sociétés (1). » Voilà pourquoi l'éducation devait être avant tout civique. Elle devait former des citoyens, des guerriers, des magistrats. Encore est-il que chaque cité la concevait à sa manière. A Sparte, elle était plus brutale, plus propre à former des soldats et à entretenir les vertus militaires ; à Athènes, plus esthétique, plus libérale, plus musicale, plus propre à former des orateurs ou des artistes, à donner aux corps cette beauté plastique, aux esprits cette sérénité, que la sculpture symbolisait dans des formes impersonnelles comme la raison. « On allait, dit Montaigne, aux autres villes de Grèce chercher des rhétoriciens, des peintres et des musiciens, mais en Lacédémone des législateurs, des magistrats et empereurs d'armée ; à Athènes, on apprenait à bien dire (2). » A Rome, l'éducation militaire prévalut jusqu'au jour où l'influence de l'hellénisme vint y polir le rude esprit latin. Mais, toujours, le but à atteindre était la grandeur de la cité. On sait combien les grands citoyens étaient honorés. On sait aussi avec quelle cruauté on sacrifiait les enfants mal conformés, impropres à devenir utiles. A Sparte, on les abandonnait sur le mont Taygète, à Rome on les égorgeait. L'enfant n'a la vie que pour servir son pays,

(1) *Histoire de la littérature grecque.*
(2) *Essais*, I, 24.

continuer le culte des ancêtres, accroître les gloires nationales. A Athènes, dès l'âge le plus tendre, il prend rang dans la société. Il est inscrit dans une *Phratrie*, à la fête des *Apaturies*, et il remplit une fonction dans les fêtes publiques. Les exercices de la palestre et de l'école le forment à chanter, à jouer de la cithare ou de la flûte, à réciter des poésies. A partir de quatorze ans, la gymnastique prévaut dans son éducation, il s'exerce à la lutte, à la course, au saut, à lancer le disque et le javelot. A dix-huit ans, il devient *éphèbe* et passe ses journées dans les travaux de l'Académie, du Lycée ou du Cynosarge. Il parcourt l'Attique, prend part aux manœuvres en campagne ou sur la flotte. Quand son éducation est achevée, il devient citoyen et est inscrit dans son *dème*. Platon et Aristote ont tracé des plans d'éducation où sont résumées les idées traditionnelles en Grèce. Quand Cicéron et Quintilien émirent leurs opinions sur ce sujet, l'éducation était déjà plus individuelle. Elle était considérée plutôt comme un ornement de l'esprit que comme une préparation à la vie publique. Celle-ci, d'ailleurs, disparaissait alors. Un dieu nouveau, l'Empereur, répandait sur les Romains les bienfaits de la paix. L'éloquence politique faisait silence et les lettrés se multipliaient. Il ne s'agissait plus de former des orateurs pour le *forum*, mais de beaux esprits pour les salons et les lectures publiques. A cette époque, la vieille cité croulait, sapée dans sa base par la philosophie sceptique et par le cosmopolitisme alexandrin, dont l'influence était à peine contre-balancée par la morale stoïcienne, dernier et noble refuge des âmes d'élite. Bientôt, elle allait être renversée, puis rétablie par le christianisme, qui se levait et enseignait aux hommes découragés les merveilles d'une cité qui n'est point de ce monde, la valeur de la personne morale, le prix d'une âme rachetée par la souffrance et par l'amour. Néanmoins, l'antiquité gréco-romaine léguait aux sociétés futures l'idée du droit social, qui sacrifie la personne humaine à l'Etat et, par suite, subordonne l'éducation à l'intérêt de celui-ci. « L'antiquité n'a connu que le principe d'autorité. Les Gouvernements se sont appelés monarchie ou république, aristocratie et démocratie, tous, en quelques mains que fût placé le pouvoir, l'ont voulu tout puissant (1). »

L'idée du droit social s'obscurcit après la chute de l'Empire. L'individualisme triomphe avec l'Eglise chrétienne, qui maintient l'unité du monde par l'unité d'un même *credo,* mais qui affranchit les âmes.

Soumis un instant par la main puissante de celui que la Chrétienté appela le grand Empereur et qui était revêtu à la fois de l'autorité des princes et de la majesté des pontifes, Latins et Barbares retournèrent à leurs destinées politiques. Mais une forme nouvelle de civilisation était née. L'autorité spirituelle des papes s'élevait au-dessus de l'autorité temporelle des rois chrétiens et s'efforçait de donner à une société, fondée sur le droit de propriété et sur la force, une base morale plus solide que la vieille religion païenne et un principe d'activité plus capable que le culte de la cité d'inspirer aux hommes les vertus, qui font leur grandeur et leur beauté.

Hégel a remarqué que le christianisme, en développant la personnalité, a inspiré les vertus chevaleresques : l'honneur, l'amour, la fidélité. Il en est de plus sublimes encore. L'éducation tendit à en orner l'âme de l'enfant, en rectifiant sa nature corrompue et en l'élevant vers les sommets de la pensée pure. Les écoles épiscopales ou monastiques et les Universités s'appliquèrent à cette œuvre. L'Université de Paris devint, au XIIe siècle, le centre de l'éducation *scholastique.* Cette éducation ne se bornait pas à l'enseignement des sept arts libéraux. Elle n'aboutissait pas uniquement à fournir à l'esprit une doctrine sur l'ensemble des choses, qui était comme la *somme* des connaissances humaines, leur systématisation dogmatique, une explication

(1) Beudant, *Le droit individuel et l'Etat,* p. 41.

scientifique de la foi et de la tradition religieuse, une philosophie de la religion ou une théologie de la raison : « *fides quœrens intellectum* (1). » Elle montrait à l'homme sa faiblesse et aussi a quelle hauteur l'amour de Dieu pouvait porter les âmes .L'énergie individuelle en était multipliée. Le libéralisme trouvait donc son principe dans la doctrine chrétienne.

Mais, de même qu'elle faisait l'unité morale du monde, l'Eglise avait affirmé son droit à l'éducation des hommes. Elle s'était instituée l'unique tutrice des intelligences. L'enseignement fut entre ses mains une sorte de monopole. Il n'existait au moyen âge qu'une liberté limitée. S'il est vrai que l'exercice de l'enseignement ne rencontrait pas d'entrave, que chacun pouvait, sans diplôme, offrir ses services aux familles et tenir école à côté des écoles épiscopales, cathédrales, monastiques, paroissiales, cependant l'instituteur était placé sous la surveillance de l'autorité ecclésiastique, qui avait le droit de censure et qui, à partir du XIIIe siècle, imposa aux maîtres l'obligation d'obtenir la *licence* d'enseigner. Les maîtres ès arts faisaient partie de la hiérarchie ecclésiastique.

Mais, quoique l'enseignement appartînt à l'Eglise, c'était en vue de la perfection des esprits qu'il était donné.

A la doctrine sociale des anciens s'était donc substituée la doctrine libérale de l'Eglise chrétienne, à l'éducation en vue de la cité païenne, l'éducation en vue de la cité de Dieu. Entre ces deux doctrines et entre ces deux autorités, le débat s'est ouvert à l'époque de la Renaissance, et il ne s'est point encore fermé.

II

L'histoire de l'éducation, dans les temps modernes, est celle de la lutte qui s'établit entre les pouvoirs de

(1) Saint-Anselme.

la société civile et de la société religieuse, entre les intérêts sociaux et les droits de la conscience individuelle. Les concordats qui réglèrent les rapports de l'Eglise et de l'Etat, au point de vue politique, juridique et administratif, n'avaient pas défini leurs droits réciproques en matière d'éducation, et l'on vit renaître l'idée d'une éducation nationale, à mesure que l'antiquité païenne était exhumée et que la monarchie tempérée évoluait vers l'absolutisme. Les rois commencèrent à exercer sur l'éducation une action directrice. Ils permirent ou favorisèrent une certaine concurrence, mais ils tendirent à faire prévaloir la suprématie de leur autorité en ces matières. La vieille Université, malgré ses privilèges, et la Sorbonne, malgré ses docteurs, durent modifier leur esprit, se laisser pénétrer par le classicisme et tolérer des rivaux plus imbus de l'esprit du monde. L'on vit naître alors une science laïque distincte de l'ancienne *scholastique*. Pour séparer des étudiants séculiers les futurs clercs et les préserver des influences mondaines, on institua les *séminaires*, en dehors des Universités et dans un esprit bien différent. La lutte eut pour objet la double question du droit d'enseigner et de la fin de l'éducation, que l'Eglise avait jusqu'alors été seule à régler, que désormais l'Etat prétendait définir et modifier.

Charles VII porta la première atteinte aux privilèges de l'Université. En 1445, il ordonna que les procès civils, où elle serait impliquée, seraient soumis à la juridiction du Parlement. En 1452, il édicta des statuts sur les examens, les thèses, les *pédagogies* ou pensionnats, le choix des régents, la censure ou inspection.

Louis XI continua ces mesures disciplinaires. Il imposa à l'Assemblée des étudiants et des maîtres la présence d'un *commissaire royal* pour présider aux élections du recteur. Il interdit l'enseignement des doctrines nominalistes et fit enchaîner les livres où elles étaient renfermées.

François Ier règle la discipline des collèges, sans consulter le Saint-Siège (arrêt de 1534). Il impose aux maîtres, même ecclésiastiques, qui dirigent des Ecoles privées, de prendre certains grades. Il crée le premier *collège royal*, par lettres patentes de 1529. Ce devait être le Collège de France.

Henri II autorisa les Jésuites, par lettres patentes, et malgré l'opposition du Parlement, à fonder le Collège de Clermont, qui ne s'ouvrit que sous François II. L'opposition de l'Université n'empêcha pas les élèves d'affluer dans ce collège fameux, que protégeait le roi.

Henri III plaça les Universités provinciales sous l'autorité royale en donnant à leurs recteurs le titre de *Vicaires du roi*, et aux officiers de la justice du roi le droit de contrôler leurs statuts et leur méthode d'enseignement (ordonnance de Blois, 1579).

Henri IV imposa aux candidats aux grades universitaires un serment préalable, celui d'obéir au roi et aux lois (édit de 1598). Il restreignit aussi l'enseignement privé, l'*école buissonnière*, et ordonna aux maîtres d'envoyer dans les collèges les enfants âgés de plus de neuf ans. L'ordonnance de 1600 contient à la fois des mesures disciplinaires pour l'Université et un programme d'études différent de l'ancienne scholastique. L'Humanisme remplaçait le Dialectique. Les critiques de Montaigne et de Rabelais avaient porté leur fruit. D'autre part, ce roi rappela (1603) les Jésuites qui avaient été chassés en 1594. Il leur donna l'établissement de la Flèche et écrivit au gouverneur de Lyon pour l'inviter à les réinstaller au collège de la Trinité.

La royauté restreignit donc les privilèges de l'Université et la plaça elle-même sous une dépendance plus directe. Elle ne craignait pas de soutenir à côté d'elle un autre enseignement, pour lui rappeler ou lui faire entendre que « l'enseignement, ainsi que le disait le président de Thou, était une chose de gouvernement, un droit royal », un « privilège » que le roi accorde ou refuse.

Cette politique fut continuée sous Louis XIII et sous

Louis XIV. Il y eut deux ordonnances célèbres en 1629 et en 1651. Richelieu et Colbert, les grands centralisateurs modernes, conçurent la pensée d'imprimer à l'enseignement une direction analogue à celle qu'ils donnaient à l'opinion et à la littérature.

On sait que le Cardinal avait une presse à sa solde et qu'il répandait dans le public des *mémoires* pour expliquer et justifier sa politique. L'éducation n'échappa pas à sa vigilance. Il exprime, dans son Testament politique, cette opinion qu'elle doit être en rapport avec le bien des Etats et le repos public, mais il acceptait aussi le principe de la *concurrence* sous le contrôle de l'Etat : « Il convient, dit-il, que l'émulation aiguise leurs vertus (les vertus des maîtres) et que les sciences soient d'autant plus assurées dans l'Etat, qu'étant déposées entre les mains de plusieurs gardiens, si les uns viennent à perdre un si sacré dépôt, il se trouve chez les autres. » Il favorisa donc l'expansion des Jésuites, comme celle des Oratoriens et des Sulpiciens dont l'enseignement était alors gratuit.

Leur existence dépendait de l'autorité royale : « Le roi, protecteur, conservateur et exécuteur des lois de l'Eglise, est maître presque absolu de ces Congrégations ; il les gouverne par le chef qu'il choisit et par les règles qu'il sanctionne... ; il fait respecter les serments, en garantit l'observance par des pénalités, il maintient les incapacités civiles qui en résultent, mais, en même temps, il fait de la vie monacale une institution publique dont il se réserve la garde et qui a sa place, ses privilèges et son rang dans l'Etat (1). » Néanmoins, quels que furent leurs efforts, les Congrégations ne parvinrent pas à pénétrer au sein des Universités, qui, bien qu'elles admissent dans leur sein des prêtres séculiers, étaient des corporations laïques. Les Jésuites n'obtinrent même qu'en 1618 le droit de présenter leurs élèves aux *degrés* de l'Université, et cela malgré les re-

(1) Dalloz, *Code des lois politiques*, t. II, p. 24.

montrances du Parlement, dont la juridiction s'étendait sur elle (1).

Colbert songea à constituer un monopole au profit de l'Université. « C'est un droit que la souveraineté donne aux rois de pouvoir, eux seuls, établir et fonder des académies dans leur royaume... Ils ne peuvent donner à leurs sujets de plus signalé témoignage de leur amour et bienveillance que de les retirer de l'ignorance et de la barbarie, et d'empêcher qu'on infecte l'esprit de leurs enfants d'une mauvaise doctrine... Toute communauté est illicite si elle n'est autorisée par le prince et c'est à lui à prendre soin de l'instruction de la jeunesse (2). » Il favorisa donc l'expansion des collèges universitaires, et, pour permettre à l'Université de soutenir à armes égales la concurrence des Jésuites, il lui attribua le 1/28 du produit des postes comme rente annuelle, ce qui lui facilita la gratuité. L'édit de 1698 enjoignit aux parents de faire instruire leurs enfants dans la religion catholique. Les petites écoles de Port-Royal furent fermées. Néanmoins, il n'empêcha pas le développement des Oratoriens et des Eudistes. Il continuait donc la politique de Richelieu et étendait partout le contrôle de l'Etat. C'était le temps où Fénelon écrivait, dans le *Télémaque :* « Les enfants appartiennent moins à leurs parents qu'à la République, ils sont les enfants du peuple... Le roi, qui est le père de tout son peuple, est encore plus particulièrement le père de la jeunesse... » C'était aussi le temps où les enfants des protestants étaient arrachés à leurs parents et placés entre des mains étrangères, malgré les protestations de ceux-là.

Néanmoins, en fait, l'éducation n'était point un monopole. Elle était donnée soit par des Congrégations, soit par les Universités. Mais les unes et les autres étaient placées sous l'autorité royale et nul ne pouvait ouvrir un collège, qu'il fut doté par des particuliers, par

(1) *Cf.* Villemain, Rapport du 2 février 1844.
(2) *Mém. sur les Ordonn.*

des villes ou sur des biens ecclésiastiques, sans y avoir été autorisé par une ordonnance royale. L'éducation n'avait rien d'officiel et elle était donnée par les maîtres les plus divers.

Elle n'avait point encore un caractère national. Elle visait plutôt, à former l'honnête homme, l'homme du monde, selon un type de beauté classique, qui exigeait le sacrifice de son individualité, l'atténuation des traits personnels, l'effacement du *moi*, l'urbanité des manières et l'universalité de l'esprit, sans se départir de son objet fondamental, former le chrétien. C'était encore par l'unité des croyances chrétiennes que se faisait alors l'unité morale de la France, et, si le paganisme avait ses adeptes, si le libre examen ou le libertinage d'esprit entamaient déjà la tradition religieuse, si la science enfin se levait sur le monde, du moins la foi n'était point morte, même chez les dissidents.

Combien de causes allaient transformer la Société aristocratique et les traditions, accélérer le mouvement commencé à la Renaissance !

Au XVIIIe siècle, tandis que la société évolue vers la démocratie bourgeoise, on conçoit la nécessité d'instruire les futurs citoyens. L'ignorance apparaît comme le pire des dangers sociaux et l'instruction comme une panacée merveilleuse. Diderot et Voltaire se font les apôtres d'une science qui tend à se séculariser et à se vulgariser. L'idée d'une instruction publique se dégage peu à peu.

Après l'expulsion des Jésuites, la nécessité s'en fit sentir. L'Université s'empara des 124 collèges qu'ils avaient dû abandonner, mais elle les laissa péricliter à ce point qu'en quinze ans 28 se fermèrent. Ils furent tous remplacés par des fondations municipales ou privées, qui commencèrent à établir, à côté des collèges de l'Université, un enseignemen libre, soit laïque, soit congréganiste. L'édit de 1763 constate que « la plupart des villes ont successivement obtenu l'établissement de collèges particuliers... Deux sortes d'écoles existent aujourd'hui dans nos Etats : les unes dirigées par les Universités, sous leur inspection et leur discipline, soumises à leurs lois et à leurs statuts ; les autres subsistent chacune pour son propre établissement (1)... »

Une enquête dirigée par le Président Rolland conclut à l'urgence de constituer, en faveur des collèges royaux, un monopole. Le rapporteur arguait des besoins sociaux et proposait de modifier le plan des études en raison même de ces besoins. « Parmi les jeunes gens réunis dans le même collège, disait-il, j'en vois de différentes conditions, qui doivent remplir des emplois différents et dont la destinée doit être aussi variée que leur naissance et leur fortune... Les militaires, les marins, les commerçants, les artistes sont-ils indignes de l'attention du gouvernement ? » Dans un temps où l'opinion publique se modifiait si profondément à l'égard des classes privilégiées, où le théâtre comparait les commerçants, les industriels, les paysans et les nobles au désavantage de ceux-ci, où Sedaine faisait de M. Wanderck un héros, il n'y a pas à s'étonner que l'idée d'une éducation nationale ait pu éclore. L'autorité royale cessa d'être tolérante. Elle restreignit le droit d'enseigner. Un arrêt du Parlement de Paris (6 août 1779) réserva aux collèges royaux l'enseignement du latin et fit aux maîtres de pension une obligation d'y envoyer leurs élèves à partir de la cinquième. C'était l'obligation du stage universitaire, que Napoléon devait imposer plus tard.

Condorcet écrivait : « Une Constitution libre, qui ne correspondrait pas à l'instrution universelle des citoyens se détruirait elle-même (2). » Les cahiers des Etats Généraux réclamèrent la création d'un système *d'éducation nationale*. L'expression s'y rencontre plusieurs fois et

(1) Il existait à Lyon, depuis 1734, cinquante maîtres d'écoles groupés en corporation. Leurs statuts, approuvés par l'archevêque, homologués par le Consulat, avaient été reconnus par lettres patentes.

(2) *Cf.* Em. Bourgeois, *La liberté d'enseignement*, p. 4.

M. Bourgeois s'est attaché à démontrer qu'ils étaient unanimes sur ce point.

Ainsi, depuis le xvᵉ siècle, la monarchie avait disputé à l'Eglise son privilège et, tout en demeurant le fidèle soutien de sa doctrine, elle avait placé les maîtres sous la tutelle de l'Etat, autorisé ou interdit les Congrégations enseignantes, conçu la première idée d'une éducation nationale. L'œuvre allait se poursuivre sous les régimes suivants.

III

Durant la période révolutionnaire, on fit des essais contradictoires pour donner satisfaction à ce vœu de l'opinion. Les uns regardaient la *Déclaration* des droits de l'homme comme le catéchisme du citoyen. Les autres cherchaient dans l'antiquité des leçons de civisme. On croyait à l'égale efficacité des exemples des anciens et des préceptes de la nature. Il y avait en conflit deux sortes de tendances qu'on croyait analogues. Il est certain que l'on ne savait pas au juste ce qu'il fallait entendre par la liberté et nous nous étonnons des contradictions dans lesquelles tombaient des hommes comme Talleyrand, Mirabeau, Condorcet, tout en essayant de concilier ces deux choses, qui leur paraissaient également respectables : la liberté et l'utilité générale.

On prit les anciens pour guides, parce qu'on était persuadé qu'ils avaient connu la liberté, et cette croyance, dit F. de Coulanges, la mit en péril. Les institutions de Lycurgue et les utopies de Platon semblèrent devoir être réalisées ou restaurées. Lepelletier de Saint-Fargeau et Saint-Just affirmèrent nettement que l'enfant appartient à l'Etat, qui doit le façonner à son image. « Dans notre système, la totalité de l'existence de l'enfant nous appartient : la matière ne sort pas du moule. » Robespierre disait aussi que « tout ce qui doit composer la République doit être jeté dans un moule républicain. »

Néanmoins, la Convention, partagée entre les opinions contraires, désireuse à la fois d'assurer l'avenir de la République et de conserver l'intégrité des principes, ne put se résoudre à organiser un enseignement d'Etat exclusif de tout autre.

Une grande difficulté arrêta d'ailleurs les novateurs, la situation financière et la ruine des établissements d'éducation (1). La charge était trop lourde pour l'Etat

(1) Il y avait en 1789, d'après les enquêtes de 1791 et de l'an IX, 551 collèges et séminaires, grands ou petits. La région lyonnaise en comprenait : 11 dans l'Ain (Belley, Jujurieux, Saint-Rambert, Bourg, Pont de Vaux, Saint-Trivier, Nantua, Trévoux, Châtillon-les-Dombes, Montluel, Thoissey) ; 3 dans la Loire (Montbrison, N.-D. de Grâce, Roanne) ; dans l'Isère, 13 (3 à Grenoble, collège royal, collège de philosophie, séminaire), Saint-Marcellin, Vienne Bourgoin ; dans Lyon 4. Ces collèges avaient leurs biens, leurs immeubles, leurs revenus propres. Les revenus des collèges de Paris étaient de 1.009.000 francs plus 275.000 francs pour l'Université et les séminaires. Les deux collèges de la Trinité et de N.-D. à Lyon avaient un revenu de 80.000 francs. Celui du collège de La Flèche était de 150.000 francs, Dijon : 61.332 francs, Besançon : 28.447 francs, La Rochelle : 25.000 francs, Aurillac : 15.000 francs, Bourg : 8.000, etc. Ils recevaient, en outre, des subventions de la province (Bourg), des municipalités (Lyon 15.000 fr. du gouvernement (Trévoux : 300 francs, Mortain 1.200), même du gouvernement anglais (St-Omer), des évêques (St-Malo, Castres, Siez, Varennes, St-Martory, etc.), des grands seigneurs (du duc d'Orléans à Versailles et à Mortain, de la maison de Condé à Aubeuton, des seigneurs de Machecoul, d'Aumale, etc.) Certains collèges avaient des bois (Besançon, St-Mihiel), d'autres jouissaient d'une part du revenu des octrois (Châtillon, Ernée (Mayenne), d'autres de dîmes (Evreux, Gisors), ou de prébendes (La Châtre, St-Gaudens, Noyon, Gournay). Enfin, quelques-uns étaient tenus par les congrégations religieuses, les couvents, les abbayes, par les Oratoriens, les Dominicains, les Bénédictins, qui enseignaient gratuitement (collèges de Cluny, de Sorrèze, de Senoux, de St-Jean-d'Angély, de Barcelonnette, etc.). Les bureaux des collèges institués par Louis XV furent maintenus par la Législative (loi du 18 août 1792) et les villes continuèrent à entretenir leurs collèges. Lyon créa même en 1804, un Institut, qui fut fermé en 1806, mais dont les professeurs fondèrent des institutions privées. Les collèges qui étaient entretenus par le clergé furent mis en vente, affectés aux Ecoles Centrales, transformées en sous-préfectures (Nantua) St-Gaudens, en prisons (Châtillon-les-Dombes), gendarmeries (Soissons), St-Brieuc, hospices (Embrun, Besançon), casernes (St-Pol de Léon, Gre-

obéré d'alors. La suppression des dîmes (4 août 1789) et des taxes indirectes (mars 1791), la dissolution des Congrégations (août 1892), la vente des biens du clergé avaient ruiné les maisons, ou du moins une grande partie, car les établissements qui n'appartenaient pas aux Congrégations ne furent pas vendus (loi des 14 et 16 février 1793). Ce fut en vain que l'Etat essaya de prendre les professeurs à sa charge (loi du 8 mars 1793) jusqu'à ce qu'il y eût une loi sur l'instruction publique. L'obligation du *serment civique* allait éloigner le personnel enseignant. On ne pouvait donc ni fonder des maisons en assez grand nombre, ni recruter un personnel suffisant.

La loi Lakanal (29 brumaire an III), qui créait des écoles centrales et des écoles primaires, laissait subsister la liberté d'ouvrir des écoles privées, et favorisait l'expansion d'un enseignement devenu prospère depuis l'expulsion des Jésuites.

Cependant, le Directoire, afin de soutenir les écoles de l'Etat, ordonna que tous les candidats aux fonctions publiques joignissent à leur demande un certificat attestant qu'ils suivaient les cours des écoles centrales. Les écoles privées furent soumises à une surveillance rigoureuse, parfois menacées de fermeture. On leur reprochait d'être hostiles à la République et d'enseigner à leurs élèves des « principes funestes ».On essayait donc de restreindre la liberté de fait dont on jouissait encore. Ces mesures furent aggravées par Bonaparte, qui soumit les écoles au régime de l'autorisation préalable.

C'est de cette époque que date l'expression d'*Ecoles secondaires*. Elles furent instituées par la loi du 11 floréal an X, pour servir d'intermédiaire entre les *Ecoles primaires* et les *Lycées*, par lesquels le Consulat remplaça les Ecoles centrales. Or, ces Ecoles secondaires étaient *communales* ou *privées*. « Toute école établie par les communes ou tenue par les particuliers, dans la-

noble, collège irlandais de Paris. Lons-le-Saulnier, · Le Puy), tribunaux (Angers), mairies (Lyon, collège des dominicains).

quelle on enseignera les langues latine et française, les premiers principes de la géographie, de l'histoire et des mathématiques, sera considérée comme Ecole secondaire ». Ce fut l'origine des *Collèges communaux.* Il y en eut 104 en l'an XI, 280 en l'an XII.

Les *Ecoles primaires* s'ouvraient encore librement, comme les Ecoles secondaires, mais elles avaient un caractère officiel, quoiqu'elles fussent entretenues par les particuliers, et les communes fournissaient des habitations aux instituteurs. Leur situation était si précaire qu'on allait être obligé de rappeler les Frères de la Doctrine chrétienne, en 1804, et de leur confier officiellement l'éducation.

Le jour vint, en effet, où le militarisme engendré par la Révolution s'incarna dans la personne d'un chef unique. Napoléon rejeta toute équivoque. Il se rendit compte qu' « il n'y aurait pas d'état politique fixe, tant qu'il n'y aurait pas un corps enseignant avec des principes fixes. » Il fonda l'Université, dans le but d'attacher à sa politique la bourgeoisie émancipée. Par la loi du 10 mai 1805, complétée par les décrets du 17 mars 1808, du 19 septembre 1809 et du 15 novembre 1811, l'enseignement secondaire devint une fonction de l'Etat. « Il sera formé, disait la loi, sous le nom d'*Université impériale*, un corps *exclusivement* chargé de l'enseignement et de l'éducation publique dans tout l'Empire. » Fourcroy, l'homme à tout faire de Napoléon, avait présenté son projet en affectant de vouloir « consolider ce qui existait et en lier les diverses parties ». Il fit accepter la loi en la proposant comme le « prélude d'une loi plus complète ». Le texte ne comprenait que trois articles très laconiques. Le Corps législatif se laissa prendre à ce langage. Il ne s'aperçut pas que le rapporteur avait omis dans son discours le mot *exclusivement,* et il vota une loi que les décrets allaient compléter et rendre tyrannique. En fait, Napoléon avait repris le projet de Robespierre, l'idée de l'éducation *forcée* (1).

(1) Cf. *Moniteur*, du 7 mai 1806.

Les professeurs furent astreints à la même obéissance que les officiers, à un serment de fidélité, ce qui faisait d'eux une véritable milice, investie de l'obligation de servir un régime qui rappelait l'Empire romain. Ils étaient formés dans une sorte de séminaire laïque, l'École normale, où ils recevaient une direction conforme aux idées impériales, dont leur enseignement devait être ensuite pénétré. On s'efforça alors d'inspirer à la jeunesse le respect de cette antiquité romaine, dont les formes politiques et même les mœurs revivaient partout, dans les palais impériaux comme sur les champs de bataille. Les études avaient pour objet surtout la langue latine. Le grec était exclu même des classes supérieures ou, comme on disait, *transcendentales*, et les sciences faisaient aux mathématiques une part considérable, au détriment des sciences physiques, à peine représentées.

La nouvelle Université conserva cependant la personnalité civile, dont avait joui l'ancienne, et fut investie du monopole, car tous les établissements d'instruction, privés ou ecclésiastiques, y furent rattachés, les petits séminaires et les institutions laïques. Une rente de 400.000 francs fut inscrite sur le livre de la dette publique. Son revenu fut encore augmenté des rétributions payées pour la collation des grades et par le produit de la taxe qui frappa les maisons privées. Le décret du 17 mars 1808 ordonna qu'il serait prélevé, au profit de l'Université, dans toutes les écoles, un vingtième sur la somme payée par chaque élève, d'abord pour son instruction, puis pour sa pension. Cette taxe était due par le maître de pension même pour les élèves qu'il recevait gratuitement. C'était une sorte d'amende qui frappait l'enseignement privé, une espèce de douane qui en éloignait les moins favorisés de la fortune. Il ne fut permis aux chefs d'institution de recevoir des pensionnaires au-dessus de neuf ans, qu'autant que le nombre des élèves du Lycée de la même ville était au complet. Une partie des séminaires furent fermés.

Néanmoins, le nombre des lycées et des élèves ne fut point très élevé. En 1809, il y avait 35 lycées qui recevaient 9068 élèves. En 1815, il n'y avait qu'un lycée de plus, et le nombre des élèves, qui s'était élevé à 14.492 en 1813, était retombé a 9.405.

La « noble émulation » sur laquelle avait compté Fourcroy, avait profité, au contraire, aux établissements privés. Ceux-ci s'étaient multipliés. A Lyon, la commune avait installé aux Jacobins son école secondaire. Le Recteur Nompère de Champagny l'avait fait fermer en 1806. Les professeurs avaient aussitôt fondé des institutions privées (1). En 1807, il y en avait 25, qui comptaient 724 élèves contre 300 au lycée, dont 140 boursiers.

C'était donc un régime de monopole qui s'était établi en droit, sinon absolument en fait, un régime de centralisation universitaire.

La chute du Gouvernement semblait devoir entraîner celle de l'institution. Ultramontains et libéraux se liguèrent contre elle. Lamennais, Chateaubriand, B. Constant, Voyer d'Argenson, critiquèrent et l'enseignement démocratique ou licencieux qui s'y donnait, et le despotisme de son administration. Son chef, Royer-Collard, ne résista pas à ces attaques, il se retira. Néanmoins, l'Université allait vivre.

La Révolution, en matière d'éducation, comme en politique, semblait donc continuer la longue tradition de la suprématie de l'Etat et agir d'une manière contraire à ses propres principes. Cependant, elle en avait posé un qui se trouvait à la base du droit civil et du droit public nouveau, celui de la liberté et de l'égalité des citoyens devant la loi, comme devant la nature. De l'opposition de ce principe avec la tradition allait naître la situation la plus étrange. C'est pourquoi le XIXe siècle devait voir les luttes politiques descendre dans le domaine de l'éducation, lorsqu'elles se livreraient entre l'Eglise et l'Etat.

(1) *Cf.* Charléty et Chabot, *l'Enseignement à Lyon.*

IV

A partir de 1815, tandis que le libéralisme inspirait les réformes politiques et législatives, pénétrait dans les institutions et dans les lois comme dans la littérature et les arts romantiques, l'enseignement échappa à son influence. L'Etat et l'Eglise allaient se disputer ce domaine.

Le monopole universitaire ne fut pas aboli, mais fortifié au profit du nouveau régime, de la bourgeoisie émancipée et du clergé français, dont la cause fut séparée de celle des Jésuites. La lutte était engagée entre les libéraux et les ultras. L'Etat, ce n'était plus Napoléon, mais les Bourbons. Les gouvernements de Louis XVIII et de Charles X subirent l'influence des uns ou des autres. Il y eut un moment où les ultras l'emportèrent et réussirent à monopoliser l'enseignement entre les mains du clergé. On abandonna la pensée libérale qui avait inspiré les ordonnances de mars 1815 ; on renonça au projet de constituer des Universités régionales. On substitua l'épithète de *royale* à celle d'*impériale*, mais on conserva l'Université centralisée. Les ordonnances du 1er novembre 1820, du 27 février 1821, du 26 avril 1824, outre le rétablissement de la grande maîtrise, instituèrent le Conseil royal de l'Instruction publique et attribuèrent aux évêques un droit de surveillance. Pendant quatre ans, le Ministère de l'Instruction publique et celui des affaires ecclésiastiques furent réunis dans les mêmes mains (1824 à 1828). La grande maîtrise, qui était une espèce de vice-royauté de l'Instruction publique et consacrait l'indépendance de l'Université, fut transformée en un ministère, et l'Université elle-même en une institution publique, analogue à la magistrature. Pendant quatorze ans les gouvernements firent des lois importantes pour maintenir l'institution universitaire, en modifier l'organisation, en changer l'esprit et régler

(1) *Circulaire aux recteurs*, du 29 avril 1824.

la participation du clergé de France à l'enseignement primaire ou secondaire.

L'enseignement primaire fut placé sous le contrôle des évêques par la loi du 29 février 1816. Le gouvernement, qui ne consacrait à l'enseignement du peuple qu'une somme de 50.000 francs par an, se déchargeait de ce soin sur l'Eglise, qui consacrait 32 millions à l'entretien des « petites écoles ». Les Frères de la Doctrine chrétienne, rappelés déjà par Napoléon en 1804, reçurent la mission d'instruire le peuple. « Sur le vu de leur lettre d'obédience », les recteurs devaient envoyer au supérieur général le *brevet* et l'*autorisation*, dont tous les instituteurs avaient besoin d'être munis. Cette faveur fut homologuée, en 1828, par ordonnance de M. de Vatimesnil et étendue à toutes les Congrégations. Les instituteurs laïques, de leur côté, étaient astreints au *brevet de capacité*, au *certificat* de bonne vie et mœurs, et placés sous la surveillance d'un Comité cantonal formé du curé du maire et de quelques notables, en 1824 sous celle des évêques. Cette surveillance était justifiée, car souvent le personnel se recrutait parmi des gens plus ou moins recommandables.

L'enseignement secondaire subit une réforme analogue. Dès 1816, les ecclésiastiques entrèrent en foule dans l'Université, comme recteurs, proviseurs, professeurs. Les études furent réformées dans un sens purement classique et religieux et ramenées à une unité qu'on a trop critiquée, car elle n'excluait pas une certaine initiative. Fort attaquée par les pamphlétaires et par les journaux, l'Université ne prospéra pas beaucoup sous la Restauration. La noblesse conservait l'espoir de ramener les Congrégations. Le nombre des lycées ne s'éleva, entre les années 1815 et 1830, que de deux unités, de 36 à 38, mais le chiffre des élèves passa de 9.268 à 14.920, dont 5.949 pensionnaires. Au contraire, l'enseignement privé périclitait et était tenu en suspicion. Il commençait, d'ailleurs, à tomber aux mains des ecclésiastiques, qui étaient autorisés à enseigner, pourvu qu'ils signassent une déclaration de ne pas appartenir à une Congrégation « non légalement reconnue en France ». Les directeurs des *Ecoles secondaires* furent, comme les maîtres primaires, l'objet d'une surveillance étroite. Mgr Frayssinous les obligea à se conformer aux statuts universitaires et à renouveler tous leurs diplômes avant le 1er septembre 1824 (1). Ils continuèrent à être astreints à la taxe du vingtième sur le prix des pensions. En 1830, cette taxe rapportait plus de 600.000 francs au Trésor (2).

L'enseignement, à tous les degrés, fut donc une sorte de monopole qui, à côté des établissements des Frères et de l'Université, laissait subsister une espèce d'enseignement libre laïque étroitement surveillé. La liberté, promise par la Charte, ne paraissait plus utile, maintenant que l'Université s'ouvrait aux membres du clergé. L'instrument de règne préparé par Napoléon, la monarchie restaurée, s'en était saisie à son tour.

Le but n'était plus d'instruire la jeunesse dans l'amour mais dans la haine des Bonaparte. Pendant quinze ans, l'éducation fut un moyen de réaction contre le régime napoléonien et révolutionnaire. L'ordonnance de 1821 disait : « Le corps enseignant prendra pour base de son enseignement : la religion, la monarchie, la légitimité et la Charte. » On recommandait alors à tous ceux qui avaient mission d'élever les esprits, de « bien faire comprendre à leurs élèves que l'homme de bien, le vrai Français, ne sépare pas l'amour de son roi de l'amour de sa patrie, ni l'obéissance aux magistrats de l'attachement aux lois et aux institutions que le roi a données à son peuple... ». D'autre part, les idées gallicanes avaient subi un échec et une grande partie du clergé leur était hostile. La raison d'Etat subsistait toujours. L'esprit de l'Univer-

(1) *Circulaire aux recteurs*, 17 juin 1822.

(2) Lyon comptait alors un certain nombre de chefs d'institution, qui, pour échapper à l'obligation de conduire leurs élèves au Lycée, s'étaient établis à St-Just (M. Guillard), à la Croix-Rousse (M. Hoffet), etc.

sité subissait la double influence du pouvoir monarchique et de l'Eglise, au point que tout libéralisme parut suspect chez les maîtres les plus illustres d'alors, comme V. Cousin ou Guizot et même chez leurs disciples. Le libéralisme des normaliens motiva la suppression de l'Ecole normale de 1822 à 1826. Ce qu'on prétendait, c'était étouffer l'esprit philosophique.

En 1828, les libéraux imposèrent au ministère Martignac des mesures restrictives du monopole, et le règlement de la situation des congrégations enseignantes et des petits séminaires. Les congrégations religieuses étaient alors régies par le décret du 3 messidor an XII, qui avait défendu d'en former sans autorisation, en l'absence de clause spéciale dans le Concordat ; par la loi du 24 mars 1825, qui, consacrant l'existence des congrégations de femmes, antérieures au 12 janvier, avait posé en principe la nécessité de l'autorisation, a umoyen d'une loi, pour les futures congrégations ; enfin par la loi du 2 janvier 1817, qui consacrait l'existence légale des Frères. Le comte de Montlosier ayant dénoncé les Jésuites de Montrouge, la Cour de Paris reconnut au pouvoir administratif le droit de les dissoudre. On interdit donc l'enseignement aux Jésuites. Vainement d'éloquents défenseurs élevèrent-ils la voix en faveur de la Compagnie, Fitz-James en janvier 1827, Conny en juin 1828, au nom du droit individuel et de la sécularisation. Dupin soutint qu'ils étaient incompatibles avec un gouvernement constitutionnel et avec l'Eglise de France. Ils furent exclus des petits séminaires. Ceux-ci furent de nouveau placés sous la juridiction universitaire, par les ordonnances du 16 juin, et le nombre des élèves réduit à 20.000 pensionnaires seulement, dont 8.000 boursiers. Les petits séminaires étaient redevenus de véritables écoles secondaires, à peu près étrangères à l'Université. C'était là que les enfants des classes pauvres pouvaient recevoir le bénéfice de l'enseignement secondaire. On jugea leur concurrence dangereuse pour les collèges communaux. L'évêque de Beauvais, Hyde de Neuville, justifia les ordonances. Il montra que le ministère n'avait fait qu'obéir à la raison d'Etat et rétablir l'ordre légal. L'opposition du clergé dut se calmer quand le pape Léon XII lui eut imposé l'obéissance. Malgré ces mesures, le monopole se maintenait, au profit de l'Etat, sinon à l'avantage de l'Eglise. Tous les efforts en faveur de la liberté d'enseignement échouèrent.

Mais l'opinion se formait, les arguments se précisaient et les partis opposés se mettaient d'accord. B. Constant concluait comme Lamennais. On contestait la légalité du monopole universitaire et l'on invoquait les principes. Les protestations se produisaient à la fois dans la presse et dans les Chambres. Les pamphlets se multiplièrent dès 1814, les uns anonymes, les autres signés de Lamennais, de l'abbé Liautard, de B. Constant. Les journaux du temps, le *Mercure*, le *Censeur Européen*, le *Conservateur*, le *Catholique*, le *Globe*, les *Débats*, l'*Ami de la Religion* faisaient campagne. Dans les Chambres, Murard de Saint-Romain, de Conny, de Sainte-Marie, de Montbel, Leclère de Beaulieu, le comte de Sade critiquent vivement l'Université et réclament la liberté. On reproche à l'enseignement universitaire de corrompre les enfants, de militariser les esprits, de substituer un « culte politique » à la religion, de détruire les sentiments d'honneur et de développer les goûts bourgeois ou l'ambition, d'exclure les pauvres du bénéfice de l'enseignement, de taxer les maîtres privés, de confier l'enseignement à d'ex-prêtres ou moines, à d'anciens clubistes sans dignité ni valeur. On argue, en faveur de la liberté, du droit du père de famille, des droits individuels, des droits de la pensée et de la conscience, d[illegible] avantages de la concurrence, des principe de la Charte, de la contradiction entre le libéralisme politique et le monopole. Ces raisons amenaient, en 1820, le Vatimesnil à reconnaître la nécessité de réformer l'Université et d'accorder des facilités plus grandes à l'enseignement privé.

Néanmoins, le Ministre ne cédait pas. Il maintenait

le principe de l'autorisation universitaire pour la fondation des écoles. Il était soutenu par Ambroise Rendu, par Taillefer, proviseur de Louis-le-Grand, Guizot (1), Royer-Collard. Malgré l'opinion, le Gouvernement conservait l'Université napoléonienne.

Après la Révolution de 1830, on put espérer que la liberté d'enseignement allait devenir le régime de la France. Elle avait été inscrite dans la Charte. Devait-on tenir cette promesse ?

L'opinion estimait qu'il fallait faire table rase de l'Université, et tout constituer à nouveau selon les principes libéraux. Beaucoup s'imaginaient que l'on pouvait ouvrir librement et sans autorisation des écoles, parce que le principe de la liberté d'enseignement était inscrit dans la Charte. Lamennais et Montalembert ouvrirent un externat dans le but de provoquer le Gouvernement et de le forcer à se prononcer. « La liberté ne se donne pas, avait dit Lamennais, elle se prend. » A Albi, MM. Turlé et Boudin avaient ouvert une école libre. Enhardi par l'acquittement dont il avait été l'objet dans un premier procès de presse, Lamennais annonça dans son journal *l'Avenir* l'ouverture d'une école gratuite, rue des Beaux-Arts, n° 3, au domicile même de Lacordaire. L'école fut fermée par la police, en vertu d'une commission rogatoire, et, malgré les protestations, les scellés apposés. Un procès s'ensuivit, qui fut porté de la Chambre correctionnelle devant la Cour des pairs. Comme les accusés contestaient la légalité des décrets de 1808, le procureur Persil soutint qu'ils étaient constitutionnels, tout en en souhaitant l'abrogation. L'opinion condamnait donc le régime établi.

La monarchie de Juillet hésita à porter atteinte au monopole universitaire. Cependant, l'enseignement primaire reçut une organisation plus régulière et bénéficia d'une demi-liberté.

La loi Guizot (1833), complétée par l'ordonnance du

(1) *Essai sur l'Histoire de l'Instruction publique.*

26 juin 1836, fut édictée dans un but d'apaisement et inspirée par une pensée de large tolérance. Guizot était d'accord au fond avec Montalembert. « Croyez-vous, disait Guizot, que les idées, les convictions, les espérances religieuses ne soient pas le moyen le plus efficace pour faire entrer la paix dans les âmes, cette paix intérieure et morale sans laquelle vous ne rétablirez jamais la paix extérieure et sociale ?... On parle de la détresse des classes inférieures, de leurs souffrances matérielles... il y a un autre genre de dangers auxquels les classes inférieures sont exposées... c'est leur misère morale. Ce sont les ennemis de toute espèce qui rôdent sans cesse autour de ces classes pour les pervertir, les corrompre, les entraîner, exalter leurs passions, troubler leurs idées, en faire dans la Société des instruments de désordre, et tourner à mal pour elles-mêmes leur vie et leurs forces... Sans aucune espèce de doute, les croyances religieuses sont, avec les lumières que nous travaillons à répandre, le meilleur moyen de dissiper cette misère morale... (1) » « Non seulement la religion est un principe d'ordre, de soumission aux lois... en même temps qu'elle est un principe d'ordre extérieur, elle donne seule à la masse des hommes la règle intérieure, la paix morale, plus nécessaire dans un pays libre et dans une Société démocratique que toute autre... Elle satisfait, apaise, élève les âmes... » Guizot ne séparait pas l'éducation religieuse de l'instruction primaire. L'éducation religieuse n'implique pas nécessairement le monopole de l'enseignement et Guizot distinguait. Pourtant, c'était moins la liberté qu'on se proposait d'accorder, que de favoriser le développement de l'instruction populaire. Près de 14.000 communes manquaient d'écoles. Les maîtres étaient insuffisants et inférieurs à la tâche. La loi instituait des *Écoles normales* pour les former. Elle affranchissait les maîtres laïques de la taxe et de l'autorisation préalable. Elle imposait à tous le *brevet de capacité*. Les

(1) 18 mars 1837.

instituteurs ne relevèrent plus de la juridiction universitaire, mais des tribunaux correctionnels. Néanmoins, elle laissa subsister ces *comités cantonaux* de surveillance, que Louis XVIII avait institués. Elle s'appliqua d'abord seulement aux garçons. Elle fut étendue aux jeunes filles par l'ordonnance de 1836 qui, d'autre part, limitait le droit d'ouverture et exigeait l'indication d'un local déterminé. La loi Guizot était donc une loi libérale, quoique ordonnée en vue d'une fin sociale et limitée au premier degré de l'enseignement.

A la faveur de cette loi, les Ecoles privées se développèrent rapidement, surtout les Ecoles congréganistes. Des Sociétés se fondèrent, comme la « Société pour l'instruction élémentaire » et la « Société d'enseignement primaire du Rhône ». Il existait, en 1832, 9.562 écoles privées. En 1833, ce nombre fut aussitôt porté à 14.054, avec 365.598 élèves garçons. En 1837, il y a 18.033 écoles de garçons ou de filles, avec 643.580 élèves. La concurrence entre les écoles congréganistes et les écoles laïques s'établit dès 1843, dix ans après la promulgation de la loi. Sur 17.108 écoles recevant 750.872 élèves, 290 écoles congréganistes s'opposent faiblement à 7.371 écoles laïques, pour les garçons et 2.698 congréganistes à 6.759 laïques pour les filles. En 1850, le nombre des écoles congréganiste s'élève à 399 pour les garçons, avec 60.004 élèves, tandis que celui des écoles laïques tombe à 4.563 avec 108.722 élèves ; le nombre des écoles congréganistes s'élève à 3.449, pour les filles, avec 217.073 élèves, tandis que celui des écoles laïques s'élève à 8.325 avec 274.895 élèves. En somme, quoique l'enseignement laïque l'emportât de beaucoup sur l'enseignement congréganiste, celui-ci était en progression, tandis que l'autre diminuait. Il avait gagné 860 maisons ; l'enseignement laïque en avait perdu 1.242. Enfin, il y avait une diminution totale de 382 maisons au profit de l'enseignement de l'Etat, car l'enseignement libre ne représentait que 27 % de l'enseignement total donné en France.

Il faut reconnaître, d'ailleurs, que cette concurrence

profita à l'enseignement même, dont les méthodes furent perfectionnées et la condition des maîtres améliorée. Les maîtres étaient souvent misérables et faisaient plusieurs métiers. L'école se tenait parfois dans une grange ou dans un cabaret. Ils durent se faire une existence plus digne. La vieille méthode d'*enseignement mutuel*, au moyen de *moniteurs*, importée d'Angleterre, la fameuse méthode Jacotot firent place peu à peu à un enseignement plus régulier et fondé sur des principes pédagogiques. Ces principes on commence à les rechercher. Philosophes, éducateurs, éducatrices, se donnent pour tâche de cultiver l'esprit de l'enfant et de l'amener à la vie intellectuelle et morale. Les maîtres de l'éducation, ce sont des femmes, Mme de Genlis, Mme Campan, Mme de Rémuzat, Mme Necker de Saussure, Mme Pape-Carpentier, Mme Guizot. Ce sont leurs écrits qui servent de guides à l'instituteur. Déjà même les méthodes positivistes s'annoncent : Saint-Simon, Fourier, A. Comte, posent les fondements de la méthode utilitaire. A la même époque, la *Société nationale d'Education*, fondée en 1830, étudie les méthodes d'enseignement, institue des prix, des concours, des récompenses pour les maîtres, fonde des journaux pédagogiques. Son influence rayonne et dépasse les frontières. D'autres Sociétés se fondent dans le même but. Il y eut là un effort général très remarquable.

La loi de 1833 n'atteignait donc que dans une faible proportion le monopole de l'Etat. Mais ce monopole restait intact pour l'enseignement secondaire. Aucun des projets proposés n'aboutit. Tous, d'ailleurs, maintenaient le lien universitaire. Le projet Guizot, en 1836, réservait la taxe universitaire. Celui de V. Cousin resta dans ses cartons (1839). Celui de Villemain débutait par un éloge du monopole (1841) et édictait des mesures si restrictives, qu'il fut abandonné. Celui de 1844 prétendait également « maintenir l'action de l'Etat » tout en donnant « des facilités » (1844). Celui de Salvandy (1847) fortifiait le monopole. Il semblait que tout fût combiné pour faire traîner en longueur les discussions, et échouer les projets de liberté. Guizot était d'avis que l'éducation de la bourgeoisie devait être réservée à l'Etat, car il regardait les classes moyennes comme « l'élément vital » de la Société. Il lui paraissait important de développer en elles les « germes d'une indépendance honorable et d'une raison réservée, mais libre » (1). Il considérait l'Université comme une « grande et belle création demeurée forte, en dépit de toutes les attaques, bonne en principe et conforme aux besoins permanents et à la tendance naturelle du pays ». Il la défendit donc contre les libéraux et entendit « garder la place ». Thiers estimait également qu'il fallait élever la jeunesse « par des laïques dans l'esprit de nos lois », et il constatait que l'Université « représentait la vieille bourgeoisie ». M. de Salvandy partageait ces opinions. L'Université, d'après lui, avec quelques améliorations, était capable de répondre à tous les besoins publics. Il la voulait forte. A cette condition seulement, il eût consenti à ce que *l'autorisation*, dont l'Université était seule l'arbitre, fût remplacée, pour les établissements privés, par d'autres conditions et par d'autres droits. « La liberté d'enseignement, voulue par la Charte, n'est pas seulement compatible avec le corps universitaire, mais elle n'est praticable qu'à son aide et grâce à un régime assez fortement constitué, pour donner à l'Etat les moyens de conserver, en présence des concurrents les plus actifs et les plus divers, son ascendant nécessaire en fait d'éducation et d'enseignement (2). » Ce ministre se plaint de ce que la rétribution universitaire soit pour l'Université « une charge sans compensation », que « les pensions et institutions privées n'en supportent qu'une partie minime », que « les établissements ecclésiastiques en soient complètement affranchis », ce qu'il considère comme « une prime à quiconque va chercher l'instruction dans les maisons rivales » (3).

(1) Exposé des motifs du projet de loi de 1836.
(2) Rapport au roi, 1839.
(3) Cf *Ibid*.

Cependant, ces maisons rivales n'étaient point libres, alors, de donner l'enseignement secondaire. Elles étaient assez nombreuses. De 1830 à 1844, on autorisa 2.118 maisons. Laffite répondait à une pétition du député Pétou : « Il est permis à tout individu qui se croit la capacité nécessaire, de demander une autorisation... Tous ceux qui se présentent avec un certificat de moralité sont reçus. » En 1839, on comptait 104 institutions et 992 pensions secondaires. Il y avait à Paris 28 chefs d'institution et 92 maîtres de pension, dans la banlieue 4 chefs d'institution et 39 maîtres de pension ; à Lyon, 7 chefs d'institution et 17 maîtres de pension, plus 8 dans les environs ; mais ils étaient tenus d'envoyer leurs élèves dans les collèges royaux. Le *plein exercice* était une faveur exceptionnelle (1). Les tentatives d'indépendance furent réprimées. Montalivet fit fermer à Lyon les *manécanteries*. L'abbé Gachet, à Vaugirard, fut condamné pour ouverture illégale d'école (1838). On interdit aux élèves de se présenter au baccalauréat, sans avoir fait leurs deux années de rhétorique et de philosophie, afin d'empêcher le développement des *officines qui préparaient* en trois mois. Les élèves des petits séminaires ne purent s'y présenter, afin d'empêcher la ruine des collèges communaux. Le clergé obtenait moins facilement que sous la Restauration le droit d'enseigner. La Révolution de 1830 avait été suivie d'un mouvement d'hostilité à l'égard de l'Eglise, et c'est pourquoi on hésitait à accorder la liberté. La crainte du retour des Congrégations était très forte. « En l'absence de sages limites, trois redoutables passions prendront possession du terrain : le fanatisme, l'intérêt, la présomption. Le fanatisme ! Eh ! vous-mêmes, qui vous déclarez les avocats de l'indépendance, n'avez-vous pas sollicité le bannissement d'une secte fameuse, dont les dangereuses doctrines menaçaient d'envahir la Société ? Prenez garde que cette corporation religieuse et bien

(1) Oullins 1832, St-Alban 1838, les Chartreux 1842.

d'autres à sa suite, s'installeraient à leur aise parmi vous... » (1). Au contraire, les maîtres laïques obtenaient aisément l'autorisation de tenir des pensionnats et des institutions. Ce fut l'âge d'or de l'enseignement privé et comme un régime de transition entre l'absolu monopole et la liberté.

L'Université s'anima du même esprit que le Gouvernement de Louis-Philippe. Elle se fit bourgeoise, et les fils de la bourgeoisie vinrent s'y mêler aux princes de la famille règnante. C'est ce que lui reprochait l'ancienne noblesse. Son budget s'élevait à 2.362.550 francs en 1840. Le nombre des lycées augmenta sensiblement. Il passa de 38 en 1830 à 44 en 1840, avec 16.953 élèves ; à 50 en 1845, avec 21.692 élèves ; à 56 en 1848, avec 22.624 élèves, dont 9.638 internes.

Ces élèves reçurent une éducation analogue à celle des classes inférieures. L'esprit général en était le même. Le plan d'études de 1842, qui remplaça celui de 1821, faisait une part peut-être encore plus large à l'enseignement religieux, qui se donnait, à raison d'une heure par semaine, jusque dans la classe de mathématiques spéciales ; mais il maintenait l'unité des études clasiques, réservant dix classes par semaine aux études littéraires et historiques, deux classes aux langues étrangères, et reportant presque tout l'enseignement scientifique dans les classes de philosophie et de mathématiques élémentaires. Ces études se fortifièrent. Le concours général reçut une plus grande extension. L'Université était considérée comme la seule institution capable de conserver intact le dépôt des études littéraires, des sciences mathématiques et physiques, qu'avec la liberté, « une foule d'intérêts feraient promptement déchoir au niveau des connaissances usuelles que le commerce et l'industrie exigent » (2). La discipline était sévère pour les maîtres comme pour les élèves : table commune pour les maîtres, résidence dans l'établissement pour les célibataires, sup-

(1) A. Desjardins. *Essai sur l'Enseignement.*

(2) Rapport au roi, 1839.

pression des « congés abusifs », exactitude des rentrées, examens de fin d'année, visites des évêques, etc... La bourgeoisie devait conserver longtemps encore la tradition des études classiques.

Cependant, l'Université fut l'objet de violentes attaques, surtout de la part du parti catholique. Ce parti s'était constitué fortement sous la direction de Lacordaire et de Montalembert qui, après leur séparation d'avec Lamennais, avaient continué sous une autre forme le mouvement créé en 1830, par le journal l'*Avenir*. Une *Agence* centrale donnait la direction. Des pétitions étaient signées et adressées aux Chambres. Des pamphlets nombreux circulaient. L'épiscopat protestait contre les mesures qui frappaient les petits séminaires et contre l'enseignement universitaire. En 1830, on avait été frappé des « avantages d'économies » qu'offraient les petits séminaires aux familles, parce qu'ils ne payaient pas, comme les collèges et les pensionnats, la taxe universitaire, et c'est pourquoi on prétendait les rattacher, comme sous Napoléon, à l'Université (1). C'est entre les années 1842 et 1844 que fut menée la grande campagne. On ne peut se faire une idée de la violence des attaques à cette époque. L'abbé Desgarets, l'abbé Garot, les évêques de Belley, de Chartres, de Toulouse, Mgr de Bonald, l'abbé Védrine, Combalot, Montalembert, rivalisaient de zèle. Ce fut l'occasion, pour E. Quinet et Michelet, d'une polémique acerbe, et pour *les Provinciales* celle d'un regain d'actualité. Quinet allait subir une disgrâce. La lutte devait s'accentuer encore lorsque L. Veuillot entra à l'*Univers*.

L'Université fut cependant défendue par V. Cousin avec beaucoup d'éloquence. V. Cousin combattit M. de Montalembert. Il lui répondit nettement qu'il n'y avait jamais eu en France de liberté d'enseignement, et qu'on ne la donnerait pas. Selon lui, Napoléon avait continué la tradition nationale et l'avait fortifiée pour le plus grand

(1) Rapport de M. Mermilliod sur les pétitions, 1839.

bien du pays ; l'Etat avait charge d'âmes et nul ne pouvait enseigner sans son autorisation. V. Cousin revendiquait pour l'Etat les mêmes droits que ses adversaires réclamaient au nom de l'Eglise. M. de Bonald disait : « C'est l'Eglise qui enseigne » ; il répondait : « C'est l'Etat qui enseigne ». Il jugeait l'Etat responsable de ce qu'il laisse faire, comme de ce qu'il fait. Il estimait enfin que le catholicisme étant la religion de l'Etat, l'Eglise n'avait aucune raison de prétendre à un droit qu'elle exerçait d'une manière indirecte, par les maîtres qu'elle fournissait à l'Université et par l'enseignement religieux que donnait l'Etat. Il tenait au monopole universitaire, surtout pour écarter de l'enseignement les congrégations, notamment les Jésuites, et il avait avec lui les libéraux de son temps, car ce n'étaient point les libéraux qui réclamaient alors la liberté.

D'ailleurs, V. Cousin prétendait que l'enseignement universitaire offrait aux consciences catholiques toute garantie. Il repoussait le reproche qu'on faisait alors à la philosophie d'incliner au panthéisme. Il prétendait enseigner une philosophie orthodoxe, et veillait à ce qu'il en fût ainsi dans toutes les chaires. Ce n'était pas l'un des moindres arguments des catholiques, qui s'ingéniaient à découvrir les erreurs philosophiques du grand-maître de l'Université et à les faire retomber sur ces « écoles de pestilence » , où ils étaient « contraints d'envoyer leurs enfants ». Cousin leur répondait que l'intérêt même de l'Etat consistait à défendre la religion comme nécessaire au bien de la Société et au maintien de la morale publique ; que ni l'Etat ni lui-même n'avaient failli à ce devoir. Il avait même composé, en 1834, un « Livre d'instruction morale et religieuse » pour faciliter l'expansion dans la jeunesse des idées religieuses, sans préjudice de l'enseignement du catéchisme. Mais cela démontre précisément quel soin il prenait de rester le maître même dans ces questions.

Les catholiques ne réussirent point à arracher au Gouvernement la liberté de l'enseignement secondaire. Leur action était pourtant secondée par celle des démocrates et des économistes comme Lamartine, Ledru-Rollin, Dunoyer, B. Constant, et par celle des maîtres de pension. Les premiers arguaient de la Charte, de la liberté du père de famille, de la liberté de penser. Les seconds protestaient au nom de leur dignité contre les taxes et les vexations dont ils étaient l'objet. Ils se solidarisaient, créaient une certaine agitation dans la presse, faisaient des pétitions, obtenaient l'appui de Lamartine, défendaient, au nom de leurs intérêts professionnels, la liberté d'enseignement. Guizot répugnait à faire cette concession. Il ne voyait dans l'enseignement libre qu'un « charlatanisme mercantile » ou une « passion politique » que « les lumières des familles et la prudence ne suffiraient pas toujours à déjouer » (1). D'ailleurs, s'il ne séparait pas l'enseignement de l'éducation religieuse, il ne voulait point le livrer au clergé. M. de Salvandy craignait que la liberté ne devînt entre ses mains un privilège : « Il forme un seul corps, obéissant à une même autorité, ayant la puissance de la seule hiérarchie qui possède une organisation forte et une antique origine..... qu'un tel corps joignît à la puissance spirituelle le maniement d'intérêts temporels, il serait partout redoutable à l'autorité civile..... avec le besoin de garanties morales qui se fait sentir à toutes les familles, les établissements ecclésiastiques, dans un régime de libre concurrence, seraient des concurrents privilégiés (2). » Thiers partageait ces idées. C'est pourquoi ils firent échouer successivement les projets de loi de 1830, de 1841, de 1844, de 1847. Montalembert fut fondé à interpeller le Ministre et à lui demander ce qu'il avait fait pour la liberté.

La cause de l'Université était donc identifiée avec celle de la bourgeoisie, qui soutenait la monarchie de juillet, véritable oligarchie financière, sans autres principes politiques que la volonté bien établie de faire prévaloir l'esprit d'ordre et la paix sociale, d'empêcher le retour

(1) Exposé des motifs, *ibid.*
(2) Rapport au roi, 1839.

des passions révolutionnaires et d'assurer la prospérité de cette élite, à qui l'on disait : « Enrichissez-vous ! » Attachée aux principes de la Révolution, par jalousie à l'égard de la noblesse, hostile aux démagogues, par crainte du désordre, défiante envers le clergé, par esprit de rivalité politique et d'épicuréisme voltairien, cette bourgeoisie aimait un régime qui lui réservait toutes les fonctions publiques et toute l'influence dans les Parlements. Elle ne lui marchandait pas le monopole d'une éducation qui lui profitait si bien à elle-même. Cependant, elle n'était point une force capable d'assurer une longue vie à la dynastie nouvelle, car elle était sans principes, méconnaissait la valeur des éléments intellectuels qu'elle renfermait dans son sein, et ne voyait pas que cette richesse matérielle, dont elle se prévalait, la désignait à la haine des déshérités. Le Gouvernement même n'était ni plus clairvoyant ni plus libéral. Son libéralisme n'était, selon M. Bardoux (1), qu'une suite de concessions aux exigences du moment, un perpétuel échange de services, auquel n'avaient point part tous ceux qui en eussent été dignes. Entre la grande et la petite industrie, entre les capacités et les censitaires, entre les capitalistes et les prolétaires, un abîme se creusait ; mais le danger disparaissait derrière les fictions de la légalité. La monarchie bourgeoise allait tomber dans cet abîme.

Pendant un demi-siècle, les Gouvernements s'étaient donc reposés sur les maîtres de la jeunesse bourgeoise du soin de préparer une opinion qui leur fût favorable. Ces maîtres, ils les avaient plus ou moins dominés en les rattachant à l'Université par un titre légal ou par une obligation financière. Le monopole universitaire établi par Napoléon, s'était maintenu sous le régime de la monarchie parlementaire. C'était là un système qui avait été conçu au temps de la monarchie absolue, et admis comme une conséquence de la souveraineté. Mais

(1) *Cf.* Bardoux, *la Bourgeoisie française.*

il se rattachait à une tradition ancienne, que la Renaissance avait renouée et sur laquelle la monarchie elle-même appuyait sa propre autorité aussi bien que sur son droit légitime.

La centralisation administrative, la prépondérance de l'autorité sur les institutions, la tendance à tout rattacher à cette chose impersonnelle qu'on nomme l'Etat et qui est tout ensemble l'expression de la souveraineté et de la société, un principe d'unité et une force, voilà ce qui a toujours permis aux Gouvernements d'augmenter leur autorité au détriment du droit individuel ou de la liberté.

C'est cette tradition qui, dans l'intérêt d'une autre politique, devait être reprise dès 1878. On se fondera sur d'autres principes, mais on exhumera des lois oubliées, on cherchera dans la vieille législation monarchique les moyens de limiter la liberté et de monopoliser l'enseignement. Même les principes, si on les déduit d'une philosophie nouvelle, on en demandera la formule à la tradition monarchique ou à la tradition gréco-romaine.

V

Il importe, pour comprendre les motifs de ce retour à la tradition du monopole, de montrer de quelle manière, à la faveur d'un régime de liberté, l'Ecole devint le champ de bataille des doctrines et des partis politiques, comment la lutte de l'Eglise et de l'Etat revêtit un nouveau caractère, sous l'influence du socialisme naissant ; comment le zèle de l'Eglise, sous la protection d'une loi qui avait pour objet de lui faciliter les moyens de neutraliser cette influence et de mettre fin à la querelle du clergé et de l'Université, l'emporta jusqu'à méconnaître l'autorité des principes libéraux au nom desquels elle agissait, les droits de l'Etat et de la société civile ; comment l'Etat, débordé par la démocratie, fut entraîné à résister à ce zèle, comment cet éternel conflit, une fois transporté sur le terrain de l'Ecole, faussa, par la prépondérance d'une pensée politique, l'application de la loi et le caractère de l'éducation française, désormais placée sous la dépendance des partis ; comment, enfin, les progrès du socialisme accentuèrent ce double résultat, et, par l'antagonisme même de doctrines qui, de part et d'autre, n'ont plus rien de commun avec le libéralisme, déterminèrent la crise que nous traversons, les uns et les autres nous ramenant, par delà la Révolution, vers un passé dont ils ne comprennent plus le sens, séparant ce qui était uni, disciplinant la société civile et la société religieuse pour les opposer entre elles, altérant à la fois les conditions politiques et civiles de la liberté et jusqu'à sa notion même. A mesure qu'on avance, le problème devient plus complexe et de nouvelles questions surgissent pour armer l'un contre l'autre l'Eglise et l'Etat. Le développement de ces causes remplit l'histoire de la seconde République, du second Empire et des premières années de la troisième République.

La Révolution de 1848 marque le point de départ d'une ère nouvelle, car elle eut à la fois des conséquences politiques et des effets sociaux dont le contre-coup se fit sentir dans la constitution de l'Université et sur l'organisation de l'enseignement en France.

La première conséquence de cette Révolution en matière d'enseignement, fut de déterminer un changement profond dans l'esprit de l'Université bourgeoise et d'ébranler les bases mêmes de cette institution. Le jour où on avait vu monter le flot de la démocratie sociale, qui avait menacé d'emporter cette bourgeoisie aux destinées de laquelle l'Université avait lié sa cause, le monopole fut condamné, car elle commença à perdre précisément son caractère bourgeois pour devenir plus populaire. L'abaissement de la classe moyenne modifia la nature de la clientèle des lycées. De même que la bourgeoisie se vit obligée d'ouvrir ses rangs et de se mêler au peuple dans les assemblées politiques, de même l'Université dut admettre une clientèle nouvelle. Bientôt des bourses allaient être instituées au profit des enfants des classes inférieures (décret du 7 février 1852). Les départements et les communes pourraient désormais contribuer, aussi bien que l'Etat, à élever plus haut, par l'éducation, les fils de l'ouvrier et du paysan. En attendant, Henri Martin vint s'asseoir dans la chaire de Guizot. Ozanam et V. de Laprade saluèrent cette aurore par des leçons qui étaient de véritables dithyrambes en l'honneur de la Révolution : « En reparaissant devant vous, s'écria Ozanam, après les grands événements qui viennent de s'accomplir, le premier usage que j'éprouve le besoin de faire de la parole publique, c'est de rendre hommage à cette majesté nouvelle qui sort des ruines du passé, à cette majesté du peuple..... Vous m'avez toujours connu passionné pour la liberté, pour les conquêtes légitimes des peuples, pour les réformes qui moralisent les hommes en les relevant.» Cet esprit nouveau ne sauva pas le monopole universitaire. Au contraire, il contribua à rendre l'Université plus suspecte aux yeux de la bourgeoisie et des catholiques. Elle avait couru le danger d'être entraînée par le mouvement socialiste, comme la société elle-même. Ce fut ce qui décida de l'avenir de l'enseignement français. Le monopole, remarquait Montalembert, avait formé des libéraux sous la monarchie parlementaire, des républicains sous la monarchie de Juillet, sous la République, il menaçait de faire des socialistes. On ne vit de salut que dans la liberté de l'enseignement, dont l'effet devait être, par rapport à l'Université, de la pousser davantage, à mesure que la bourgeoisie allait s'en éloigner, vers la démocratie, d'abord, vers le socialisme ensuite.

La liberté d'enseignement était une conséquence nécessaire de la victoire des libéraux et le terme logique des réformes opérées dans les lois depuis 1815. Toutes celles qui avaient été promulguées sur l'enseignement, faisaient prévaloir les droits de l'Etat sur ceux de l'Eglise ou sur ceux des individus. Ceux-ci étaient presque méconnus. Une telle situation était en contradiction avec les principes formulés dans les chartes et avec les lois qui avaient défini la liberté individuelle, la liberté des opinions, la liberté de la presse. La liberté d'enseignement avait été promise par tous les Gouvernements et réclamée par tous les partis, par les libéraux, par le clergé, par les démocrates et par les instituteurs privés. Depuis l'établissement du concours d'agrégation, le clergé se voyait éliminé des chaires de l'Université. Les chefs d'institution se considéraient comme placés dans une situation humiliante (1). Depuis 1830, ils n'avaient cessé de protester, tandis que, depuis 1840, le clergé s'était attaqué avec violence à l'Université. Les uns et les autres réclamaient au nom de la Charte, au nom des principes de 1789, au nom des droits de la pensée et de la conscience, au nom de la liberté des citoyens et des pères de famille, une liberté reconnue en principe comme un droit naturel. Il était donc devenu nécessaire de la définir par une loi.

Le problème était d'autant plus complexe qu'il s'agissait de trouver un rapport entre des droits divers, ceux de l'Etat, ceux de l'Eglise, ceux du citoyen.

La loi de 1850 n'a pas été seulement un compromis entre l'Eglise et l'Etat, entre l'Université et le clergé Elle fut surtout l'effet du progrès des idées de liberté.

Assurément, la lutte avait été vive entre l'Université et le clergé, surtout depuis 1840. V. Cousin, Guizot et Thiers avaient eu à subir les plus vigoureuses attaques de la part de M. de Montalembert, de M. de Falloux, de l'abbé Dupanloup et de L. Veuillot, les uns, plus violents, les autres, plus modérés. Adversaires sous le Gouvernement de Juillet, alors qu'il s'agissait de savoir qui, de l'Eglise ou de l'Etat, l'emporterait dans la conduite de la Société, ils s'aperçurent, au lendemain de la grande crise sociale, que ce n'était pas trop de l'union de toutes les influences pour conjurer le péril et rétablir l'ordre con-

(1) *Cf.* chap. V.

stamment menacé. « Une fusion des anciens partis, écrivait Montalembert, pouvait seule assurer le triomphe de l'ordre et de la liberté (1). » Les journées de juin hâtèrent leur rapprochement. Il importait de « recueillir toutes les forces morales du pays, de les unir les unes aux autres pour combattre et terrasser l'ennemi commun, le socialisme, qui, victorieux, ne ferait grâce ni à l'Université, ni à l'Église. »

Ce rapprochement fut facilité par l'attitude modérée de Montalembert et de l'abbé Dupanloup, qui s'étaient nettement séparés des violents et des intransigeants comme L. Veuillot, partisan d'une liberté absolue. Montalembert dit à Thiers : « Vous et moi, nous avons fait naufrage quand nous naviguions ensemble sur ce beau navire qu'on appelait la monarchie constitutionnelle. » « Je n'ai pas cru que la guerre fût le premier besoin, la première nécessité du pays. Au contraire, j'ai pensé qu'en présence du danger commun..... et en présence aussi des dispositions que je rencontrais chez des hommes que nous avions été habitués à regarder comme adversaires, le premier de nos devoirs était de répondre à ces dispositions nouvelles. Nous avons sacrifié l'esprit de contention, l'esprit d'amertume et d'exagération (3). » Thiers, qui, le 24 février, avait failli être massacré, comprenant mieux que personne l'étendue du péril, tenait le même langage : « Les grands intérêts doivent réunir tous les honnêtes gens, en présence des dangers qui nous menacent. » « Quand l'Université représentait la vieille bourgeoisie, oh ! alors, je voulais lui sacrifier la liberté d'enseignement. Elle tombe aux mains des Phalanstériens, je ne vois de salut que dans la liberté d'enseignement. » « L'ennemi, c'est la démagogie (4). » Thiers adhérait, par nécessité politique, aux idées religieuses. Il jugeait nécessaire de les intro-

(1) Lettre à M. Hellot.
(2) Rapport de Beugnot.
(3) Discours de janvier 1850.
(4) 18 janvier.

duire surtout dans l'enseignement primaire. La bourgeoisie lui paraissait suffisamment protégée par son éducation et il réservait sur ce point le droit de l'Etat. V. Cousin l'appuyait. Mais il jugeait, comme Guizot d'ailleurs, que les instituteurs étaient *gangrenés*, que les Ecoles normales devenaient des *clubs silencieux*, et qu'il importait de protéger le peuple contre les passions mauvaises. Voilà pourquoi il avait promis à M. de Falloux son appui quand celui-ci accepta le ministère (décembre 1849). Il finit par se relâcher peu à peu de ses opinions sur l'éducation de la bourgeoisie. Dupanloup le conquit tout à fait. Celui-ci, avec une grande habileté, reconnut les droits de l'Etat, celui d'enseigner, d'inspecter, de conférer les grades, d'orienter en général l'enseignement, mais il revendiqua ceux de l'Eglise et des Congrégations. Thiers n'acceptait d'abord de pacte qu'avec l'Eglise de France ; il repoussait les Jésuites, contre lesquels il avait combattu en 1845. Il finit par les défendre à son tour. On a accusé Thiers de s'être vendu, pour assurer sa réélection en 1849. C'est ne pas comprendre le sentiment général qui inspirait les uns et les autres et rapprochait les esprits les plus divers. Ce rapprochement était comme une sorte de *concordat* et Lacordaire allait comparer la loi Falloux à l'édit de Nantes.

Cette loi fut votée le 14 mars 1850 par 399 voix contre 237. Le vote avait été précédé par celui d'une *loi sur les instituteurs* qui les replaçait sous la dépendance des préfets (11 janvier 1850) comme sous l'Empire. Un bref de la Secrétairerie pontificale félicita les auteurs, et M. Thiers reçut encore les remerciements des Jésuites par l'organe du P. de Ravignan.

La loi Falloux était l'œuvre des libéraux. Elle n'était pas l'œuvre des partis extrêmes et c'est à tort, selon nous, qu'on la considère comme « l'œuvre perfide des réactions coalisées contre la République et contre l'esprit laïque de la Révolution » (1). C'est en dénaturer le

(1) M. Faure.

sens. Il ne faut pas que l'esprit de parti obscurcisse la notion du vrai et nous aveugle au point de nous ôter l'intelligence de toute idée généreuse et désintéressée.

En effet, elle ne contenta pas les partis avancés, ni les révolutionnaires, ni les ultras. V. Hugo disait : « Votre loi a un masque. C'est une pensée d'asservissement qui prend les allures de la liberté. » Les Montagnards traitaient ses auteurs d'*ultramontains* et de *jésuites*. Le *National* déplorait la loi comme une victoire du clergé sur l'Université. B. Saint-Hilaire déclarait qu'elle consacrait le triomphe des congrégations dans l'enseignement primaire, des jésuites dans le secondaire. D'autre part, L. Veuillot, dans *l'Univers* et *le Mémorial catholique* regardaient presque Dupanloup, Montalembert et le P. de Ravignan comme des traîtres. Ils protestaient contre l'obligation des grades universitaires et contre le privilège qui était laissé à l'Université de les conférer et d'interdire certains livres. Veuillot, qui avait demandé une liberté absolue, écrivait à Mgr Rendu : « Je suis désolé de l'attitude de M. de Montalembert. M. de Falloux m'a moins surpris. Je n'ai jamais compté sur lui... C'est essentiellement un homme d'affaires... M. Dupanloup aussi... Le résultat a été de diviser le parti catholique... » Il fallut un ordre du nonce pour faire cesser cette polémique.

En vérité, c'était bien d'une pensée libérale que la loi était sortie. Dupanloup avait soutenu, dans son journal, l'*Ami de la religion*, la nécessité d'une transaction. En 1849, dans une brochure, il disait : « Ce n'est pas une loi de circonstances, c'est une loi d'avenir ; ce n'est pas une loi de politique vulgaire, c'est une loi religieuse et sociale qu'il nous faut (1). » Thiers montra qu'il ne s'agissait pas de constituer un privilège en faveur de l'Eglise, mais une loi de *droit commun*. « Il faut qu'il n'y ait ici aucun doute, aucune obscurité. Un individu, laïque ou ecclésiastique, se présente ; les deux preuves de moralité

(1) Etat de la question, 14 mars 1847.

et de capacité par lui faites, il n'y a plus rien à lui demander (1). » « J'ose dire que l'œuvre que nous vous apportons est, dès à présent, une œuvre sacrée par l'esprit qui l'a dictée, par l'esprit d'union, de paix et de conciliation, en même temps que de patriotisme..... Nous n'avons sacrifié ni la vérité ni la justice... L'Eglise ne dit jamais : « Tout ou rien », car c'est le mot de l'orgueil, de la passion humaine qui veut jouir et vaincre aujourd'hui, parce qu'elle peut mourir demain (3). » Bastiat voyait dans cette loi un moyen d'émancipation de la pensée, jetée jusqu'alors dans un moule unique, et il en attendait une sorte de rénovation religieuse capable de transformer l'Eglise elle-même. C'était aussi l'opinion de Thiers : « La religion et la philosophie sont nées le même jour, disait-il, le jour où Dieu a mis la religion dans le cœur de l'homme et la philosophie dans son esprit ; il faut qu'elles vivent ensemble, immortelles, à côté l'une de l'autre, et que, dans les temps d'épreuve, elles cherchent à se rapprocher plutôt qu'à se détruire (2). » Ceux qui consentirent cette loi n'obéissaient donc pas seulement à la pensée d'empêcher le pays de tomber aux mains des pires despotes ; ils croyaient la France mûre pour la liberté. La majorité qui la vota était sortie des journées de juin. Ils avaient élu Bonaparte à la présidence, parce qu'il avait promis le rétablissement de l'ordre et la paix religieuse. A son tour, il patronna les candidats des Comités catholiques, tout en leur imposant de ne point inquiéter les consciences. On ne saurait contester la sincérité de l'élan qui portait les hommes à s'unir dans une même pensée. C'est aussi très sincèrement que la liberté avait été inscrite dans la constitution. C'était précisément leur bonne foi qui leur faisait illusion.

La loi de 1850 avait divers objets. Elle modifiait quelques dispositions de la loi de 1833 sur l'enseigne-

(1) Thiers, discours, 4 février.
(2) Montalembert.

ment primaire. Le brevet de capacité était remplacé par la *lettre d'obédience* pour les institutrices congréganistes. Tout ministre du culte pouvait ouvrir une école primaire sans justifier d'un brevet ou d'un stage. Les petits séminaires étaient affranchis des ordonnances de 1828. Tout Français, laïque ou non, dans certaines conditions de moralité, de capacité et de stage, pouvait ouvrir une école secondaire. L'inspection des écoles primaires relevait du clergé aussi bien que de l'Etat. Celle des établissements secondaires privés relevait de l'Université, ainsi que la collation des grades. Le gouvernement de l'instruction appartenait à un Conseil supérieur, les affaires contentieuses à des Conseils académiques, et ces Conseils étaient composés de membres appartenant à l'Université, à l'épiscopat, au clergé, aux cultes dissidents, à la magistrature, au Conseil d'Etat, à l'enseignement libre. Toutes les grandes influences sociales y avaient donc part.

Telle qu'elle était comprise, cette loi semblait régler d'une manière équitable les rapports de l'Etat avec l'Eglise et avec des citoyens libres. Elle respectait en principe les droits des uns et des autres et les conciliait. Elle renfermait cependant des lacunes, comme on le verra par la suite. En réalité, l'apparence seule était libérale, car, à l'abri de cette loi, des forces puissantes allaient se constituer et se faire de l'enseignement libre un privilège peut-être dangereux pour elles-mêmes.

La situation faite au clergé était à la fois un avantage et un péril. L. Veuillot l'avait remarqué : « La loi fait à l'Eglise une situation difficile et dangereuse... » L'abbé Cazalès avait combattu l'article premier, en se fondant sur ce qu'il donnait « au clergé une sorte de monopole ou de part dans le Gouvernement, ce qui est contraire à sa mission... (1). » Cette situation, allait, en effet, l'exposer à la tentation de jouer un rôle politique et au danger de se compromettre. Leroy-Beaulieu le remarque

(1) *Moniteur*, février 1850, p. 452.

en ces termes : « Comme il arrive dans la plupart des traités, celui-là n'était sûr d'être respecté qu'autant que la force et les intérêts des deux parties contractantes resteraient à peu près dans les mêmes relations. Il eût été peut-être plus politique de la part des catholiques de ne pas pousser aussi loin leurs conquêtes... (1). » Ce qui était grave, c'était la puissance de développement que ceux-ci allaient acquérir, en tant que parti politique, au moyen de la loi nouvelle, et le danger auquel il allait forcément exposer l'Eglise. Les besoins de la défense religieuse ne justifient pas une politique agressive à l'égard de la société civile, comme il arrive chaque fois qu'un parti laïque se constitue pour lui prêter main-forte. En réalité, il la compromet. Ce parti existait. Il resserra ses liens. Il se disposa à la lutte avec d'autant plus de confiance qu'il se sentait soutenu par les sympathies du pouvoir.

En somme, la Révolution de 1848 avait entraîné une sorte de divorce entre l'Université et l'enseignement libre nouveau ; celui-ci allait s'ouvrir à la clientèle bourgeoise ou noble, celle-là se rapprocher, au contraire, du peuple. Comment ne voyait-on pas qu'on préparait ainsi les plus redoutables divisions ?

Les effets de la loi de 1850 sont appréciables dès les derniers temps de la seconde République et sous le second Empire. La grande préoccupation de ces Gouvernements fut d'abattre le socialisme et d'empêcher que la liberté d'enseignement ne facilitât l'expansion de sa doctrine. Cette situation fut particulièrement favorable au développement de l'enseignement congréganiste et défavorable à l'Université, qui, dès lors, commença à s'orienter du côté des classes populaires et à moderniser son enseignement.

Les socialistes inspiraient toujours des craintes. La répression qui avait suivi les journées de Juin n'avait point arrêté leur activité, mais le succès ne les favorisa

(1) *Les catholiques libéraux*, p. 146.

point. Les électeurs de 1849 avaient envoyé à l'Assemblée une majorité royaliste, et un rapprochement s'était opéré entre tous les partisans de l'ordre. La loi du 31 mai 1850 avait eu pour but d'affermir leur triomphe. Néanmoins, les socialistes ne se découragèrent point. Ils se préparèrent à frapper un grand coup pour l'année 1852. Le danger était grand. Le *Spectre rouge* apparaissait. La bourgeoisie demanda la revision de la Constitution, et se rapprocha de Louis-Napoléon comme d'un sauveur. Le coup d'Etat se fit avec son consentement. Il n'y eut d'opposition sérieuse que parmi les classes intelligentes.

L'Empire aurait pu fonder la liberté et fermer l'ère des révolutions, s'il avait eu une politique sage. Napoléon III gouverna à son profit, flattant la nation, mais exigeant qu'elle abdiquât ses droits. Il a écrit une *Histoire de César* dans laquelle il soutient cette doctrine que les peuples doivent, pour leur plus grand bien, remettre leurs destinées aux mains des hommes providentiels, sans leur mesurer ni l'obéissance, ni la reconnaissance. Il se déclara seul responsable devant la nation et nivela tout, au nom de l'égalité. Il s'appuyait surtout sur les classes inférieures qu'il opposait à la bourgeoisie et à la vieille noblesse. Il écarta du pouvoir les uns et les autres, supprima toute vie politique et aggrava, par la corruption, le mercantilisme de la Monarchie de Juillet. La bourgeoisie, le peuple des villes et des campagnes, l'armée elle-même, n'eurent plus d'autres soucis que leurs intérêts matériels et leurs plaisirs. La spéculation enrichit les gens d'affaires, les grands travaux publics donnèrent le bien-être à l'ouvrier, les chemins de fer, en facilitant l'exportation des denrées, le répandirent dans les campagnes. L'armée elle-même perdit le sentiment de l'honneur et rechercha les gros traitements, dont on payait sa complicité ou le prestige que ses actions d'éclat donnaient au régime. Ainsi se démoralisait la nation. Le bien-être et le plaisir ne sont point des bases solides. C'était se faire une profonde illusion que de prétendre désarmer ainsi le socialisme et arrêter ses progrès. Une forte action religieuse eût été plus efficace, si elle avait été sincèrement acceptée par le pouvoir.

Napoléon III avait paru d'abord disposé à favoriser le clergé. Il n'avait vu en lui qu'un instrument de règne, car, sous les dehors d'une religiosité toute méridionale, il n'avait ni la foi ni les vertus chrétiennes. L'alliance de l'Église et de l'Etat n'était pas sincère. La situation était équivoque. L'Etat prétendait, tout en flattant l'Eglise rester le maître et paraître n'accorder que des privilèges.

L'enseignement fut, précisément, accordé à l'Eglise comme un privilège qui ne diminuait en rien les droits de l'Etat.

Néanmoins, elle en accepta la charge comme une mission sociale. Elle se fit l'auxiliaire d'un gouvernement qui l'honorait et la comblait. Elle combattit de son côté les doctrines anti-sociales. Mais elle ne borna pas son action à l'enseignement primaire, qui s'adressait aux enfants du peuple.

En fait, le clergé s'était emparé de l'enseignement, dès la promulgation de la loi de 1850 et en avait fait sa chose.

Cette conséquence avait été redoutée par des catholiques comme Wallon, qui avait vu dans la loi moins une œuvre de paix qu'une « machine de guerre ». Il disait : « Montalembert et ses amis gardent les écoles publiques, mais avec la pensée de les supprimer un jour.» Les chefs d'institution de Paris avaient protesté. Ils avaient adressé aux membres de l'Assemblée nationale, des observations où ils disaient que la loi créait, en faveur du clergé, un privilège, en ce sens que « toutes les portes des conseils et des tribunaux de l'instruction secondaire » lui étaient ouvertes, et qu'il disposait, outre ce moyen de se soustraire à la surveillance, d'inépuisables ressources et d'une puissante propagande.

Les libéraux étaient, en effet, débordés par les *ultras*, par ceux qui avaient réclamé « tout ou rien ». Un *Comité de l'Enseignement libre*, composé de Montalembert,

Molé, Beugnot, A. Cochin, de Corcelles, avait été constitué pour présider au développement de l'enseignement.

Malgré les difficultés financières que soulevait la création des collèges nouveaux, leur nombre s'était élevé en deux ans à 257. Le P. Lacordaire reconstitua celui de Sorrèze. Les Jésuites s'établissaient sans obstacle. Certaines villes demandaient même que leurs collèges fussent remis au clergé. Comme la loi n'exigeait du personnel dirigeant que le diplôme de bâchelier ou la lettre d'obédience ou un simple certificat délivré par le Conseil académique, qu'elle n'exigeait même rien du personnel enseignant, les Congrégations se développèrent sans difficulté. Les Maristes, les Dominicains, les Oratoriens s'établirent partout. En quinze ans, le nombre des élèves s'éleva de 21.195 (1850) à 34.897 (1865). On commença à craindre qu'un nouveau monopole ne fût le résultat de la nouvelle loi.

Cette action du clergé eut pour contre-partie un amoindrissement considérable de l'Université. Certaines mesures eurent pour effet de l'asservir. Elle perdit d'abord sa personnalité civile et devint un simple service public. La loi de finances du 7 août 1850 décida que l'Université cesserait d'avoir un budget distinct de celui de l'Etat, que ses propriétés et rentes foncières feraient retour au domaine public et que sa *dotation* serait rayée du grand livre de la dette publique. Elle fut même l'objet des défiances de l'autorité impériale. Déjà la *petite loi,* votée en janvier 1850 avait permis de frapper les instituteurs. M. de Falloux en avait révoqué deux cents, M. de Parieu accrut ce nombre. Le décret du 9 mars 1852 fit peser sur les professeurs la menace de la révocation sans appel, et un serment leur fut imposé à peine de démission. Michelet, Edg. Quinet, J. Simon quittèrent leurs chaires. Ce n'est qu'en frémissant que ces libéraux, qui, au lendemain du coup d'Etat, avaient, comme Em. Deschanel ou V. de Laprade, manifesté éloquemment leurs répugnances ou leur indignation, courbaient la tête, conservant l'espoir d'une prochaine libération. Jusqu'en 1850, le nombre des lycées n'augmenta que de quelques unités. Il était de 56 en 1848, de 58 en 1852, de 72 en 1860 ; celui des élèves baissa de 22.024, en 1848, à 20.453 en 1850 et à 19.543 en 1852 ; il se releva à 27.372 en 1860. L'enseignement universitaire se releva encore davantage, de 1860 à 1868, sous le ministère de Duruy. Le nombre des lycées passa de 72 à 82 et celui des élèves de 27.372 à 37.725. Mais, à partir de 1868, la baisse recommença.

Entre l'Université et les Etablissements religieux, une concurrence s'était donc établie au détriment de la première et même au détriment des études classiques. C'est dans les premières années de la seconde République, que naquit l'idée de moderniser les études. Un grand débat s'éleva alors au sujet de la valeur morale et des dangers sociaux que pouvait présenter l'étude des anciens. Ce débat passionna les économistes et la partie du clergé la plus hostile à l'Université. Bastiat engagea la lutte contre le latin dans l'un de ses *Petits Pamphlets*. « Est-ce dans les écrits que nous ont laissés les Romains que l'on peut apprendre la religion, la physique, la chimie, la physiologie, l'histoire, le droit, la morale, la technologie industrielle, la science sociale ?... N'est-il pas étrange que nous passions toute notre jeunesse à nous rendre maîtres d'un instrument qui n'est plus bon à rien ?... » Bastiat attribuait d'ailleurs à l'influence des anciens, les progrès du socialisme. Il citait Fénelon, Rousseau, Mably comme des exemples de cette influence, puis les Jacobins de la Convention, qui s'en étaient accusés eux-mêmes : « Enfants, disait l'un des régicides, nous avions fréquenté Lycurgue, Solon et les deux Brutus, et nous les avions admirés : hommes, nous ne pouvions que les imiter. » (Chazal). Bastiat s'étonnait de l'attachement du clergé de France pour les études païennes. A son tour, le clergé apporta d'autres arguments dans les premières années de l'Empire. L'abbé Gaume publia les lettres de l'évêque d'Orléans sur « le Paganisme dans l'éducation ». Il soutenait aussi que le socialisme n'était qu'un retour au paganisme ancien. Que dirait-il de nos jours ? La question passionna le public. Louis Veuillot en fit le pain quotidien de *l'Univers*, aussitôt après le coup d'Etat. Mgr Dupanloup et l'abbé Landriot réfutèrent ces paradoxes. Cependant, en 1855, dans la chapelle même des Tuileries, le P. Ventura prononça deux discours sur la réforme des études classiques. Il reprenait la thèse de l'abbé Gaumé, selon qui les auteurs païens n'étaient que des maîtres d'immoralité et de républicanisme. Rome trancha le débat et apaisa la querelle. Pourtant, le coup avait été rude et la tradition classique ébranlée. M. de Fortoul tenta de faire une part plus grande aux sciences dans l'éducation, et il imagina la réforme appelée *Bifurcation*, qui dura quelques années. Duruy la supprima, pour créer l'*enseignement spécial*. Laissant subsister, à l'usage de ceux qui en avaient réellement besoin, un enseignement pratique, il rendit aux études classiques toute leur valeur, à la classe de philosophie son nom, et introduisit l'histoire contemporaine dans les programmes. La tradition classique était trop puissante pour ne point résister à tant d'attaques passionnées. Néanmoins, un esprit nouveau avait commencé de pénétrer dans l'enseignement secondaire, auquel l'Université était destinée à peut-être trop largement s'ouvrir.

Cette lutte entre l'Université et le clergé eut pour conséquence d'affaiblir notablement l'enseignement libre laïque. M. de Salvandy avait pressenti ce résultat dix ans avant la loi de 1850. « Les établissements laïques, à moins d'avoir le lien et l'appui d'une organisation forte, morale, religieuse, ne pourraient supporter cette lutte inégale, jusqu'au jour où ce monopole, soulevant des réactions inévitables, périrait, en emportant peut-être dans sa chute de plus précieux intérêts (1). » Dupanloup disait également : « L'Eglise ne faillira pas à sa mission, pourvu qu'on lui laisse la libre concurrence. Elle est assez forte pour maintenir ses établissements

(1) Rapport au roi, 1839.

en face de ceux de l'État. Mais cela n'aura-t-il pas pour effet d'anéantir les forces des individus isolés ? Ma conscience m'aurait reproché de taire ces observations (1). » Il en fut ainsi, en effet, et dans l'enseignement secondaire, et dans l'enseignement primaire.

Pour l'enseignement secondaire, en 1854, le nombre des établissements privés laïques était encore de 825, contre 321 lycées ou collèges et contre 256 maisons diocésaines ou congréganistes (2). La population scolaire y était de 42.462 élèves, contre 21.195 dans les établissements religieux et 46.440 dans les établissements officiels. A la fin de l'Empire, cette proportion était renversée au profit des établissements ecclésiastiques, qui, en 1865, étaient au nombre de 278, avec 34.897 élèves.

Dans l'enseignement primaire, le même phénomène continuait à se produire. On a vu qu'il s'y était manifesté dès l'année 1843. Le nombre des établissements officiels ne cessa de s'accroître, ainsi que celui des établissements congréganistes, au détriment des autres. Entre les années 1850 et 1875, on constate une augmentation de 444 unités pour les établissements congréganistes de garçons (339=843) et de 36.582 élèves (60.064=96.646) ; une diminution de 2.803 unités pour les établissements laïques de garçons (4.563=1.760) et de 77.884 élèves (168.722 = 90.838) ; une augmentation de 1.027 unités pour les établissements congréganistes de filles 3.449=4.476) et de 163.260 élèves (217.073=380.333) ; une diminution de 4.090 unités pour les établissements laïques de filles (8.325 = 4.235) et de 82.917 élèves (274.895 = 191.958).

Etablissements primaires et secondaires laïques périclitaient donc, tandis que les établissements congréganistes et les établissements officiels ne cessaient de s'accroître. Ce mouvement inverse devait s'accentuer forte-

(1) De Lacombe, Débats de la Commission, p. 226.

(2) A Lyon, où on comptait, en 1850, 40 établissements privés, dont 25 étaient antérieurs, avec 1845 élèves, ces chiffres passèrent à 27 en 1864 avec 1180 élèves.

ment entre les années 1870 et 1898. En dehors des nombreuses raisons qui justifient l'existence d'un enseignement privé laïque, il a peut-être été impolitique de ne concevoir l'enseignement religieux que lié à l'existence des congrégations. S'il subsistait, à l'heure actuelle, un enseignement privé laïque fortement organisé, la liberté serait intangible, car elle serait liée, non pas à des intérêts politiques, mais à des intérêts privés, auxquels on ne pourrait porter atteinte sans violer les droits civils, garantis par la constitution et par les lois. On verra plus loin que cet affaiblissement de l'enseignement libre laïque s'est aggravé au point de le ruiner presque entièrement. Pour lui, la liberté avait été illusoire.

Si l'on considère de près ce phénomène, on remarque qu'il se produisait entre l'enseignement congréganiste et l'Université une sorte de vide. C'était quelque chose de semblable à la disparition de la classe moyenne dans une démocratie. Quand arrive le jour de la lutte, il n'existe plus d'élément pondérateur, susceptible d'atténuer la portée des coups ; alors, les crises éclatent, violentes comme les passions extrêmes.

L'action des congrégations dans l'enseignement avait ainsi pour effet, non seulement de léser les intérêts privés, mais d'engager contre l'Université une lutte dangereuse. Celle-ci s'habituait à voir dans l'Église une rivale, à chercher son point d'appui, non plus dans la bourgeoisie, dont une partie s'éloignait d'elle, mais dans les classes laborieuses, auxquelles elle offrit des moyens de s'élever aux fonctions publiques. L'école s'ouvrait insensiblement aux influences opposées. Quoi que fît le pouvoir pour maintenir une sorte d'unité morale entre les éléments sociaux, ceux-ci se séparaient de plus en plus et l'on voyait partout s'élever école contre école. De part et d'autre, l'éducation servait de prétexte à une autre tâche. De la sorte, le problème de l'enseignement se compliquait davantage. Il devenait un problème politique, dans lequel la question de savoir à quelle autorité supérieure devait être attribué le gouvernement des esprits allait effacer celles de savoir à qui appartenait le droit de les instruire et selon quelles méthodes. L'Eglise et l'Etat se disputaient cette direction, au détriment même de la liberté, et les concessions de celui-ci à celle-là avaient pour effet de l'armer contre lui et de contraindre tous les hommes indépendants à se ranger dans l'un ou dans l'autre parti.

La préoccupation d'arrêter les progrès du socialisme avait donc, de 1848 à 1870, facilité entre l'Eglise et l'Etat un accord plus superficiel que sincère, car, sous les dehors pacifiques, se cachait une hostilité réciproque et une lutte sourde toujours prête à éclater. La démocratie débordait les pouvoirs et devait nécessairement les opposer entre eux. Cette situation était plus apparente dans la guerre que se faisaient l'Université et le clergé, satisfaits ni l'un ni l'autre du compromis par lequel ils s'étaient partagé l'enseignement, et dans la division profonde qui commençait à se produire entre les esprits.

Ces effets devaient s'accentuer dans les premières années de la troisième République, par l'action violente et aggressive de l'élément jusqu'alors comprimé, le socialisme scientifique, dont l'avènement provoqua, à la fois sur le terrain politique et sur celui de l'éducation, la crise la plus redoutable qui ait jamais troublé les esprits et menacé la société. Ce n'est pas immédiatement de l'Etat qu'est parti le mouvement de réaction contre l'Eglise, ni de l'Université qu'est venue la résistance à l'enseignement libre, c'est d'une révolution populaire et intellectuelle tout ensemble. L'influence du socialisme sur le mouvement pédagogique de la fin du XIXe siècle a été aussi considérable que sur la nature des rapports de l'Eglise et de l'Etat, car il repose sur un principe d'ordre philosophique, qui est la négation même du spiritualisme chrétien et du libéralisme politique ; d'où il suit que son action est essentiellement dogmatique et militante.

Est-ce avec le concours ou à l'insu des hommes politiques que ces doctrines se sont développées ? On ne saurait le dire, car la troisième République parut d'abord vouloir donner la liberté à la France. Il y eut, dans les années qui suivirent son établissement, comme un moment de patriotique espérance. Mais, en 1878, le socialisme international était triomphant. Arrachée tour à tour aux mains des socialistes et des conservateurs, la République tomba dans celles de politiciens sans principes, attentifs à profiter des circonstances et à gouverner d'après elles. Gambetta fonda l'*opportunisme*. Il opposait à la « politique de la rêverie » celle des « résultats » et déclarait qu'il y avait lieu de « modifier la conduite d'après les changements mêmes subis par le monde », que « la politique était une affaire de tact, d'étude, d'observation, de précision... (1) ». C'était une illusion, car, malgré eux, les idées mènent les hommes.

A la faveur de la liberté, certaines doctrines, longtemps écartées des esprits et du domaine de l'action, s'accréditèrent au nom de la science positive. Au fond, un conflit s'élevait entre la religion et la science. L'Etat, cessant de s'appuyer sur la première, chercha son fondement dans la seconde. La science apparut comme l'universelle panacée. On attendit d'elle le bienfait d'une organisation sociale plus parfaite et plus équitable.

Il ne faut pas se dissimuler que les principes rationnels et libéraux admis par la Révolution et formulés dans la Déclaration des droits de l'homme, ont fait place à une nouvelle théorie de la vie sociale et du droit, issue elle-même d'une nouvelle morale et d'une nouvelle conception de la nature humaine et de l'ordre des choses, conception à la fois scientifique et historique, reposant sur des faits observables, sur des lois obtenues par induction et ramenées à des formules mathématiques. L'individu est considéré comme un être partiel, qui se rattache à un tout, dont l'évolution entraîne la sienne vers une perfection indéfinie et toujours plus grande. Les sociétés anciennes sont un exemple instructif de

(1) Discours de Belleville.

cette vie naturelle et de cette évolution scientifique. « A une époque qui comportait un autre cycle de civilisation, deux républiques... avaient su réaliser une synarchie qu'on n'a pas connue depuis. C'est qu'Athènes et Lacédémone avaient à leur tête des citoyens en possession d'une connaissance approfondie des lois naturelles. Solon et Lycurgue savaient guider leur peuple dans le sens qui convenait à l'application spontanée de ces lois (1). » La science et l'histoire enseignent ainsi le même naturalisme.

Cette doctrine s'est répandue dans les esprits sous l'impulsion de la philosophie allemande ou anglaise. Rousseau avait émis ce paradoxe que la société est supérieure à ses membres. Ses conclusions se sont fortifiées de tous les arguments venus d'outre-Rhin ou d'outre-Manche. L'histoire, la philosophie panthéiste, l'utilitarisme, la science positive et évolutionniste, Hegel, Schopenhauer, Savigny, Stuart Mill, A. Comte, H. Spencer, sont venus successivement enseigner que l'individu n'est rien par lui-même, qu'il doit à la société tout ce qu'il est, au physique comme au moral, les uns subordonnant la liberté individuelle à la volonté générale, seule juge des intérêts du plus grand nombre, les autres assimilant la vie humaine à la vie des autres êtres de la nature, et les Sociétés à des organismes qui se développent spontanément dans l'unique substance ou sous l'action de l'esprit universel. Pour les uns comme pour les autres, la conclusion était la même, l'annihilation de l'individu en tant que personne et son incorporation à la Société, à la collectivité, à l'Etat, qui en est la représentation abstraite. Ces théories, se corroborant entre elles, ont formé un courant puissant, qui a entraîné les esprits hors d'eux-mêmes et les a détachés des principes fondamentaux de toute vie morale, pour les lancer à la poursuite d'une félicité chimérique.

Or, le socialisme aboutit en définitive à nier la liberté

(1) Darel. *Le Peuple roi.*

et à la considérer comme un obstacle au bonheur de tous. La liberté, selon ses docteurs, n'est qu'une illusion, que dissipe la science, et tout ce qu'on fonde sur elle est également illusoire. Les conséquences du libéralisme politique en sont la preuve, car il est un danger public. Excès de presse, attentats anarchistes, opposition croissante des opinions ou des croyances, résistance au progrès, oubli des traditions, division des citoyens et affaiblissement de l'unité nationale, diminution de la puissance collective et de la force de l'Etat, voilà les fruits du libéralisme. La liberté est donc un principe faux, si on la fonde sur le droit naturel, un mal si on l'applique à la société, et la seule liberté véritable, c'est celle que crée la loi sociale en définissant les libertés publiques.

Voilà pourquoi nous assistons au spectacle de nations restaurant chez elles la puissance de l'Etat, par le socialisme, et rêvant de faire l'unité du monde. Les théories sont descendues dans l'ordre des faits. Tandis que, d'une part, le pangermanisme s'affirme en Allemagne comme la manifestation de la vérité absolue, que la lutte pour la vie et la sélection justifient en Angleterre toutes les oppressions et toutes les conquêtes, d'autre part, à l'intérieur des Etats, le socialisme grandit et, au moyen de lois sociales, y détruit, comme en France, toute liberté.

Voilà pourquoi aussi toutes les institutions, fondées sur les principes libéraux et sur les doctrines chrétiennes, sont battues en brèche, l'Eglise, la famille, la patrie même et les lois, qui garantissaient à l'individu la disposition de lui-même.

Voilà pourquoi enfin le système de l'éducation par l'Etat tend à s'imposer, pour des raisons d'utilité générale, pourquoi l'Etat, s'incorporant de plus en plus au naturalisme philosophique et se socialisant davantage, considère l'éducation comme une fonction qui relève de lui et en revendique de nouveau le monopole.

Sous l'influence du socialisme, l'Etat devait donc nécessairement mettre fin à cette espèce de trêve qu'avait été la loi de 1850, dans le conflit qu'il soutenait depuis si longtemps contre l'Eglise, et tendre à rétablir sa propre action sur les esprits. La défaite du socialisme n'était que momentanée. Son triomphe allait communiquer à l'Etat une force considérable et à l'enseignement d'Etat une impulsion puissante. Appuyé sur cette doctrine, l'Etat n'allait pas se contenter de se défendre contre l'Eglise, à son tour il allait devenir agresseur et propagateur d'idées, apôtre et persécuteur.

Il est facile de comprendre, d'après ces observations générales, pourquoi et dans quelles conditions la crise de l'enseignement s'est produite. Elle est, comme la crise sociale, l'effet de l'opposition des idées de justice sociale et des principes libéraux, laquelle a donné un sens nouveau à l'ancienne lutte de l'Eglise et de l'Etat, des congrégations et de l'Université. Sur aucun point cette opposition ne s'est accusée avec plus de force que sur celui de l'éducation. L'éducation de la jeunesse devint une lutte de doctrines et d'influences, le grand moyen d'attaque et de défense entre le parti socialiste et le parti libéral, uni désormais à l'Eglise. Tandis que l'Université évoluait dans un sens de plus en plus démocratique, comme les pouvoirs politiques dont elle recevait l'impulsion, la bourgeoisie s'en éloignait et suivait la direction des congrégations religieuses. L'Eglise, à la faveur d'une loi libérale, avait engagé un combat violent contre la Révolution, dont elle contestait les principes et craignait les conséquences morales. Elle exerçait, par l'enseignement, sur les esprits, une influence profonde et redoutable. L'Etat fut amené à réagir contre elle, à la fois par la nécessité où il se trouvait d'arrêter les effets de la liberté et par la logique du principe nouveau sur lequel il fondait son autorité. Affirmant toujours la suprématie des pouvoirs civils sur ceux de l'Eglise, dans l'ordre politique, et les appuyant sur une théorie nouvelle de la vie et de la constitution sociales, il continua la tradition césarienne et y rattacha l'enseignement. Entre l'Etat et l'Eglise, un abîme s'était creusé. Entre l'enseignement catholique et l'enseignement universitaire, l'écart s'accentuait toujours davantage. Ni les uns ni les autres ne se comprenaient plus et leur action s'exerçait en sens contraire. C'est de là qu'est née la crise. Il nous reste à dire comment elle s'est produite.

VI

L'histoire de l'éducation sous la troisième République est à la fois glorieuse et tragique : glorieuse par les progrès que fit l'instruction générale ; tragique par la grandeur des efforts, par l'importance du débat. A peine fut-elle maîtresse des destinées politiques de la France, que la démocratie engagea le conflit contre la bourgeoisie et tout ce qu'on enveloppait sous ce mot symbolique : le cléricalisme.

Dès le lendemain de la victoire de la Prusse, J. Simon écrivit : « La France est à refaire par l'éducation », et Gambetta ajouta : « Cette éducation, il faut la faire absolument civile (1). » On conçut donc un vaste plan d'éducation nationale, sous la haute direction de l'Etat, en vue des progrès sociaux et du relèvement de la patrie. Le droit de l'Etat semblait imprescriptible.

On put croire, cependant, que la liberté serait sauvegardée. L'opportunisme couvrait toutes les équivoques, car, à côté des plus hardis démocrates, il admettait des libéraux sincères. L'Université elle- même renaissait à de nouvelles espérances. Elle avait poussé, en acclamant la République, un cri de délivrance. Mais il ne paraissait pas qu'elle désirât le retour du monopole. Elle acceptait une loyale concurrence. Peu à peu cependant elle devait s'ouvrir aux doctrines nouvelles. Elle était un vaste corps discipliné, habitué à recevoir son impulsion des hautes sphères de la politique. Suspectée de ses rivaux, elle prêta l'oreille aux conseils des hommes qui s'étaient emparés du pouvoir.

(1) Discours du Hâvre.

Le parti radical ne pouvait, après son avènement, en 1878, laisser l'éducation aux mains des libéraux. Il en entreprit résolument la réforme, émettant sur l'éducation des principes nouveaux et assignant à l'Etat un rôle prépondérant. On commença alors à restaurer, au profit d'une République qu'on voulait faire sociale, la tradition de laquelle on s'était détaché trente ans auparavant. On s'attaqua au régime établi depuis 1833 et 1850, et on réorganisa l'enseignement public. A côté du droit privé, on affirma le droit social ; à côté du droit du père de famille relativement au choix des maitres, on plaça le droit de l'Etat à les lui désigner ; à côté du droit individuel à l'éducation, on posa le droit de la collectivité à l'instruction de ses membres. L'Etat et l'individu s'opposèrent l'un à l'autre et entrèrent en conflit sur la double question de la fin de l'éducation et de la capacité de la donner. On en vint à placer le droit de l'Etat au-dessus du droit individuel. Toutes les lois qui ont affaibli la liberté d'enseignement, sont solidaires de celles qui ont proclamé les droits de l'Etat, et toutes les mesures qui ont socialisé l'éducation ont été une atteinte à la culture classique. C'est sur ces deux points que devaient porter les réformes projetées. D'une part, on conçut une éducation toute scientifique, toute rationnelle, toute utilitaire, toute moderne ; de l'autre, on remonta le courant libéral, pour exhumer les maximes et les mauvais procédés des régimes monarchiques. Réformer les lois scolaires et l'éducation était peut-être nécessaire à ce moment, ce qui était une erreur c'était de rattacher l'enseignement à l'Etat par un lien doctrinal ou administratif.

Comme on ne pouvait résoudre d'un seul coup toutes les difficultés, on les divisa. Les réformes se firent par des lois successives. L'enseignement de l'Etat se fortifia progressivement et la liberté s'en alla par morceaux.

C'est dans l'ordre de l'enseignement primaire que furent opérées les premières réformes, destinées à établir un enseignement national et à détruire la liberté. La législation en fut entièrement renouvelée.

La loi du 27 février 1880 modifia la composition du Conseil supérieur de l'instruction publique et des Conseils académiques. Elle en élimina le clergé.

La loi du 16 juin 1881 exigea des grades de tout instituteur public ou libre et assura la *gratuité*.

La loi du 28 mars 1882 enleva aux ministres des cultes tout droit d'inspecter ou de surveiller les écoles primaires, publiques ou libres, et les salles d'asile. Elle prescrivit l'*obligation* et la *neutralité*. Des Comités de surveillance ou *délégations cantonales* furent institués.

La loi du 30 octobre 1886, complétée par les décrets du 18 janvier 1887, *laïcisa* les écoles publiques.

Toutes ces mesures avaient déjà été pratiquées par les régimes monarchiques. La République les appliqua dans un autre esprit. La progression des idées est évidente.

D'autre part, 2.500 écoles primaires furent fondées. 41.000 instituteurs chargés d'enseigner, le nombre des inspecteurs augmenté, un certificat d'aptitude à la direction ou au professorat dans les écoles normales institué, des conférences pédagogiques établies pour les maîtres d'un même canton.

Par ces réformes, l'enseignement libre fut placé dans la nécessité de redoubler d'efforts pour soutenir la redoutable concurrence de l'Etat. Ceux-là seulement qui disposaient des ressources suffisantes en furent capables.

Le nombre des établissements libres, en 1875, était de 11.315, avec 759.775 élèves, soit : pour les garçons, 843 congréganistes, avec 96.646 élèves, et 1760 laïques, avec 90.838 élèves ; pour les filles, 4.476 congréganistes, avec 380.333 élèves, et 4.236 laïques, avec 191.958 élèves. En 1884, le nombre des établissements libres est de 12.860, avec 1.647.469 élèves, soit : pour les garçons, 1.647 congréganistes, avec 238.153 élèves, 1.322 laïques, avec 63.141 élèves ; pour les filles, 7.135 congréganistes avec 613.440 élèves, 2.756 laïques, avec 132.735 élèves. De 1875 à 1884, l'enseignement congréganiste des garçons a gagné 804 établissements et 141.507 élèves, c'est-à-dire qu'il a presque doublé ; celui des filles a gagné 3.659 établissements et 233.107 élèves ; au contraire, l'enseignement laïque a perdu, pour les garçons, 448 établissements et 59.223 élèves.

Dans l'enseignement primaire une véritable lutte s'était donc engagée, sous le nom de concurrence, entre l'enseignement officiel et l'enseignement congréganiste. Cette lutte ne se traduisait pas seulement par la multiplication des écoles rivales, mais par des réformes parallèles dans les méthodes, dans l'enseignement et surtout par la différence des points de vue. Tandis que les écoles libres conservaient l'enseignement chrétien, les écoles officielles faisaient une propagande énergique en faveur des doctrines nouvelles. Insensiblement l'éducation devint, d'un côté comme de l'autre, une question de politique, au lieu de rester ce qu'elle doit être.

Le combat livré par Montalembert à l'Université, avant la loi de 1850, fut renouvelé sous une forme différente et avec des moyens plus puissants. Il s'agissait de protéger les esprits contre l'irréligion et contre les effets d'une neutralité équivoque. On avait alors des raisons plus sérieuses qu'en 1840 d'engager la lutte sur ce terrain. L'école en fut le théâtre. L'enseignement libre dériva nécessairement vers la politique, entraîné jusque-là par les nécessités de la défense, à ce point que tout catholique devint suspect de *cléricalisme*, par le fait même qu'il affirmait la liberté de sa conscience.

D'un autre côté, un esprit spécial commença à se répandre dans les jeunes générations. M. Faure, en 1901, le caractérisait en ces termes : « L'instruction du peuple apparut comme la base de la Révolution, comme le fondement de la République, et l'instituteur laïque reçut la première place parmi les fonctionnaires de la nation (1). » S'adressant aux instituteurs, il leur donnait ces conseils pratiques : « Formez des générations de plus en plus

(1) Discours du 30 mars 1901.

ardemment dévouées à la démocratie... Vous devez être les ouvriers par excellence de l'unité française et de la solidarité sociale, en faisant fraterniser les enfants confiés à vos soins... dans le culte des idées de justice, de tolérance, d'humanité, et dans l'amour inaltérable de la patrie (1). »

Ce rôle de l'instituteur s'était précisé, à partir du ministère de P. Bert, sous l'influence des hommes politiques, des libéraux protestants, de la franc-maçonnerie. Ils furent investis, dès le début, de la mission d'enseigner aux futurs citoyens la morale rationnelle indépendante. Les *devoirs envers Dieu* figuraient encore au programme et l'on consentait à admettre que les enseignements de la morale religieuse n'étaient pas incompatibles avec les autres. On affirmait la neutralité de l'école. Cependant, au lendemain du 16 mai, J. Ferry avait déclaré aux instituteurs, qu'il les défendrait contre les influences municipales ou confessionnelles, et il les avait invités à se poser en propagateurs des idées républicaines : « N'êtes-vous pas chargés de l'enseignement civique ?... Vous avez été affranchis comme citoyens par la Révolution, vous allez être émancipés comme instituteurs par la République de 1880. Comment n'aimeriez-vous pas et ne feriez-vous pas aimer dans votre enseignement et la Révolution et la République?... (2). » En plein Sénat, Ferouillat qualifiait l'abstention sur ce point d' « abdication » et de « désertion ». On affectait de voir en eux des prédicateurs purement laïques. M. Goblet, en 1886, l'affirmait encore (3). Mais peu à peu l'instituteur s'opposa au prêtre. Il alla jusqu'à prétendre que celui-ci était « impropre à enseigner la morale (4) ». A la morale religieuse se substituait peu à peu celle du protestantisme libéral, fondé en Suisse par F. Buisson, J. Steeg et F. Pécaut, qui dirigeaient l'enseignement primaire et l'école de Fontenay. C'était

(1) Discours du 13 avril 1901.
(2) 19 avril 1881.
(3) Discours du 4 et du 6 février.
(4) *Tribune des Instituteurs*, 157,250, p. 274.

revenir aux idées d'E. Quinet. Ces idées, ce *moralisme* indépendant, ce mélange de christianisme et de libre pensée, se répandirent dans les écoles normales. On pensait « transformer la tradition morale de la France (1) ». Se sentant impropres à ce rôle, les instituteurs mirent leur influence au service d'une puissance qui se flattait d'avoir été « la véritable inspiratrice » de l'enseignement primaire et qui accueillait avec faveur la morale positive. Ce fut une amère déception pour les hommes qui avaient tant espéré d'eux. Le rapport de 1889 et l'enquête de 1893 leur enlevèrent leurs illusions. Depuis longtemps, les instituteurs s'étaient fait de la politique un moyen d' « arriver ». Placés sous l'autorité des préfets, forts des instructions de P. Bert, J. Ferry, Goblet, Combes, ils livrèrent bataille aux boulangistes et aux ralliés. Aujourd'hui, quelques-uns prêchent l'internationalisme. C'est ainsi que s'est transformé leur rôle de moralistes laïques, et il se trouve encore des esprits assez confiants, tels que J. Payot et L. Bourgeois, pour fermer les yeux sur ces inconvénients et attendre des résultats féconds d'un enseignement sans principe véritable.

Ainsi, les instituteurs sont revêtus d'une sorte de ministère laïque, pour la propagation des principes de solidarité sociale. Ils forment comme une immense congrégation agissante. Prêtres de la science qui émancipe et dissipe les ténèbres de l'esprit, ils s'en vont, comme Lucrèce, porter aux hommes la bonne parole et répandre la paix dans les âmes.

Un tel système porte en lui-même sa propre réfutation, car ce n'est point dans les agitations de la politique que doit se faire l'éducation, mais dans la méditation sereine des principes, et le maître ne doit pas caresser d'autre ambition que celle de servir son pays en formant des consciences droites et des esprits justes. Or, il est trop facile de dépasser la mesure pour celui à qui on a imposé un rôle politique. A force de dire aux instituteurs

(1) *Tribune des Instituteurs*, 157-286, p. 274.

qu'ils sont les serviteurs de la République, on finit par les persuader qu'ils sont aussi ceux des républicains: « Il arrive, écrit M. Ch. Dupuis, que l'instituteur soit apprécié, non d'après la conscience et le talent qu'il apporte à l'accomplissement de sa fonction proprement dite, mais d'après la complaisance ou le zèle dont il fait montre dans les tâches que l'on sait. »

Voilà, en définitive, le résultat de la réforme de l'enseignement primaire : la jeunesse divisée, l'enseignement privé détruit, l'éducation livrée aux influences politiques.

La réforme de l'enseignement primaire n'était que le premier acte d'une pièce qui arrive seulement de nos jours au point aigu de sa crise. Il restait encore de la loi Falloux tout ce qui avait pour objet l'enseignement secondaire, et, à l'abri de ce lambeau, la bourgeoisie défendait son indépendance morale et l'âme de ses fils. Il fallait l'atteindre à son tour. On comprit qu'on n'avait rien fait, tant que la bourgeoisie recevrait cette éducation libérale, dont le propre est d'affranchir les intelligences et d'enseigner aux hommes à ne relever que de la vérité et de leur conscience. C'est pourquoi on prépara à la fois une réforme des études et du droit d'enseigner. L'entreprise était difficile. L'Université elle-même y faisait obstacle. Elle comptait dans son sein des hommes convaincus de l'excellence de la culture classique et de la concurrence.

On passa outre, et l'on débuta par modifier l'organisation des études. On recommença à répandre dans les esprits ce sophisme que la culture classique est inutile, que la société moderne réclame une autre éducation, qu'on surchargeait les intelligences de connaissances surannées. L'inspecteur général Lévy entreprit une propagande à laquelle M. Raoul Frary, en 1885, se mêla bruyamment. On fit, cette même année, une enquête au sujet du baccalauréat. M. Fallières présenta un projet qui fut repoussé à la fois par les défenseurs de la liberté d'enseignement et par les universitaires. Il ne fallut pas moins de dix ans pour arriver à une première réforme de l'éducation classique. En 1890, l'*enseignement moderne* fut constitué. Mais le but n'était pas atteint et on se remit à l'œuvre

En réorganisant les études secondaires, on s'est proposé une double fin, celle de les rendre plus populaires et plus utiles. On a tenté de les rattacher aux études primaires par un lien de continuité et une certaine unité de vues, et de les adapter aux besoins nouveaux des temps.

C'est dans cet esprit que fut conduite la célèbre enquête parlementaire de 1897. Entreprise en vue de la réforme générale qu'on se proposait d'introduire dans l'enseignement secondaire, elle fut moins une œuvre pédagogique que politique. On consulta tous ceux qui, par leur situation, par leur profession, par leurs études, pouvaient contribuer à éclairer ce difficile problème. A vrai dire, on a bien consulté les éducateurs, mais c'est l'avis des hommes politiques qui a prévalu. La question était réglée d'avance, et l'on exhuma un projet de réforme qui, en 1880, avait été écarté par le Conseil supérieur.

Cette réforme s'explique par les inconvénients inévitables, mais exagérés pour la circonstance, de la culture classique, par l'insuffisance de l'enseignement moderne, par les progrès de l'utilitarisme en France et à l'étranger, par les intentions politiques qui avaient présidé à celle de l'enseignement primaire.

Le premier réquisitoire qui ait saisi l'opinion des griefs de la société moderne à l'égard de l'enseignement classique fut l'œuvre de M. Frary, ancien élève de l'Ecole normale supérieure. Par un étrange sophisme, qu'il est toujours facile de commettre, quand on veut soutenir une mauvaise thèse, M. Frary, comme Rousseau dans le *Discours sur les sciences et les arts*, attribuait à l'éducation classique notre décadence économique et, par un autre sophisme, il traçait un tableau exagéré de cette décadence, et enveloppait beaucoup d'erreurs du prestige de quelques idées justes. Le fonctionnarisme, la recherche des diplômes, l'accroissement du nombre des déclassés, l'abandon des travaux agricoles ou industriels, tout cela est la conséquence des études latines. L'enseignement classique était rendu responsable du mépris croissant qu'inspiraient les occupations manuelles aux fils de la bourgeoisie, de la désertion des campagnes et de la multiplication illimitée des professions libérales. M. Frary constate, d'ailleurs, que notre société est aristocratique par ses tendances intellectuelles, et que ces tendances, qui la poussent à la conquête des diplômes, vont à l'encontre de l'esprit moderne et du progrès social.

Ces griefs, exposés il y a vingt ans, n'ont pas été beaucoup rajeunis par les promoteurs de la réforme actuelle. Ceux-ci ont répété les mêmes lieux communs. Ils ont insisté sur l'inutilité pratique de l'enseignement classique et sur son caractère aristocratique. Ils lui ont reproché d'être trop bourgeois, trop fermé, de ne point s'ouvrir aux enfants des classes laborieuses, à la démocratie à laquelle il opposait comme une barrière infranchissable, de n'avoir pas assez de jeu et de manquer de ces degrés intermédiaires, par lesquels on pourrait y avoir accès, du côté de l'enseignement primaire.

Une tentative sérieuse avait été faite, en 1890, pour constituer un enseignement secondaire conforme aux idées de M. Frary. L'enseignement moderne avait été une première atteinte portée au vieil enseignement universitaire. Il n'avait pas répondu aux espérances des hommes politiques et il avait précisément dévié vers ce classicisme qu'il était destiné à remplacer. Appliqué par des maîtres animés encore de l'esprit classique, il ne donna point les résultats attendus, car il prétendit trop haut. La contradiction des termes apparut dans la chose elle-même. Fondé sur l'étude des langues étrangères, des sciences et de la langue française, sanctionné par un baccalauréat qui était presque l'équivalent de l'autre, il fournit bientôt un moyen plus rapide, puisqu'il comprenait une année en moins d'études, d'entrer plus facilement aussi dans les carrières libérales. D'un autre côté, il faisait double emploi avec l'enseignement primaire supérieur, qui lui disputait les élèves, au point de le ruiner dans les collèges, et il était inférieur à l'enseignement professionnel. Il était, à cet égard, moins efficace que cet *enseignement spécial* que Duruy avait créé. Quant à la culture classique qu'il ambitionnait de donner, c'était un cercle vicieux de prétendre la tirer de l'étude des langues et des littératures modernes, détachées des langues et des littératures anciennes, par lesquelles elles s'expliquent elles-mêmes, et c'était aussi vouloir la puiser à des sources moins pures. L'enseignement moderne reproduisait donc les inconvénients de l'enseignement classique, sans en assurer les avantages et sans préparer les jeunes gens à la vie pratique, en vue de laquelle il avait été conçu.

L'enseignement moderne avait du moins été une étape dans la voie des études utilitaires. S'il avait dévié, c'était par la faute des maîtres qui n'avaient point voulu comprendre la pensée véritable des hommes qui l'avaient institué. Néanmoins, il avait porté atteinte à l'antique organisation des études et, à sa suite, c'était toute l'armée des profanes qui allait pénétrer dans le temple. L'utilitarisme démocratique, qui avait déjà modifié l'esprit du classicisme lui-même, devait l'absorber tout entier.

La pensée principale des réformateurs était moins de faire vraiment l'éducation de la jeunesse que de la rendre utile à la Société. L'éducation ne leur apparaissait point comme une méthode de formation intérieure et générale de l'âme humaine, mais comme un moyen d'assurer l'évolution de la race, de servir les intérêts de la démocratie sociale, de former des hommes d'action avec une élite intellectuelle à leur tête, au profit de l'industrie, de l'agriculture, du commerce, de la colonisation.

Qu'est-ce, au XXe siècle, que l'esprit moderne, sinon l'ensemble des revendications et des intérêts que la société et l'Etat opposent à l'individu ? Par ces mots, il ne faut plus entendre l'individualisme, le sens propre, en conflit avec la tradition et le sens commun, mais le collectivisme et l'utilitarisme. De nos jours, toute indépendance est suspecte, et tout ce qui fait obstacle à la puissance sociale est renversé. L'intérêt de l'individu n'existe pas en lui-même. Il n'est concevable que dans ses rapports avec les intérêts généraux du tout dont il fait partie, et ces intérêts seuls ont une valeur absolue. Tel est l'esprit moderne, selon les idées contemporaines.

Le fait le plus considérable des temps modernes, c'est, après la Renaissance de l'antiquité, la constitution de l'Etat et l'avènement de la démocratie à la vie publique et économique. Les barrières qui séparaient les classes sont tombées et, avec elles, tout ce qui constituait une hiérarchie sociale. Il n'existait plus que deux signes de différenciation entre les hommes, depuis un siècle : la fortune et l'instruction. Ces marques semblent devoir être effacées à l'heure présente Mais, plus la société s'égalise, plus la force de l'Etat augmente et plus le lien qui y rattache l'individu se resserre. Plus aussi la science élargit le champ de ses investigations, et plus se modifie la vie matérielle et économique.

Telles sont les conditions où nous nous trouvons placés. Elles ont été au premier rang dans les préoccupations des réformateurs. Il était sage d'en tenir compte, mais dangereux d'en faire un système.

Ce phénomène n'est point particulier à la France, mais universel, et certaines nations nous avaient précédés dans la voie des réformes. On crut que l'intérêt général était engagé à soutenir leur concurrence. La rivalité des nations pour la prépondérance économique, complétée par l'hégémonie politique et l'entrée en scène des peuples de l'Amérique et de l'Extrême-Orient, s'est fortifiée d'une rivalité intellectuelle, qui a opposé la science allemande et le goût français, l'utilitarisme anglo-saxon et le classicisme. Le mouvement pédagogique qui se produit à l'étranger est, en effet, remarquable. La Russie est en voie de modifier son système d'éducation, précisément dans un sens pratique et utilitaire. Elle a supprimé, en 1901, le système qui avait été institué par Tolstoï, et dont le latin faisait le fond. L'Italie, depuis 1898, transforme son plan d'études et tend à y soumettre même les collèges libres, qui y sont nombreux. En Allemagne, ce mouvement date de 1890, année où Guillaume II réunit à Berlin une Conférence, dans le but d'étudier les questions d'enseignement secondaire et de lutter sur ce terrain contre le socialisme. Les *Real Schulen* ont été d'abord des écoles professionnelles. Pour en faire des écoles rivales des gymnases, on y avait introduit l'étude du latin. Elles étaient devenues des écoles mixtes, dans lesquelles les sciences occupaient une plus large place que les lettres. Guillaume II voulut généraliser ce système. Il disait dans son discours d'ouverture : « L'Allemagne ne peut rester un peuple de penseurs... Les regards de la nation allemande sont maintenant portés au dehors, et même vers la colonisation... » Il décréta, en 1900, l'assimilation des *Real Schulen* aux gymnases réaux et aux gymnases classiques, quant à la « valeur pour la culture générale de l'esprit », et il tâcha de fondre en un seul tout l'esprit classique et l'esprit moderne. Cette réforme importante n'est pas achevée, car l'expérience ne l'a pas encore consacrée. Il faut remarquer que ce système a ses inconvénients et qu'en Allemagne même il a des adversaires. Mais ces inconvénients sont neutralisés par les mœurs allemandes. L'enseignement secondaire s'adresse, au delà du Rhin, non pas à la bourgeoisie, mais à l'aristocratie, qui forme la classe dirigeante, et les jeunes gens, au sortir du collège, vont achever dans les Universités une éducation désintéressée. La France ne voulut point rester en retard sur ce qu'elle croyait être un progrès de l'étranger. C'est pourquoi l'exemple de l'Allemagne a été interprété en France, par certains esprits, dans le sens de la défense nationale et des intérêts de la race. Mais est-il bien certain que ce soit là un progrès et qu'on ne s'exagère point la valeur de la réforme allemande ?

A ces motifs d'ordre pratique ou pédagogique s'en joignent d'autres d'ordre politique. Ceux-ci ne se découvrent pas dans les décrets qui ont pour objet les réformes scolaires. Il faut les chercher dans les discours qui accompagnent les mesures administratives et leur servent de commentaires. « Nos lycées, écrit M. Brisson, sont d'un accès trop facile à tous les fils de la bourgeoisie qui les fréquentent par orgueil (1). » « Les futurs directeurs de la démocratie, ce sera la nation elle-même qui fera cette sélection (2). » « Faisons-y entrer, par la multiplication des bourses, les enfants du peuple mieux dotés par la nature que par la fortune, les meilleurs fils de nos paysans, de nos ouvriers, de nos instituteurs, de nos petits fonctionnaires, toute cette fleur de la France démocratique ! Ainsi, la bourgeoisie, aveuglément imprévoyante, précipitera sa propre chute et hâtera l'avènement des générations politiques nouvelles (3). » « L'Etat doit enseigner la démocratie et la République (4). » « Le professeur a un rôle autre que de faire l'éducation d'une élite, ou de la pure science, de la critique à l'usage de ceux qui ont des loisirs. Son rôle, c'est d'élever le peuple au sentiment des intérêts généraux, intellectuels et moraux de la nation et de l'humanité... tâche aussi pressée que le soin des réformes économiques (5). » C'est le rôle que les révolutionnaires avaient assigné aux professeurs des écoles centrales, en 1795, quand ils les assimilaient aux officiers du culte et leur rappelaient qu'ils devaient « remplir quelques-unes des fonctions bienfaisantes auxquelles les prêtres étaient autrefois appelés (6) ». De la sorte, le même esprit animera les maîtres et les élèves de l'enseignement secondaire et de l'enseignement primaire.

Pour toutes ces raisons, il parut expédient, afin de faciliter aux enfants des classes laborieuses l'accès des lycées et la préparation spéciale, technique, professionnelle, tout en leur donnant une instruction supérieure à

(1) Lettre à M. Delvaille.
(2) *Ibid.*
(3) M. Faure, discours du 27 décembre 1899.
(4) Leygues, discours du concours général, 1901.
(5) Darlu, l'*Université et la République*, *Revue politique*, 16 décembre 1900.
(6) Rapport Lakanal.

celle qu'ils reçoivent dans les établissements primaires, de briser l'unité de l'éducation classique, et de créer des types divers d'enseignement secondaire.

M. Chailley-Bert demanda positivement la création d' « enseignements secondaires d'ordre inférieur appropriés aux fonctions » que les jeunes gens « doivent plus tard occuper dans la vie. » « Nos programmes sont trop lourds, disait aussi M. Leygues ; ils doivent être allégés et simplifiés. Ils manquent surtout de souplesse. L'uniformité paralyse notre enseignement... Il faut donner aux élèves le moyen de choisir l'enseignement le mieux approprié à leurs aptitudes, à leurs vocations *présumées* et aux nécessités économiques des régions où ils vivent (1). » Cette souplesse des programmes, que réclamait aussi M. Dietz, on la leur a donnée jusqu'à l'inconsistance.

La réforme des études secondaires tend donc à les populariser et à les spécialiser en vue d'une fin démocratique, nationale, utilitaire. De la sorte se trouve partiellement et provisoirement résolue la question des rapports de l'éducation avec le milieu social.

Les mêmes pensées ont conduit les réformateurs de l'enseignement secondaire à répandre sur la France entière leur esprit et leurs doctrines. C'est pourquoi, se fondant sur les conséquences qu'elles avaient entraînées, ils ont entrepris d'abroger les lois qui faisaient obstacle à leurs desseins, et proclamé bien haut que l'éducation n'est pas un droit personnel, mais une fonction de l'Etat, dont « les droits, disent-ils, sont imprescriptibles ». « La liberté de l'enseignement ne saurait être illimitée. Elle n'est admissible que si elle est réglée par l'Etat dans l'intérêt supérieur de la société (2). » « L'Etat a le devoir de surveiller, de contrôler, d'*orienter l'enseignement libre aussi bien que l'enseignement public* (3). »

(1) Lettre à M. Ribot, président de la Commission de l'enseignement.

(2) Leygues, p. 194.

(3) *Ibid.*

On fit donc à la loi Falloux ce grief qu'elle diminuait les droits de l'Etat, qu'elle permettait une concurrence désastreuse pour ses établissements, et qu'elle avait été faussée dans son application, en ce sens qu'elle avait fait passer tout l'enseignement libre aux mains des Congrégations. On s'émut des progrès de l'enseignement congréganiste. On fut frappé de la diminution du nombre des élèves et du chiffre des recettes dans les lycées, de la disparition presque complète de l'enseignement libre laïque. On considéra comme un danger public, la division morale des esprits en France et la double orientation de la jeunesse en sens contraire.

La *situation des lycées*, en 1898, n'était pas très prospère. Elle accusait un déficit de 1.420.509 francs. Le nombre des internes, surtout, diminuait, et il n'était pas compensé financièrement par l'augmentation du nombre des externes. Ce déficit n'avait cessé d'augmenter depuis cinq ou six ans. Il n'était que de 740.821 francs en 1895.

Le nombre des élèves, qui s'était élevé, entre les années 1872 et 1876, de 36.756 à 40.995, et, entre les années 1876 et 1887, de 40.995 à 53.816, en même temps que le nombre des lycées avait été porté de 81 à 100 — ce nombre qui, en y comprenant la population des collèges communaux, avait atteint 90.000 en 1883 et 1884 — était retombé, en 1898, à 84.745.

Parallèlement, la *situation des établissements ecclésiastiques* s'était considérablement accrue, tandis que celle de l'enseignement libre laïque allait en empirant.

Le nombre total des établissements libres a diminué, entre les années 1876 et 1887, de 152 unités (803=651+152), au détriment des établissements laïques, et de même le nombre des élèves de 7.806 (78.065=70.259+7.806).

Ces chiffres se répartissent de la manière suivante :

ÉTABLISSEMENTS ECCLÉSIASTIQUES	1876	1887
1° Établissements diocésains.	91 (12200 élèves) —	61 (9941 élèves)
2° Prêtres séculiers	129 (14655 —) —	253 (33829 —
dont 8 établissements protestants avec 174 élèves.		)
3° Congrégations	99 (19961 —) —	35 (6315 —)
	309 (46816 —) —	349 (50085 —)
Établissements laïques . . .	494 (31249 —) —	302 (20174 —)

Il y a donc, dans les premiers, une augmentation, en 1887, de 40 établissements et de 3.269 élèves, dans les seconds, une diminution de 192 établissements et une perte de 11.075 élèves.

Il est curieux de remarquer la distribution de ces établissements dans les diverses Académies. Il y avait, en 1887, des Académies où l'élément laïque libre était de beaucoup supérieur à l'élément ecclésiastique, et d'autres où il était à peu près ou même entièrement effacé. Il y en avait même où l'élément libre était très faible. Ainsi, l'Académie de Paris comptait 136 établissements laïques avec 11.147 élèves, contre 43 établissements ecclésiastiques, avec 7.260 élèves. Au contraire, l'Académie de Lyon comptait 22 établissements ecclésiastiques, avec 3.137 élèves, contre 16 établissements laïques avec 618 élèves. Il en était de même à Bordeaux, Aix, Toulouse, Douai, Montpellier, Poitiers, Dijon. Dans d'autres Académies, l'élément ecclésiastique était prépondérant au point d'effacer à peu près entièrement l'élément laïque. Les Académies de Rennes, Besançon, Clermont, Grenoble ne possédaient qu'un ou deux établissements laïques, avec une trentaine d'élèves, et, à Nancy, il n'y en avait pas du tout.

L'enseignement libre laïque s'affaiblit à ce point qu'en 1896, il ne comptait plus que 12.000 élèves et, en 1900, 9.000 environ. Il avait perdu, en 25 ans, plus de 20.000 élèves et, en 40 ans, plus de 30.000.

L'enseignement ecclésiastique, au contraire, accentua ses progrès. Il comptait, en 1897, 50.085 élèves ; en 1898, 67.643 ; en 1902, ce chiffre dépassait 90.000.

En définitive, l'enseignement libre n'existait presque

plus que sous une forme, l'établissement ecclésiastique, et ce n'est pas une exagération de dire qu'il s'était en quelque sorte monopolisé entre les mains du clergé.

C'était donc entre les établissements ecclésiastiques et les établissements de l'Etat que la rivalité existait ou, pour mieux dire, entre la bourgeoisie et la démocratie, sur le terrain de l'éducation.

Ces statistiques démontrent, en effet, qu'il existait un fort courant d'émigration, au sein de la bourgeoisie, de l'Université vers les établissements congréganistes. Elle s'en éloignait à mesure que les enfants de la démocratie y entraient, au moyen de bourses de plus en plus nombreuses et de moins en moins attribuées au mérite, de plus en plus aux services politiques des pères de famille. La bourgeoisie cherchait ailleurs une éducation qui la distinguât, comme certaines familles hésitèrent longtemps à laisser leurs enfants se mêler à ceux qui fréquentaient les écoles primaires. Ce *mélange* n'était point du goût de tout le monde, et les classes aisées tenaient à ne point se confondre avec les autres. M. Brédif, recteur de l'Académie de Besançon, le constatait en ces termes : « Les familles systématiquement hostiles à l'Université sont nombreuses. Les hauts fonctionnaires, la grande industrie, le haut commerce, les grades supérieurs de l'armée font, en général, élever leurs enfants dans les maisons religieuses (1). »

Mais ce n'est pas une simple question de vanité ou de rivalité de classe, comme on pourrait l'insinuer, D'autres raisons éloignaient les familles bourgeoises.

On s'alarma d'abord des mesures qui, sous le ministère de Paul Bert, supprimaient dans les lycées tout enseignement et même tout exercice religieux. Les aumôniers étaient écartés des élèves. L'application, aux établissements secondaires, de la loi de neutralité, fut le signal d'un premier mouvement de retraite.

Ensuite, la réforme de l'enseignement même, dans un

(1) Rapport 189.....

sens moins classique, détermina un nouveau mouvement. Qu'on veuille bien remarquer que la baisse se fit surtout sentir à partir de l'année 1885, date de la réforme. Dès cette époque, on avait tenté de transformer l'enseignement spécial en un « enseignement classique français », « de manière à répondre aux besoins nouveaux de la Société moderne et attirer vers les *études secondaires françaises*, les jeunes gens qui n'ont ni le goût ni le loisir de se livrer à l'étude des langues mortes (1). » Ce projet fut abandonné, mais la création du *baccalauréat spécial*, que le Conseil supérieur eut la faiblesse d'accepter, portait un coup dangereux aux études classiques et ouvrait les portes du lycée à une clientèle exclusivement utilitaire. Dans les programmes du baccalauréat nouveau, un vingt-quatrième des suffrages seulement était accordé aux lettres et à la philosophie. C'était donc modifier profondément l'esprit général des études secondaires, et cette tendance nouvelle pouvait paraître troublante.

Un autre motif d'appréhension se présenta encore plus tard : c'était l'esprit de la jeune Université. On peut redouter l'effet de certaines doctrines sur l'esprit des jeunes gens, surtout quand elles sont livrées, sous prétexte de liberté de conscience ou de science, à des discussions hâtives. Le scepticisme n'est point la source où se puise l'éducation. Ce n'était pas sans une certaine inquiétude que ces bourgeois, qui avaient assisté aux leçons des V. Cousin, des J. Simon, des Caro, des Ravaisson, des Heinrich, des E. Belot, établissaient la comparaison entre leur langage et celui des jeunes philologues et des psycho-physiciens. Ceux-ci, en effet, ont peut-être une science plus étendue en surface, ils sont en possession d'un plus grand nombre de faits, ils ont observé des phénomènes plus extraordinaires, avec une méthode rigoureuse ; est-il bien certain qu'ils aient et plus de goût, et un sens plus profond de la nature et de la vie ?

(1) Projet.

Quelles que fussent les raisons pour lesquelles la bourgeoisie s'était éloignée de l'Université, le fait était indéniable et inquiétant. On fit alors un grief aux Congrégations d'avoir accaparé l'éducation de ses fils. On ne voulut y voir qu'une manœuvre politique, ce qui était singulièrement restreindre la portée de la question. « Le parti clérical, disait M. Faure, a compris à merveille le haut intérêt politique qu'il avait à mettre la main sur l'enseignement secondaire : il sait que ce sont principalement les élèves issus de cet enseignement qui assurent le recrutement des grandes écoles et constituent les éléments dirigeants du pays, et il tient à s'assurer le dévouement, le concours précieux de tels auxiliaires. Battus sur le terrain de l'enseignement primaire, les adversaires de la démocratie font porter leur effort de ce côté (1). »

Alors, apparut le péril des deux jeunesses. Sa gravité éclata, surtout au moment où la fameuse *affaire* se produisit. On sentit qu'une démocratie s'expose à périr par l'antagonisme des opinions, dès que cet antagonisme cesse d'être purement spéculatif pour se manifester sur le terrain de l'action. Ces conséquences avaient été prévues, il y a vingt-cinq ans, par les hommes qui pensaient. Je me rappelle avoir entendu dire à un maître dont personne ne me reprochera de rappeler le nom vénéré, le doyen Heinrich, qu' « on élevait entre les partis extrêmes comme un grand mur » pour les isoler, et qu'un jour, ils ne se comprendraient pas. On s'est ému depuis, et le danger a été signalé dans un discours célèbre (2). Le directeur de *la Dépêche de Toulouse* en fit le commentaire suivant : « D'un côté, il y a la France de l'avenir, celle qui est issue des entrailles de la démocratie, la France des penseurs, la France de l'égalité politique et sociale, réclamant pour chacun ses droits. D'un autre côté, il y a la France du passé, la France

(1) Discours.
(2) W. Rousseau, 1900.

des classes soi-disant dirigeantes et de l'obscurantisme, des satisfaits, glorieux de leur naissance ou de leurs sacs d'écus, la France des grandes familles et des hobereaux... (1). »

Oui, cela est trop vrai, il y a deux jeunesses, mais elles se distinguent par d'autres traits. D'un côté, il y a la jeunesse qui croit à Dieu et à la Patrie, et qui espère dans le triomphe des nobles idées et des justes causes ; la jeunesse qui a reçu des ancêtres les traditions nationales et dans le sang de laquelle palpite encore l'âme de Roland ; la jeunesse qui porte dans les yeux le regard de Rodrigue et dans le cœur le culte de l'honneur. D'un autre côté, il y a la jeunesse sceptique, indifférente au bien ou à la vérité ; la jeunesse égoïste, qui escompte les avantages de telle ou telle opinion, le crédit de tel ou tel homme politique, la rapidité des moyens de parvenir ; la jeunesse qui calcule comme les hommes d'affaires, qui se hausse comme ses faux-cols ou court comme ses automobiles ; la jeunesse à l'esprit léger, à la science verbale, au cœur desséché, dépourvue de sentiments comme de principes, dédaigneuse de tout ce qui ne sert ni à son avancement ni à son plaisir, sans patriotisme, sans respect et sans idéal.

Ce n'est pas seulement la jeunesse qui est divisée. Du domaine de l'éducation, la lutte est descendue sur le terrain des affaires et des relations mondaines. L'argent qui, dans une démocratie, est l'unique signe par lequel les classes se différencient, a jeté parmi elles un élément de discorde, opposé les capitaux et la main-d'œuvre, le patron et l'ouvrier. Peut-on ne point s'émouvoir de ces rivalités qui se traduisent trop souvent par la duplicité, le mensonge, la calomnie ? Partout règne l'audace ou la ruse ; partout la défiance, la crainte d'être dupe ou victime. Il suffit de jeter les yeux à la surface des choses pour se rendre compte de ce que l'égoïsme et la méchanceté peuvent faire d'une société livrée aux pires

(1) Huc, *La loi Falloux.*

instincts. Et l'on nous dit que la vie est une lutte où les forts seulement triomphent !...

Oui, la vie est une lutte, mais non pas des hommes les uns contre les autres, c'est une lutte contre l'erreur et contre le mal. C'est plus loin encore, en effet, qu'il faut descendre pour apercevoir la véritable lutte : c'est au fond des esprits et des consciences, dans la région des principes et des croyances, car, en définitive, ce ne sont pas les principes qui se ramènent à des faits, mais les faits qui se ramènent à des principes. Or, entre les principes, l'opposition est telle qu'aucune conciliation ne semble plus concevable. Les hommes ne sont plus d'accord sur aucune des questions dont la solution leur importe le plus. Ils ne pensent de même ni en matière de vérité, ni en matière de justice ou de conduite. Aux uns, la religion paraît une chimère ou une croyance surannée, ou une simple affaire de goût personnel ; pour les autres, la science n'est qu'incertitude et vanité. Ceux-ci répudient la morale traditionnelle et ses principes métaphysiques ; ceux-là tâchent de la fonder sur la raison indépendante et subjective, ou sur l'intérêt social, ou sur l'instinct. Et l'on ne voit point que ces divisions intellectuelles et morales éliminent précisément l'élément de conservation et de cohésion, par lequel le présent se rattache au passé et par lequel se reconnaissent les fils d'une même patrie : la conscience humaine et la raison française.

Voilà le vrai péril. Pour le conjurer, ce n'est point à la violence ou à l'arbitraire qu'il convient de recourir. De telles solutions ne sont que des palliatifs provisoires, mais elles laissent subsister les problèmes. « Il faut, écrivait M. Brisson, rétablir l'harmonie et la suite (1). » Assurément. Mais pense-t-on rétablir l'harmonie et la suite par la victoire d'un parti sur l'autre ? par le triomphe d'un élément contingent et, par conséquent, éphémère ? Les intérêts du moment sont-ils donc l'unique condition de l'existence d'un peuple ? Est-ce donc lui donner le moyen de grandir que de lui ôter son âme ?

(1) Lettre à M. Delvaille.

Quoi qu'il en soit, la réalité du danger frappa les hommes politiques. Ils s'émurent de ce conflit par lequel, sur le terrain de l'éducation et de l'enseignement, l'Église et l'État s'opposaient l'un à l'autre, ainsi que la religion et la science, et, en même temps que deux jeunesses, la bourgeoisie et le peuple, la bourgeoisie capitaliste et la démocratie sociale.

Celle-ci, toute-puissante dans les Conseils et prompte à l'action, s'efforce, depuis cinq ans, de ramener les esprits à l'unité, de faire entre eux l'apaisement en les soumettant à une même discipline, à un même système d'éducation générale, approprié surtout à ses convenances particulières, à ses besoins propres et, par cet apaisement et cette unification de l'opinion, à assurer son propre triomphe.

Non contente de modifier l'esprit de l'enseignement universitaire, la démocratie impose au droit d'enseignement privé des limites, et à son exercice des conditions telles que cet enseignement soit contraint de s'identifier avec l'enseignement officiel. Les projets de loi se sont multipliés depuis 1898 : projet Rabier et Levraud repoussé sur le rapport de M. Aynard ; projet Combes sur la réforme du baccalauréat et l'établissement d'un certificat d'études secondaires, et projet Rambaud (1898), repoussés sur les conclusions de M. de Chamaillard ; projets Leygues sur le stage scolaire (1899) et sur la suppression du baccalauréat, rejetés sur les conclusions de M. Ribot ; loi Waldeck-Rousseau (1901). Tous ces projets visaient, par des mesures d'exception, à la même fin : refaire l'unité française par la démocratie. Les considérants de la loi Chaumié s'appuient précisément sur les motifs indiqués plus haut. Les commentaires en sont significatifs. Au moment où M. Chaumié déposait son projet de loi, M. Viviani disait : « Il importe à la paix publique, et même à la sécurité future des enfants, qu'il n'y ait pas deux classes d'esprits adverses, d'ennemis irréconciliables, et il convient que tous les futurs citoyens soient convaincus d'un certain nombre de vérités civiques. » Il faut, écrit un autre, sous le patronage de M. Brisson, que les enfants des diverses classes sociales fusionnent entre eux, effacent dans leur esprit « les préjugés reposant sur la fortune ou la naïssance (1) ». M. Leygues assigne à l'école un « rôle capital ». « Il faut qu'elle réforme les mœurs publiques, qu'elle leur imprime une orientation nouvelle (2). » De là, la nécessité d'écarter tous les obstacles qui s'opposeraient à cette grande entreprise d'éducation nationale. « Emus à juste titre de cette guerre acharnée faite sans trêve à l'enseignement national, moins à cause de ses conséquences financières qu'à raison de ses conséquences politiques, ils ont pensé qu'elle était singulièrement favorisée par cette loi de 1850 qui, sous le nom trompeur de liberté, institue, en fait et en droit, un régime de faveur et de privilège, au profit de l'enseignement ecclésiastique (3). »

L'abrogation de la loi Falloux est donc, dans la pensée des hommes politiques, le complément logique de la réforme de l'enseignement national, et l'une et l'autre sont des moyens d'unifier et de pacifier les esprits.

Toutes ces réformes se justifient au nom d'un principe social en vertu duquel l'enfant est déclaré appartenir à l'Etat, et l'Etat investi par la Société de la mission de l'élever pour elle plus encore que pour lui. L'enfant est un futur citoyen. Il a le devoir social de s'instruire en vue du rôle qu'il doit remplir un jour. Il a donc le droit social d'être préparé à ce rôle. L'Etat a le devoir de protéger les personnes et le droit d'affranchir les esprits et de les mettre en valeur, pour le bien de la communauté, au détriment même de l'autorité paternelle, considérée, dès lors, comme une simple émanation de l'autorité publique. Le droit étant social, il garantit tout ce qui est de nature sociale, ou nécessaire au bien général. C'est pourquoi l'Etat a celui de faire toutes les lois qu'il juge

(1) Devaille, *L'Université de demain*, p. 27.
(2) *L'Ecole et la Vie*, p. 219.
(3) M. Faure.

nécessaires, et notamment de régler aussi bien l'ordre de l'éducation que le pouvoir de la pratiquer.

Par ces motifs, la politique scolaire prend un sens. Elle apparaît dans son esprit et ses tendances. On achève de l'éclairer si on rapproche de ces opinions les vœux émis dans les Congrès socialistes ou autres, au cours des années 1902 et 1903. Ces vœux se rapportent précisément à l'obligation sociale d'instruire l'enfance, au droit de l'enfant à l'éducation sociale, aux limites nécessaires à apporter dans l'enseignement privé.

« La fonction éducative est un devoir des parents envers les enfants et *envers la Société* (1). »

« L'enseignement doit s'appliquer essentiellement à garantir, dès l'enfance, la liberté du citoyen, et c'est l'office de l'Etat de la garantir officiellement (2). »

« L'enseignement doit être un service public (3). »

« Tous les enfants des deux sexes doivent recevoir la même éducation rationnelle, intégrale, commune et gratuite (4). »

« L'autorité universitaire aura sur les établissements auxiliaires les mêmes droits de surveillance et d'inspection qu'à l'égard des établissements nationaux (5). »

« Qu'à défaut d'enseignement libre, impossible à contrôler, l'Etat monopolise l'enseignement tant pour le choix du personnel appelé à le donner que par la fixation des programmes (6). »

Il est donc de toute évidence que la réforme de l'éducation secondaire et l'abrogation de la loi Falloux sont deux actes solidaires, et qu'ils tendent à une même fin, l'unification des esprits dans une même doctrine d'Etat. Restreindre la liberté pour frapper la bourgeoisie et l'Eglise ; achever dans un sens socialiste l'exécution du

(1) Congrès de Lyon.
(2) Congrès de Lyon.
(3) Congrès de Genève.
(4) Congrès de Genève.
(5) Congrès de Lyon.
(6) Convent maçonnique.

plan d'éducation nationale et démocratique, conçu au lendemain de la fondation de la République, tel est le sens de toutes les mesures législatives qui tendent à régler l'enseignement en France. Toutes ces mesures achèvent une réaction entreprise moins en faveur de la liberté et contre ses abus, que dans l'intérêt des doctrines nouvelles et d'une politique sociale utilitaire et despotique.

De cette esquisse historique, il se dégage une conclusion : c'est que la crise que nous traversons n'est point un fait accidentel, mais la conséquence d'une longue tradition politique, à laquelle on prétend ramener la société, au nom de la science et de la philosophie naturaliste, au mépris des principes libéraux posés par la Révolution. Cest bien la politique des régimes absolus et des cités antiques qu'on tente de restaurer, en la fondant sur un autre principe que la raison, la coutume ou la religion ; c'est aussi leur pédagogie, celle qui livre l'enfant à l'Etat, comme la personne même des citoyens. Seulement, ce retour se justifie, non plus par le respect dû à une religion, à une patrie, à un roi, mais par la nécessité d'une évolution fatale de la société vers un état futur de perfection idéale ; de telle sorte que la crise ne consiste pas précisément dans l'opposition de l'esprit moderne et de l'esprit classique, dans la rivalité de l'Université et des congrégations religieuses, dans la ruine de l'enseignement privé et le triomphe de l'enseignement d'Etat, mais dans le conflit du libéralisme et du socialisme, sur le terrain de l'enseignement, dans la lutte âpre et tragique de deux sortes de doctrines, de deux sortes de principes, qui se sont toujours disputé le gouvernement des sociétés : la croyance à la grandeur morale et à la liberté de la personne humaine, proclamée par le spiritualisme chrétien, le culte de la force sociale, issue du naturalisme païen. Ce retour au passé n'est donc pas un retour à ce qu'il y a de meilleur dans le passé. Taine et A. Sorel ont démontré que la Révolution française, tout en obéissant à la pensée généreuse de fonder la liberté, a continué, au profit de la démocratie, les errements de la monarchie absolue. Il semble que les idées libérales n'aient été, en effet, qu'une illusion d'un jour. Défendues longtemps par la bourgeoisie, elles sont devenues la proie du prolétariat qui ne leur est pas demeuré fidèle. Ceux qui se réclament aujourd'hui de la Révolution française ne la voient point par le côté généreux. Ce n'est pas ce qu'elle avait d'émancipateur et de libéral qu'ils en retiennent. Pour eux, la liberté n'est qu'un vain mot, une enseigne, qui couvre l'entreprise la plus hardie qu'on ait jamais tentée pour asservir les hommes : le socialisme d'Etat. Ils ont abandonné cette philosophie rationnelle et humanitaire, dont leurs ancêtres avaient fait un dogme politique, pour demander des principes moraux et sociaux aux sciences expérimentales, et même aux mathématiques. A la lumière vacillante de ces principes incertains, ils suivent les routes ténébreuses du passé et s'avancent hardiment vers un avenir mystérieux, où les appellent de perfides espérances.

CHAPITRE III

CAUSES PHILOSOPHIQUES DE LA CRISE
CONFLIT DES DOCTRINES MORALES

Nous avons exposé dans ce qui précède, surtout des questions de fait. Nous avons mis en lumière le caractère général de la loi Chaumié et de la réforme des études secondaires. Nous avons esquissé l'histoire du système sur lequel s'appuient les réformateurs, et les causes politiques de la crise actuelle.

Ces faits nous ont montré que ces réformes ne sont point isolées, mais qu'elles se rattachent à un mouvement d'idées très complexe et très général, que les doctrines relatives à l'éducation dérivent de certaines vues politiques et philosophiques, et que c'est précisément dans les idées qu'existe la crise.

Si la société tout entière chancelle sur sa base, si tout est remis en question, la liberté personnelle, la liberté de penser, l'autorité du père de famille, le droit d'enseigner, c'est que la valeur morale et l'indépendance naturelle de la personne humaine sont méconnues. Pendant dix-neuf siècles, le christianisme avait soutenu que cette personne humaine a une valeur propre. Il l'avait affirmé devant le paganisme expirant. La science, concevant le progrès à rebours, c'est-à-dire comme un retour au naturalisme païen, nous ramène à l'égoïsme brutal, à la barbarie des instincts et des passions. Du moins, les Anciens avaient divinisé la nature et fondé sur cette croyance primitive une civilisation qui dura autant qu'elle. Mais la science n'est ni une religion, ni une base sociale. Elle aboutit à un nihilisme absolu, car, au lieu de montrer à l'homme sa dignité, à la conscience sa véritable loi, elle identifie la loi morale avec les lois de la nature physique, et tend à détruire l'ancienne conception de la vie et à ruiner l'ordre social fondé sur le droit libéral.

Nos explications seraient donc incomplètes, si nous n'entrions pas plus profondément dans la pensée de ceux qui ont orienté la société dans ces voies nouvelles. Nous devons résumer leur philosophie du droit et de la vie et en examiner la valeur.

Il importe de savoir au nom de quels principes on en est venu à placer l'intérêt des sociétés au-dessus des droits les plus intimes et les plus catégoriques. Il est de toute nécessité, pour juger des effets, de connaître la valeur des doctrines qui en rendent raison. Le plus souvent, les erreurs viennent des principes admis. Si l'on montre que là est la source de l'erreur, on a par cela même beaucoup avancé la solution d'un problème. Les idées mènent le monde, car elles sont des motifs d'action. L'essentiel, c'est qu'on obéisse à des idées justes. Par malheur, il est difficile d'en persuader les hommes, et ils ne le reconnaissent que quand l'erreur les a conduits à leur perte. Quoi qu'on fasse, la nature se redresse toujours contre les sophismes, et nous arrache, malgré nous, à nos illusions, mais celles-ci peuvent être profondes. C'est donc une question d'ordre philosophique que nous allons examiner, à laquelle se rattachent les importants problèmes sociaux et pédagogiques que nous étudions.

I

Les hommes de notre temps professent une philosophie de la vie humaine et des droits de l'homme qui n'a plus rien de commun avec le spiritualisme chrétien, et même avec les principes purement rationnels que la déclaration de 1789 traduisait en formules un peu abstraites. Prétendant dépasser le christianisme, ils reculent par delà, jusqu'au naturalisme païen. Ils ne reconnaissent plus qu'une réalité métaphysique, la force universelle, évoluant à travers l'espace et dans le cours des âges, engendrant tous les phénomènes physiques et sociaux, se manifestant par la matière ou par la pensée, emportant toute chose, comme le *fatum* antique. Le progrès, tels qu'ils le conçoivent n'est qu'une évolution aveugle des choses vers un bien inconnu, qui se fait sans cesse et ne se fixe jamais, résultat d'une sélection constamment renouvelée par le triomphe des forts.

Tout s'écoule, avait dit Héraclite : πάντα ῥεῖ. Herder enseigna le premier, dans les temps modernes, que les sociétés sont éphémères. Longtemps on avait cru que le monde avait une constitution immuable, qu'il avait toujours été tel. L'idée d'un progrès des choses humaines se dégagea, au temps de la Renaissance, de la comparaison avec l'ancien ordre des choses. Posée dans le domaine de l'art, débattue au XVIIe siècle, entre les écrivains et les critiques, entre les dogmatiques et les partisans de la nouveauté, entre les admirateurs des anciens et les défenseurs de la liberté des goûts et du génie, la question s'élargit et absorba peu à peu tout le domaine intellectuel et politique. Montesquieu, qui tenta cependant de ramener les conditions de la vie des nations à des lois fixes, sans méconnaître ni les causes morales ni les éternels enseignements de la conscience et de la raison, attira l'attention sur le côté contingent des choses, des constitutions et des lois, et il ne serait pas extraordinaire qu'Herder lui dut le principe même de sa philosophie de l'histoire. « Tout est passager dans l'histoire, écrit Herder, l'inscription de son temple est : *Décadence et Néant.* Nous foulons les cendres de nos pères et nous errons parmi les décombres muets et dévastés des empires et des institutions humaines. Comme des ombres, l'Egypte, la Grèce, la Perse, Rome, fuient loin de nous... Partout, nous ne rencontrons que des ruines... Les nations fleurissent et meurent sur leur tige... » La vie des Sociétés obéit à la même fatalité que les autres êtres de la nature, et celle de l'individu n'est qu'un phénomène secondaire dans la série totale des phénomènes. La vie n'est pas l'acte d'un être libre se développant en vue d'une fin morale, mais le mouvement d'une volonté déterminée qui se coordonne dans un ensemble. Une seule chose vit, c'est cet ensemble même ; d'où il suit que l'individu n'est pas une personne qui possède naturellement des droits, mais qu'il n'a des droits qu'autant que la société dont il est membre a intérêt à les lui conférer. Le droit n'est donc qu'une concession de la Société à l'individu, au moyen de la loi, en vue du bien social. Ni le droit, ni la vie ne sont rien par eux-mêmes : c'est la société qui les assure ou les garantit, et cette société n'est qu'un phénomène naturel, une manifestation éphémère de la force unique et mystérieuse qui emporte tout. Ainsi de l'idée du progrès est née toute une philosophie de la vie sociale et du droit, qui rejette tout autre élément que ce qui est réellement observable dans sa forme, ses conditions relatives, son mouvement apparent, son évolution.

Cette théorie sociale n'a pas toujours été rattachée à une doctrine métaphysique. On l'a soutenue par des arguments divers, qui lui donnent des formes variées, sans la dénaturer au fond.. Elle s'est fondée tour à tour ou simultanément sur le droit naturel, sur l'histoire et la philosophie panthéiste, sur la morale utilitaire, sur la science positive. Selon Rousseau, le droit social a pour source le droit naturel, car c'est l'individu qui, par son adhésion volontaire au contrat social, aliène son indépendance. L'école historique allemande enseigne que la société subsiste en vertu des instincts nationaux et des progrès de la conscience collective, mais non par l'individu qui, au contraire, tient d'elle tout ce qu'il est. Les utilitaires anglais considèrent que l'intérêt de la collectivité absorbe celui de l'individu et que la solidarité des intérêts est la loi suprême. La sociologie assimile les lois de la vie sociale aux lois biologiques et réduit tout ce qui se meut au même déterminisme.

Le *Contrat Social*, après avoir soutenu que le but de la société politique est la garantie réciproque des droits individuels, ajoute qu'elle doit répondre aux aspirations de chacun vers le bonheur, c'est-à-dire réaliser « le bonheur commun », et que seule la *volonté générale* possède la souveraineté. Dépassant ses prémisses, Rousseau conclut à l'identité du bien individuel et du bien public. Il y a là une équivoque, car il émet l'idée d'un bonheur commun, distinct du bonheur individuel. Ce paradoxe n'arrête point Rousseau. Le pacte social implique donc « l'aliénation totale de chaque associé avec tous ses droits à la communauté ». L'individu ne doit pas conserver « comme homme, une volonté contraire et dissemblable à la volonté générale qu'il a comme citoyen... afin que son intérêt particulier ne lui parle pas autrement que l'intérêt commun ». Par conséquent, « le pacte social donne au corps politique un pouvoir absolu sur tous les siens ». Le droit n'est en définitive que la force, celle de la volonté générale ou du plus grand nombre.

La doctrine de Rousseau n'a subsisté que par ses conséquences. Les principes ont fait place à d'autres depuis cinquante ans.

C'est en Angleterre que la théorie du droit a pris la forme de l'utilitarisme. L'utilitarisme est essentiellement une doctrine anglaise. Elle est conforme au caractère de la race, mais elle n'a commencé à se définir qu'au XVIIIe siècle, avec Puffendorf, J. Bentham, Stuart Mill. Stuart Mill prétend, comme Rousseau, que la liberté de chacun doit être limitée dans la mesure où elle serait nuisible à celle des autres et que l'individu ne conserve aucun droit à opposer à la société. L'intérêt collectif prime tout autre intérêt. Le droit est donc ce qui convient au plus grand nombre, et, par rapport à l'individu, c'est « le pouvoir que la société est intéressée à lui laisser ». Toute loi a pour but de définir le droit ou la liberté. Il n'y a pas d'autre droit que le droit positif, d'autre liberté que celle qui est formellement reconnue. Le droit de vivre, c'est de la loi que l'individu le tient, et non de la nature, parce qu'elle qualifie délit tout ce qui y fait obstacle. La liberté, c'est la loi qui la concède à l'individu en précisant les formes de son exercice, parce que la société a intérêt à lui accorder cette liberté comme un moyen utile au bien de tous : elle n'est donc pas un principe ni un droit naturel. Le droit et la liberté ne sont d'ailleurs que des moyens légaux d'action sociale. Le but n'est pas de respecter la liberté ni le droit naturel, mais d'assurer le bonheur public. L'intérêt général étant le but, c'est surtout sous la forme économique qu'il se manifeste, plutôt que revêtu de caractères moraux. L'important est d'assurer le bonheur des hommes qui vivent ensemble, et les meilleures lois sont celles qui favorisent le mieux le développement de la richesse publique, ou qui permettent à l'individu de se solidariser de plus en plus avec ses semblables. La justice véritable, c'est la justice sociale. Elle n'est que la forme de la philanthropie par laquelle l'homme réalise sa propre félicité, en travaillant à celle des autres. La vie sociale consiste à transformer les sentiments égoïstes en des sentiments plus humains et plus purs, précisément parce qu'ils sont plus sympathiques et plus universels. L'individu s'efface donc dans l'humanité, mais il multiplie ainsi les garanties autour de lui-même et les chances d'être heureux. « L'abeille, disait Bentham, travaille pour elle-même en travaillant pour la ruche. » Le droit social se ramène donc, chez les Anglais, à la morale de la solidarité et de l'intérêt général. Si la règle de la morale consiste à procurer sa propre utilité en collaborant à l'utilité générale, le droit ne peut être que l'ensemble des règles propres à assurer l'une et l'autre et auxquelles on peut être contraint.

Les théoriciens allemands du droit, s'appuient sur l'histoire, interprétée dans le sens d'une philosophie panthéiste, dont Hégel fut le métaphysicien et Shopenhauer le moraliste. Elle s'enseigne encore aujourd'hui à l'Université de Kœnigsberg. Les formes de la civilisation, selon Hégel, sont des manifestations successives de l'esprit universel, évoluant à travers les âges et prenant une conscience de plus en plus claire de son être. D'après lui, « ce qui est réel est rationnel », le relatif et l'absolu, le contingent et le nécessaire s'identifient. L'humanité se crée. Elle est dans un perpétuel devenir. Le *pangermanisme,* qui succède au latinisme, comme celui-ci à l'hellénisme et à l'orientalisme, est le terme de cette évolution. L'œuvre générale s'accomplit d'elle-même. Les faits sociaux sont naturels. Le droit n'est que la forme selon laquelle ils se réalisent. Mais, comme seules les nations, dont les individus sont les membres, ont un rôle à jouer dans l'histoire de l'humanité, seules les nations ou l'Etat qui les personnifient, ont des droits .Le droit se confond donc avec la force collective, la puissance du souverain, le *fait du prince,* et, dès lors, on peut dire que *la force prime le droit.* Cette philosophie du droit inspire les jurisconsultes et les sociologues allemands. Savigny et Gœschen soutinrent cette thèse que les lois ne sont que la codification des coutumes, que celles-ci, comme les mœurs, se créent spontanément, par l'effet des instincts populaires et de la conscience nationale, manifestés dans la tradition. Kranze, Ihering, Blunstchli, Schœffle, ces précurseurs de Lasalle et de Karl Marx, allèrent plus loin encore. Ils considèrent l'Etat comme un *organisme idéal,* comme une réalité vivante, une unité biologique, distincte des individus, ayant une âme collective, un *moi social,* qui s'assimile tout et vit pour lui-même. « Il est, dit Hégel, la substance des individus. » Leur droit, c'est le sien.

L'école historique et l'école utilitaire ont, avec le concours de la science expérimentale, engendré la sociologie. La sociologie nie le droit ou en dénature l'idée, au nom de la science et de l'évolution. Selon elle, l'individu n'a pas de droit, car il n'existe pas par lui-même, mais seulement comme membre solidaire des autres membres d'une Société qui, seule, vit et a droit de vivre.

La sociologie est la philosophie politique du positivisme et de l'évolutionnisme contemporains. Elle ne se fonde point sur des principes moraux, mais sur la science expérimentale, par laquelle elle prétend expliquer la vie. Elle ne considère pas la société au point de vue moral, mais comme un ensemble de phénomènes divers, économiques, juridiques, politiques, intellectuels, religieux, qui obéissent à des lois constantes, observables, susceptibles d'expérimentation et d'application. Elle est moins encore une physique qu'une histoire naturelle ou une biologie de la vie sociale. La société est semblable à un corps vivant, qui ne subsiste que par l'accomplissement de certaines fonctions et par le concours de certains organes. L'humanité n'est elle-même qu'un immense organisme mondial, dans lequel vivent des microorganismes, les sociétés, qui apparaissent, disparaissent, coexistent, luttent, s'équilibrent ou se renversent. Chacune a sa vie propre, et cette vie ne se confond pas avec celle de ses membres. L'espèce absorbe l'individu. La société absorbe ses membres. « L'ensemble seul est réel. » (Littré.) L'individu ne vit que de la vie du corps social. Il doit à l'esprit public son intelligence, à la conscience collective sa propre conscience. Cette vie sociale est objet de science, comme les faits physiques ou biologiques, car elle résulte de phénomènes observables et soumis à des lois constantes. Ces phénomènes sont des services que les hommes échangent, soit à titre onéreux, comme des produits, un travail, la domesticité, soit à titre gratuit, comme les services réciproques ou l'influence personnelle, par exemple : la politique, les conseils, l'amitié, la famille, le crédit, les garanties, la sécurité, l'éloquence, l'éducation. L'action de l'homme sur l'homme et ses divers modes, voilà ce qui est observable. L'histoire, l'ethnologie comparée, fournissent les faits, la statistique les classe. L'expérimentation même n'est pas impossible. En outre, ces phénomènes sont soumis à des lois qui garantissent la stabilité et le progrès. Elles s'expriment par des formules mathématiques, des équations, des courbes, des *schémas* symboliques. Elles se rapportent soit au mécanisme, soit à la vie de la société.

Il y a comme une statique et une dynamique sociales, d'après A. Comte. Certains organes et certaines fonctions coexistent dans le corps social, comme dans tout organisme végétal ou animal. Ces fonctions sont indispensables à la santé. Ces organes s'appellent ou s'excluent. La loi des corrélations organiques de Cuvier s'applique aux sociétés. Il y a un type qui se maintient. Stuart Mill ramène les lois d'existence ou d'équilibre à trois conditions *minima* de stabilité : un système d'éducation approprié, une croyance à quelque chose de sacré, l'u-l'unité morale. La prospérité matérielle a aussi ses lois. Ce sont les lois économiques, loi de Malthus, loi de Gresham, loi de Grégory King, etc... D'autre part, les phénomènes sociaux se succèdent suivant un certain ordre. Il y a, dans la marche des sociétés à travers les siècles, comme une force des choses, une sorte de logique des événements. Ces phénomènes sont les effets de diverses causes. Ils ont des antécédents. Condorcet et Turgot avaient émis cette idée de progrès. Vico avait remarqué aussi que l'humanité traversait trois âges : l'âge divin, l'âge héroïque, l'âge humain, et que, parvenue à ce terme, elle retourne à son point de départ. A. Comte formule, pour l'évolution intellectuelle, la loi des trois états : l'état théologique ou fictif, l'état métaphysique ou abstrait, l'état scientifique ou positif, dans lequel l'esprit se fixe. De même, les sociétés évoluent vers un état de plus en plus parfait. Tocqueville remarque qu'elles tendent à établir entre les hommes une égalité de plus en plus grande. Karl Marx assigne comme terme de cette « ascension de l'humanité » que Victor Hugo a célébrée dans la *Légende des Siècles*, l'union des nations et des races. L'humanité tout entière marche vers une unité plus vaste, plus organique, plus spirituelle, où elle se concentre, par la synthèse des âmes nationales, en une seule âme dépouillée de tout particularisme et dépassant toute religion positive, même le christianisme. Ce sera, après le cosmopolitisme romain et après la société chrétienne, la troisième forme de l'unité du monde, le *socialisme*. Telles sont les lois supérieures de l'existence et de la vie des sociétés humaines. L'ordre repose sur certaines conditions de stabilité. Le progrès est indéfini. Voilà ce qu'enseignent l'histoire et la science

Or, ces lois de coexistence et de succession sont fatales et nécessaires, comme les lois physiques ou biologiques. Il en résulte que le droit n'existe pas en dehors de la vie sociale. L'individu n'a pas de droits, puisqu'il ne peut pas s'opposer à ces phénomènes nécessaires et qu'il n'est qu'un membre participant à la vie commune. La notion de droit, dit A. Comte, « est incompatible avec l'état final, qui n'admet que des devoirs d'après des fonctions ». H. Spencer va jusqu'à dire que l'existence même de l'individu n'est justifiée qu'en tant qu'il contribue au développement de l'espèce, et il justifie l'Etat quand il écrase les faibles, les inutiles, ceux qui ne sont pas capables de s'adapter aux conditions sociales. En somme, une seule chose vit, le corps social, évoluant sans cesse indéfiniment et fatalement, ayant seul droit à l'existence.

De là, on déduit que les seules lois véritables sont celles qui tendent à la conservation et au progrès du corps social, que l'œuvre législative doit assurer la stabilité du présent et préparer l'avenir. Les lois de la vie sociale ne sont pas seulement théoriques, mais pratiques. Elles donnent naissance à l'art. S'il est vrai qu'on ne commande à la nature qu'en lui obéissant, on ne maintient l'ordre, on ne stimule l'élan vers le meilleur qu'en se soumettant aux conditions constantes de la vie des sociétés. La sociologie générale est la science qui les fait connaître. « Si les sociétés, les phénomènes sociaux constituent un ordre de choses et des phénomènes particuliers, qui doivent être l'objet d'une science particulière, ces phénomènes ne diffèrent pas de ceux que nous pouvons observer dans la nature ; ils sont liés entre eux par un rapport inflexible de causalité ; ils obéissent à un déterminisme rigoureux et, par suite, la science qui s'en occupe est une science positive qui, par l'observation et l'éducation, cherche à déterminer les lois qui les régissent (1). »

Les doctrines précédentes aboutissent donc toutes à la même conclusion. Que l'individu soit considéré comme abdiquant lui-même sa personnalité et son droit, comme une incarnation de la conscience publique, comme une utilité solidaire de l'utilité générale ou comme un organe du corps social, dans tous ces cas, il cesse d'être et d'avoir des droits imprescriptibles. Seul, l'Etat a des droits, parce qu'il représente la société à laquelle il donne une forme d'existence ; parce qu'il est une force qui s'alimente dans la volonté générale, dans la conscience nationale, dans l'intérêt de la collectivité, dans la vie sociale, et que cette force doit s'affirmer par une législation. Le droit n'est, en définitive, qu'un *ensemble de garanties* que la société délègue à l'Etat le soin d'assurer. « Il est, nous disent aujourd'hui les maîtres de cette science, d'essence relative... Il change avec la croyance sociale » (2). « Toute notre législation positive a été établie sur le fondement du droit individuel, et le droit est social, exclusivement social (3). » C'est la doctrine des Proudhon, des Lasalle, des Jaurès. Toutes les fonctions de la société, tout ce qui est propre à satisfaire ses intérêts, ses besoins, ses aspirations, la loi le crée, comme elle défend ce qui y est impropre. C'est elle qui donne le droit de vivre et de posséder. L'existence est un fait social. La propriété est un fait social. Le droit de propriété n'est pas un droit réel, mais personnel, fiduciaire. C'est une créance. « Posséder, c'est posséder un titre, non une chose, et la revendication d'un bien n'est légitime qu'autant que la croyance sociale et l'autorité de l'Etat la soutiennent. Il n'est pas de droit na-

(1) Deslandres, *Revue de droit public*, 1900, XIII, 252.
(2) Lévy, *Le droit de la collectivité*.
(3) Duguit, *L'Etat, le droit objectif et la loi positive*.

turel qui puisse être opposé à ces faits. En dehors de la Société, il n'y a pas de droit en soi (1). » Le droit n'est qu'un système de « mesures d'assurance et de protection sociale, de gestion économique (2) ».

Il n'y a donc plus rien de sacré, pas plus les personnes que les biens, pas plus la vie que la propriété. Toutes les hécatombes et toutes les spoliations deviennent légitimes, du moment qu'elles sont utiles à l'intérêt de l'Etat. Les passions du plus grand nombre, l'égoïsme collectif, le vouloir-vivre autorisent la lutte contre tout ce qui fait obstacle, l'écrasement des minorités, l'asservissement des consciences individuelles.

A ces traits, il est facile de reconnaître le *socialisme*. Le socialisme n'est que l'application de cette doctrine. Il pose comme fin l'intérêt collectif, indique comme moyen la nationalisation du sol, la socialisation des moyens de production et la répartition des richesses par les mains de l'Etat. Toutes les écoles socialistes n'admettent pas de tels bouleversements. Il faut le reconnaître. S'il en est de révolutionnaires, il en est de simplement réformistes, qui considèrent la vie économique et intellectuelle des peuples comme une lente évolution, et dont la politique consiste à introduire dans les lois ce qu'elles appellent la *justice sociale* et dans les esprits ce qu'elles appellent aussi l'*unité morale*. C'est Karl Marx qui a fait de cette doctrine une théorie scientifique autour de laquelle s'est constitué l'internationalisme. Il s'efforça de démontrer que la vie n'est qu'une lutte de classes pour la possession des biens, que le socialisme est le terme naturel et nécessaire de l'évolution sociale. La société bourgeoise et capitaliste est, selon lui, mal faite, parce qu'elle repose sur un développement excessif des forces productives et sur une répartition des richesses qui engendre le paupérisme. D'autres ajoutent qu'elle opprime les intelligences et qu'il importe de les libérer

(1) Lévy, *Ibid.*
(2) *Ibid.*

par la science. Les moins intolérants consentent à laisser aux consciences les mystiques illusions d'une croyance déclarée libre. Le socialisme est donc non-seulement une réaction violente contre la société bourgeoise, mais une négation des principes fondamentaux de la raison.

Il se rattache à une philosophie du droit et de la vie qui fait de ceux-ci de simples phénomènes sociaux analogues aux phénomènes physiques. Les modernes ne trouvent pas à la vie un autre sens que d'être une évolution fatale des êtres humains dans les conditions de milieu où ils sont placés. Ils contestent que le droit soit autre chose qu'une relation de fait, une formule juridique susceptible de varier selon les circonstances. La nature est une, selon la science expérimentale. L'ordre moral ou social n'obéit pas à d'autres lois que l'ordre physique ou biologique, et ces lois sont exprimables en formules mathématiques. L'harmonie du cosmos est inconcevable d'une autre manière. Les sociétés sont régies par leur intérêt et n'ont pour fin que leur propre existence. Elles s'étendent, durent, dans le temps et dans l'espace, en proportion de leur constitution. Les individus n'ont de valeur morale que par rapport à leur valeur sociale. Bien occuper sa place, bien jouer son rôle, voilà toute la morale, tout le sens de la vie, tout le bonheur de vivre, tout le droit de vivre, tout le devoir.

La philosophie du droit social s'identifie, en somme, avec une philosophie de la vie, sensualiste, expérimentale, qui s'autorise de la science, n'admet que le contingent, l'hypothétique, exclut toute métaphysique, tout principe rationnel, tout fondement moral, toute idée religieuse, autres que l'idée d'une substance unique et nécessaire, esprit ou matière, éternellement vivante et agissante, susceptible de se perfectionner sans cesse en revêtant de nouveaux attributs, qui se fixent par l'habitude et se transmettent par l'hérédité. C'est l'évolutionnisme d'H. Spencer, le monisme d'Hœckel, la psycho-physique de Binet et de Le Dantec chez lesquels nous retrouvons, sous une forme scientifique, le panthéisme de Spinoza ou celui d'Hégel, et qu'on peut réunir sous la dénomination large de *naturalisme*. Nous assistons à une renaissance de la doctrine de l'unité de substance.

II

Ces doctrines exigeraient un examen approfondi.

La thèse de l'omnipotence de l'Etat, de quelque manière qu'elle soit formulée et quels que soient les arguments sur lesquels elle repose, enveloppe des sophismes et des paradoxes. Elle ne se fonde que sur des demi-vérités. Erreurs de principe et erreurs de méthode, cela ne suffit pas à établir un système.

Le naturalisme prête le flanc à des objections graves relativement à la méthode qu'il applique et aux principes dont il se déduit. Il accepte comme vérifiée cette hypothèse que les phénomènes de la vie sociale sont des manifestations de l'esprit universel ou de l'unique substance évoluant dans un perpétuel devenir, et il procède d'une croyance motivée seulement par le progrès des sciences au progrès indéfini de l'espèce humaine. Mais ces progrès de surface n'ont changé ni les principes de la raison, ni la nature de l'esprit humain. C'est prendre les apparences pour des réalités, le mouvement pour le progrès que de croire que l'espèce humaine change sa nature, parce qu'elle étend son horizon et ses conquêtes. L'idée fondamentale de l'homme ne se modifie pas, et tout ce que l'esprit conçoit, Spinoza le remarquait lui-même, n'est intelligible que selon des principes immuables, *sub specie æterni*.

Sans entrer dans toutes les discussions que soulèvent les théories précédentes, quelques observations sur chacune d'elles nous permettront d'en montrer l'insuffisance ou le danger, et la nécessité de demander à l'antique philosophie de l'âme les véritables principes du droit et la véritable notion de la vie. L'examen des doctrines empiriques nous conduira, par la voie négative, aux mêmes conclusions que la méthode psychologique et rationnelle.

La *doctrine de Rousseau* exagère le rôle de la volonté générale ; elle lui attribue une valeur qu'elle n'a point et méconnaît les limites que lui impose la conscience humaine. Ce n'est pas la volonté générale qui crée le droit ; elle joue seulement un rôle dans la confection des lois. Elle s'exerce, en effet, chaque fois qu'il s'agit de choisir des combinaisons propres à définir le droit positif et qu'il est nécessaire de faire règner l'unité de la règle dans l'ordre social. Les besoins de la vie publique et l'utilité générale exigent le concours des volontés dans l'élaboration des lois écrites, car l'organisation sociale en est la garantie temporelle, c'est-à-dire la force collective, qui permet de vaincre les résistances individuelles, de s'opposer aux actes qui peuvent nuire à autrui, ou de contraindre à l'accomplissement d'actes dont l'omission serait nuisible à autrui. Mais la règle essentielle *nemini nocere, cuique suum tribuere,* est une loi morale et naturelle, purement rationnelle. Les lois positives ne sont que des applications du droit, elles ne dérivent point de la volonté du plus grand nombre. « Tout ce que les lois peuvent faire, dit Cousin, c'est de proclamer le droit qui existait avant elles dans la conscience du genre humain. » Et d'ailleurs, s'il est vrai que chacun possède la faculté de lier sa volonté à celle d'autrui, puisque le consentement mutuel est l'essence des contrats, cette volonté n'est pas aliénable dans son essence. Il est, même dans les engagements synallagmatiques, des limites imposées par la raison et par la morale ; il est des clauses illicites. A plus forte raison, est-il impossible à l'individu de renoncer à sa conscience, à sa dignité d'homme. La volonté générale ne saurait lui imposer cette abdication, puisqu'elle ne se compose elle-même que de volontés particulières. Cela impliquerait contradiction. Elle n'est donc pas absolument souveraine. Au-dessus d'elle, il y a le droit et la personne morale :

« Je suis en République et pour roi j'ai moi-même »
« Sachez qu'on ne met point aux voix le droit suprême (1). »

L'*intérêt général* auquel, selon l'école anglaise, sont étroitement liés, en vertu de la solidarité qui unit les hommes, l'intérêt et le bonheur individuels, ne justifie pas davantage le sacrifice de la personne morale. Considérée au point de vue de l'intérêt, la société n'est pas supérieure à l'individu, car le bonheur de l'individu ne se confond pas avec celui de l'espèce. Mais l'intérêt n'est pas l'unique loi des individus ni des sociétés. La solidarité elle-même n'est point une simple réciprocité d'intérêts. Elle repose sur un fondement moral. On ne peut pas faire abstraction de cet élément moral. L'erreur de l'école anglaise consiste à en nier la valeur intrinsèque, pour rapporter à l'influence de la Société sur l'individu, sa propre moralité et à considérer l'intérêt général comme distinct de l'intérêt personnel et comme la loi fondamentale de la vie.

Au nom de quoi est-il possible d'affirmer que l'intérêt général est supérieur à l'intérêt personnel ? Est-ce parce que la collectivité est la collectivité ? Mais elle n'est qu'une somme d'individus, un total engendré par des unités égales entre elles, une abstraction, sans autre réalité que celle des individus qui la composent, et dont chacun vit et meurt au même titre que les autres. Le bonheur de l'individu est un droit égal à celui de l'espèce, et ce droit dérive du fait même de l'existence. Même en tant qu'être sentant et vivant pour le bonheur, chacun compte pour soi. A ce titre, l'intérêt général ne justifie pas l'annihilation de l'individu. Est-ce que l'intérêt général est une fin en soi ? Nullement. L'intérêt, c'est, avant tout, le sentiment de ce qui nous est utile, c'est-à-dire de ce qui peut servir à notre bonheur. Ce sentiment n'est donc pas une fin, mais un moyen. Quelle est la fin ? C'est le plaisir. L'intérêt n'est que le calcul de ce qui peut nous procurer le plaisir. Or, peut-on dire

(1) V. Hugo.

la collectivité éprouve du plaisir? Qui éprouve le plaisir? C'est l'individu. On retombe donc dans le cas précédent. Il n'y a, à proprement parler, ni fin sociale, ni collectivité en soi. C'est abuser des mots que de leur donner un sens absolu. Stuart Mill reconnaît, du reste, que cette assimilation de l'intérêt personnel et de l'intérêt collectif n'est qu'un mensonge et une duperie.

En fait, il est faux que l'individu doive tout son bonheur à la société. La société lui procure le bien-être matériel et les jouissances particulières qui dépendent de la vie sociale, tout ce que les hommes sont appelés à partager en commun. Aristote insistait sur cette pensée que l'on ne peut être heureux sans les rapports sociaux, sans la fortune, sans la famille, sans les honneurs, sans la puissance, sans l'amitié, sans la beauté. Cependant, il est des conditions du bonheur qui dépendent de nous-mêmes. De tous temps, les moralistes épicuriens ont enseigné à l'homme à chercher le bonheur au fond de son être propre, dans la modération des désirs et dans la résignation à ce qui est inévitable. Ils lui ont montré qu'il se rend malheureux par l'imagination, par l'ambition, par l'orgueil. Ils lui ont appris à ne pas craindre la mort ni la douleur. Ces vertus sont assurément des conditions du bonheur. La tempérance et le courage font une grande partie de notre félicité, et ce n'est pas un vain conseil que celui de Montaigne invitant son lecteur à « se rasseoir en soi ». Ce ne sont pas là des vertus sociales, mais des vertus personnelles.

Ces réflexions nous montrent déjà combien, par lui-même, l'individu compte. Mais il est respectable à un autre titre, car son bonheur présent, son repos, sa tranquillité, ne sont point l'unique fin de son existence.

Pour soutenir que l'intérêt général enveloppe tous les intérêts des individus, il faudrait admettre que l'intérêt seul guide leurs actions comme celles des sociétés, et que la fin de la société comme celle de l'individu est remplie quand ces intérêts sont satisfaits. Or, c'est ce qui n'est pas évident, car l'intérêt ne suffit pas à expliquer la vie morale.

L'intérêt n'est que la condition, non le but de la vie. Les calculs de l'intérêt contribuent à donner à la vie individuelle et à la vie sociale une certaine unité et une certaine cohésion. Il faut bien assurer la vie elle-même et satisfaire à ses besoins. Nous ne pouvons sortir de nous-mêmes, et, à cet égard, dit Kant, « il n'y a peut-être pas un seul acte désintéressé ». Il y a même des âmes uniquement « éprises du gain et de l'intérêt ». Il y a des sociétés qui prennent comme loi cette maxime : « Enrichissez-vous », et qui méconnaissent la valeur des sentiments nobles et généreux, ou qui ne les connaissent qu'en tant qu'utiles. C'est dénaturer ces sentiments et exagérer le rôle de l'intérêt.

L'égoïsme est-il donc l'unique inclination de l'homme? Est-il donc vrai de dire, avec La Rochefoucauld, que « l'intérêt parle toutes sortes de langues et joue toutes sortes de personnages, même celui de désintéressé » ? Les sociétés n'ont pas uniquement pour fin d'assurer le bien-être de leurs membres. « La vie qui n'aurait pas d'autre emploi, d'autre raison, d'autre but que de se conserver elle-même, n'aurait ni grandeur, ni beauté, ni véritable prix. » (O. Laprune.) Et, en effet, il est des âmes « éprises de la beauté et de la gloire » (La Bruyère) comme il fut des sociétés défenderesses de l'idéal, de la justice et de la vérité.

S'il y a, pour l'individu, une façon de vie plus noble que d'autres, s'il y a un degré supérieur de vie, si le bonheur est dans une vie vraiment humaine, s'il faut, avec Stuart Mill lui-même, distinguer entre la qualité des plaisirs, il faut donc faire appel à un principe qui permette d'en juger ; il faut sortir de la réalité sensible et s'élever à une notion supérieure, rationnelle d'excellence, de bonté, de grandeur morale, ou même simplement de beauté.

S'il y a pour les sociétés un idéal de justice, d'ordre, qui fait qu'elles sont supérieures comme formes de civilisation, est-ce seulement parce qu'elles assurent mieux le bien-être matériel ou parce qu'elles garantissent la justice et répriment les attaques contre le droit ? Les seuls utilitaires ne sauraient dire pourquoi les lois sont pleines de ces notions supérieures et universelles de responsabilité, d'obligation, de sanction, de justice, de liberté, de morale même.

L'intérêt ne suffit donc à expliquer ni la vie individuelle, ni la vie sociale, ni la supériorité de l'intérêt collectif sur l'intérêt personnel, ni le sacrifice de celui-ci à celui-là. Il faut faire appel à un autre principe.

Ce principe, c'est, selon les utilitaires, la *solidarité*, sentiment qui épure l'égoïsme en s'y ajoutant. La Bruyère avait déjà dit que « le plaisir le plus délicat est de faire celui d'autrui », et Leibnitz que l'amour consiste à « se complaire dans la félicité d'autrui », à « faire d'un autre sa propre félicité ». La solidarité unit, en effet, les hommes. Mais que faut-il entendre par ce lien ? Est-ce seulement celui de la réciprocité des intérêts ou de la subordination des intérêts individuels par rapport à ceux de l'espèce ? Il n'y aurait alors qu'une question de mots. La solidarité est bien un rapport d'intérêts, mais elle est aussi un sentiment et une idée. Elle est un lien social, une loi humaine, supérieure à la réciprocité des besoins, à l'échange des valeurs et des services, et cela est si vrai qu'un économiste, M. Gide, a pu identifier la solidarité et la charité. S'il y a une solidarité sociale, c'est qu'il y a, en effet, une solidarité humaine.

Il faut le reconnaître, la société ne pourrait pas subsister sans un échange continuel de relations entre les hommes, sans une sorte d'harmonie des intérêts. L'hostilité y engendrerait l'état de guerre ou l'anarchie. En fait, la société ne vit que par l'échange des services que les hommes se rendent les uns aux autres. L'individu doit beaucoup à la société. Il a comme une dette envers ses semblables. Isolé, il est peu de chose.

Est-ce à dire qu'on puisse régler ces rapports sociaux de manière à établir entre les hommes une exacte égalité de valeur ? Est-ce à dire qu'on puisse donner à la solidarité un caractère légal ? En faire l'objet d'un contrat social ? Ce serait décréter que les droits de la collectivité sont primordiaux et la charité un droit sans obligation pour les uns, une obligation sans compensation pour les autres. Une telle conception de la charité en serait la négation, car où serait le mérite du don de soi-même s'il cessait d'être libre ? Serait-ce même de la justice ? On peut en douter, car le don de soi n'est pas exigible comme un droit qui implique une réciprocité d'obligations. Les seules lois possibles en cette matière sont celles qui facilitent la protection mutuelle des hommes, leur rapprochement, leur union, qui leur permettent de multiplier leurs communes garanties, de diminuer leurs risques en les divisant, de fondre ensemble leurs intérêts. Encore, de telles lois n'ont-elles pas un caractère obligatoire. Ce ne sont que des lois de coopération sociale, d'ailleurs aussi dangereuses qu'utiles. Maniées par des mains hardies, elles peuvent même devenir des instruments d'oppression. L'association, la mutualité, les Syndicats sont des formes d'union auxquelles on ne peut contraindre les individus. Il faut laisser à la vie cette aisance, cette variété, ce jeu libre qui provient du mouvement des intelligences et des volontés. Les rapports sociaux s'établissent d'eux-mêmes, parce qu'ils résultent des besoins naturels des hommes. Ce qu'on appelle la justice sociale, c'est-à-dire l'égale participation des membres de la Société au bien-être, à la richesse, aux loisirs, aux plaisirs, à supposer qu'elle soit réalisable dans l'ordre matériel, assurerait-elle aux hommes le bonheur ? Verrait-on disparaître la souffrance ? N'y aurait-il désormais aucune injustice morale ? En devenant plus facile, la vie rendrait-elle les hommes meilleurs ? Ferait-elle régner parmi eux cette fraternité tant rêvée et ces vertus, sans lesquelles il n'y a ni sincère affection, ni amitié, ni confiance ? Après tout, « l'homme ne vit pas seulement de pain ». De telles questions ouvrent sur la vie des horizons qui nous éloignent du domaine purement social et nous font pénétrer sur celui de la charité et jusqu'aux sources mystérieuses de l'amour.

Ce qui unit les hommes, c'est une solidarité toute morale. Ils sentent, en entrant en relation les uns avec les autres, qu'ils ont les mêmes obligations, parce qu'ils ont la même nature et la même destinée. Ils comprennent que cette nature leur est commune, mais qu'ils la possèdent tous en particulier ; que ce n'est point de la collectivité qu'ils la tiennent, ni de la race, ni de l'espèce, mais qu'elle a une valeur absolue, qui leur communique l'être. Ils éprouvent spontanément un sentiment de mutuelle sympathie. C'est ce qu'avait remarqué A. Smith. Nous sympathisons avec nos semblables dans toutes les circonstances de la vie. Nous mettons nos sentiments à l'unisson des leurs, riant, pleurant avec eux, éprouvant leurs joies ou leurs tristesses, nous souvenant même du passé, des morts qui composent l'humanité plus encore que les vivants, souhaitant un heureux avenir à nos descendants, nous retrouvant enfin nous-mêmes dans les êtres de la nature, les animaux, les plantes, les phénomènes divers et nous aimant dans nos propres créations, dans les représentations que l'art imagine de notre propre vie. Qu'est-ce que ce sentiment, sinon une émotion engendrée en nous par l'idée d'une commune humanité, d'une commune nature ? « La vraie solidarité, écrit M. Gide, s'efforce de faire une réalité de ce mot qu'on répète si souvent : nos semblables. C'est elle qui parle par la bouche d'un Victor Hugo disant : « Insensé, qui croyais que je n'étais pas toi ! » ou d'un Carlyle, dans sa parabole de la pauvre veuve irlandaise qui dit à ses compagnons de vie : « Je suis votre sœur, os de vos os ; le même Dieu nous a faits (1). » La sympathie est un lien puissant. Mais la solidarité n'est-elle que cela ? Assurément, ce sentiment est quelque chose de plus. Il dérive d'une source encore plus élevée. La Bible le

(1) *Recherche d'une définition de la solidarité*, p. 15.

fondait sur la filiation divine des hommes, et le Christianisme sur leur fraternité en Jésus-Christ. La loi de Moïse disait : « Vous aimerez votre prochain comme vous-mêmes, » et l'Evangile dit « *Unus Deus et pater omnium.* » L'amour n'est pas seulement un désir égoïste. Il n'est pas seulement la bonté envers autrui. Il n'est pas seulement le don de soi-même. Il est l'élan vers ce qui est supérieur, vers ce qui est bon, et qui, devenant sensible à nos âmes, devient par là même la beauté. Nous sommes attirés par des objets plus élevés que nous-mêmes. L'amour de l'humanité n'est qu'une forme d'un amour plus profond encore, dont l'objet nous échappe, mais qui nous sollicite et laisse en nous une inquiétude éternelle. C'est la marque des amitiés pures que ceux qui les partagent aiment ensemble quelque chose de meilleur que leurs personnes. Ainsi, la société repose sur une base plus solide que les sentiments ou les besoins des hommes, sur la loi même de leur nature.

Ni la solidarité sociale ni l'intérêt, ne sauraient donc suffire à rendre compte des règles de la vie. L'intérêt n'est pas l'unique motif des actions humaines et la solidarité se fonde elle-même sur une notion supérieure de l'humanité qui rend respectable même l'individu.

Chaque personne est, en effet, respectable. Elle l'est, sans doute, parce qu'elle est un être vivant, mais surtout parce qu'elle est un être moral. Or, ce n'est pas la société qui l'a faite telle. Chacun de nous porte en lui l'humanité et la loi qui régit sa nature en tant qu'homme. Etre intelligent, l'homme s'élève au-dessus des choses utiles et conçoit l'ordre, la raison suffisante de ces mêmes choses. Il conçoit le bien, c'est-à-dire l'ordre dans les choses qui dépendent de sa volonté ou qui sont absolument exigées par une raison et une volonté supérieures. Si complexes que soient les phénomènes de la conscience morale, puisque la sensibilité s'y harmonise ou s'y oppose à la raison, ils manifestent l'existence, en nous, d'un principe d'action qui n'est point une mystique illusion, engendrée par l'habitude ou la coutume, et susceptible d'être ramenée par l'analyse à des éléments empiriques, mais à une règle absolue. Ce n'est pas parce que, dès l'enfance, l'homme a toujours et partout rencontré en face de lui des autorités prescrivant ce qui est utile, interdisant ce qui est nuisible, sanctionnant les actes, récompensant ou punissant, soit les parents, soit la justice ou la force publique, qu'il a acquis le sentiment de la responsabilité, l'idée du bien et de l'obligation. Ce n'est ni l'influence sociale, ni l'exemple, ni la contrainte, ni la nécessité où nous sommes de vivre honnêtement, ni l'harmonie étroite qui existe entre le devoir et la vie réelle qui ont éveillé en lui l'idée même du devoir, la notion d'une loi morale. Quelle que soit l'action du milieu extérieur sur le développement de la conscience dans chaque individu, la réaction de l'intelligence n'est pas moins considérable, et l'idée d'obligation est irréductible à un phénomène empirique, à une force collective comme la nécessité où la contrainte. La raison conçoit des motifs d'action purement intellectuels, généraux, épurés de tout égoïsme, impersonnels, et ces motifs imposent le respect, parce qu'ils sont les signes d'un ordre moral universellement intelligible et éclairant toute raison. La conscience est donc dominée par une pensée souveraine, qui n'est autre que la croyance à une finalité, à un bien supérieur, à une absolue justice, à un Etre dont elle découle éternellement. La personne humaine, par sa dépendance à l'égard de cette loi, qui « commande plus impérieusement qu'un maître », dit Pascal, et par sa soumission volontaire à cette même loi, parce qu'elle la juge raisonnable et bonne, appartient à une autre cité que les cités humaines.

Par conséquent, on peut conclure que la valeur morale de l'homme l'emporte, au simple regard de la raison, sur tous les intérêts de la vie présente, même sur celui d'une collectivité. La solidarité n'est elle-même qu'une forme de ce principe essentiel, et elle ne saurait être, sans un sophisme manifeste, confondue avec les motifs intéressés, qui divisent plutôt qu'ils n'unissent les hommes. D'où il suit que la loi positive ne peut faire abstraction de cette loi naturelle dont Cicéron a dit que « ni le peuple, ni les magistrats n'ont le pouvoir de délivrer des obligations qu'elle impose (1). » La contrainte de la loi a des limites dans la conscience, car la société n'est pas une fin en soi, mais un moyen, ou, si elle est une fin, c'est une fin secondaire, subordonnée à une fin supérieure, qui est le libre développement des êtres qui la composent et sans lesquels elle n'existerait pas.

L'erreur de l'*école historique* consiste à méconnaître ce qu'il y a d'immuable et d'éternel dans la nature humaine, qu'elle confond avec les mouvements extérieurs de la vie; elle identifie le fond et les apparences, les causes et les effets.

Tout est mouvement dans la vie sociale, et toutes les réalités par lesquelles s'exprime l'âme humaine ne cessent de se transformer : les mœurs, les lois, les formes de l'art, tout ce qui compose les civilisations. Le phénomène le plus frappant à cet égard, c'est celui de l'incessante évolution des langues et des littératures, dont on a pu dire qu'elles sont « l'expression de la société ». Un rapport étroit de convenance lie une forme d'art au milieu historique et les genres divers se transposent en quelque sorte d'une civilisation dans une autre. Il en est de même des législations. Elles se transforment dans leur matière. L'œuvre juridique ne cesse de se poursuivre. De nouvelles théories se dégagent des besoins pratiques, de la complexité croissante des intérêts, du mouvement des idées et des mœurs.

Cependant, tout ne se modifie pas, car les traditions ont leur influence. Il y a une certaine continuité, là comme dans les phénomènes de la nature. Bossuet avait remarqué cette condition commune de tout ce qui vit et se meut. Il admettait que les choses se soutiennent par

(1) *De legibus.*

leur propre *suite*. Le *Discours sur l'Histoire universelle* n'est que l'exposé d'une longue suite d'événements, suite de la religion, suite des empires. Il attribue cet ordre à l'action d'une Providence attentive à conserver son œuvre et à réaliser ses desseins. Leibnitz, comme Aristote, interprétait cette loi de continuité dans le sens d'une finalité supérieure qui attire tout à soi. Montesquieu l'attribuait à l'existence d'une raison primitive : « Avant qu'il y eût des lois faites, il y avait des rapports de justice possibles. »

Cette continuité, en effet, n'est pas une succession pure et simple d'antécédents et de conséquents, de phénomènes sociaux liés entre eux dans le temps et dans l'espace; elle est une manifestation de la raison humaine et elle révèle l'unité de l'espèce. L'adaptation au milieu, si nécessaire qu'elle soit, ne s'explique point toute seule. Dire que l'adaptation est nécessaire à la persistance du type, ce n'est rendre compte ni de son existence, ni de la fixité de ses caractères. Il faut forcément admettre l'existence d'un *moi substantiel*, qui se perpétue à travers les générations. Les civilisations qui se succèdent enveloppent une humanité éternelle, un type impérissable, toujours identique et conforme à la loi rationnelle qui régit son essence. La Bruyère constatait déjà qu'il ne restait guère à découvrir dans ce domaine et que tout avait été dit. « Depuis dix mille ans que le monde existe, il n'y a guère de nouveau que ce qui a vieilli ou a été oublié (1). » C'est que les hommes obéissent toujours aux mêmes motifs d'action, aux mêmes besoins, aux mêmes sentiments, aux mêmes principes généraux. La continuité n'est pas un fatalisme, elle manifeste l'intelligence et la liberté. Voilà pourquoi, en fait, les législations concordent pour reconnaître à l'individu des droits fondamentaux. La justice n'est pas bornée par une montagne ou par une rivière. Partout, et dans tous les siècles, ces maximes ont été vraies :

(1) Beudant, *Le droit individuel et l'État*, p. 40.

« Tu ne tueras point. Tu respecteras le bien d'autrui. Tu ne commettras point de faux témoignage. » Est-ce que la notion essentielle du bien évolue ? Est-ce que dans toutes les circonstances, si diverses qu'elles soient, même susceptibles d'en fausser l'application, comme quand le sauvage tue ses parents malades, le bien n'est pas le bien ?

Les variations des coutumes et des mœurs n'empêchent donc point qu'il subsiste des lois fondamentales communes à tous les peuples, de même que l'adaptation contingente des races humaines aux milieux différents n'efface pas les caractères essentiels de l'espèce humaine.

D'autres arguments pourraient être opposés à cette doctrine. Mais ils sont plus spécialement dirigés contre la sociologie, avec laquelle l'école historique s'est confondue.

La *sociologie* positiviste et évolutionniste n'est pas véritablement ce qu'elle prétend être, une science générale et exacte des phénomènes sociaux, une sorte de métaphysique de la société *en soi*, car elle ne repose pas sur des données suffisantes, mais sur une erreur de méthode qui consiste à assimiler les phénomènes sociaux aux phénomènes biologiques et les lois politiques aux lois physiques. Ce sont là des domaines distincts par nature et il faut ou beaucoup de hardiesse pour entreprendre de les réduire, ou beaucoup de fantaisie, ou beaucoup d'illusion, à moins que l'on ne soit dupe des analogies ou des mots.

On aura beau comparer la société à un organisme véritable, lui attribuer une structure, des fonctions, des maladies, en faire l'anatomie, la physiologie, la pathologie, on n'aura pas le droit de conclure de leurs ressemblances extérieures à une conformité de nature. Les phénomènes sociaux ne sont ni des phénomènes biologiques, ni des phénomènes physiques.

Ces phénomènes sont-ils déterminables en *quantité ?* Nullement. On a bien essayé de réduire aux mathématiques quelques-uns d'entre eux. J. Bernouillé et Petty l'avaient déjà tenté au XVIIe siècle (1). La science financière et l'économie politique s'y prêtent particulièrement. Cournot, Léon Walras et Vilfredo Paréto ont essayé de constituer une science économique pure, abstraite, universelle, car le phénomène économique essentiel, c'est l'échange des valeurs, et cet échange est exprimable en formules mathématiques qui déterminent les prix (2). Il est incontestable que beaucoup de faits sociaux sont d'ordre physique et qu'on peut les mesurer. Les besoins de l'homme, remarque D. Hume, sont sensiblement les mêmes dans tous les temps et les conditions de milieu sont mathématiquement appréciables. Cependant, les effets extérieurs manifestent des causes psychologiques et morales, qui, par leur nature, échappent à tout calcul. On peut faire la somme des besoins, mais non pas celle des goûts, des sentiments, des volontés, des raisons.

Les phénomènes sociaux ne sont pas des phénomènes biologiques. Qu'y a-t-il de commun entre un individu et une cellule ? entre la famille et un organe ? entre la solidarité et la cohésion ? Il y a, dans toute société, de véritables organes. Ces organes coexistent en vue de certaines fonctions indispensables à la vie. Ils s'appellent ou s'excluent. Ils composent même, par leurs relations, des types sociaux qui persistent. Une société ne se crée pas artificiellement, mais s'organise en se donnant des mœurs, des croyances, des lois, des institutions. Elle vit d'une vie spontanée. C'était l'opinion des *Physiocrates* du XVIIIe siècle. Mais cette vie ne procède pas d'un principe particulier, tel qu'une cellule germinative ; elle est celle d'un être composite, qui ne se reproduit pas et qui n'existe que parce que d'autres êtres existent. La vie sociale résulte de ce qu'elle réunit des éléments, qui possèdent déjà la vie sous la double forme physiolo-

(1) J. Bernouillé, *Ars conjectandi*, 1685. — Petty, *Arithmétique politique*, 1691.

(2) *Cf.* Em. Bouvier, *La méthode mathématique appliquée à l'économie politique.*

gique et psychologique. Les phénomènes sociaux se ramènent, en définitive, à des besoins animaux, à des conditions psychologiques et morales.

Il n'y a, à proprement parler, qu'un phénomène social, c'est le besoin que l'homme a de l'homme pour développer sa nature, le sentiment de sympathie qui le pousse, dans ce but, à rechercher son semblable. La société est un fait naturel et primordial. L'instinct social, qui porte les hommes à se réunir et à s'aimer, est aussi primitif et spontané que l'égoïsme, qui les porte à se faire la guerre. « Ils naissent tous liés les uns aux autres; un fils est né auprès de son père et il s'y tient ; voilà la société et la cause de la société. » La diversité des formes politiques ne change point la nature de la société. Celle-ci n'est que l'ensemble des rapports des hommes entre eux. Mais ces rapports dérivent de la nature humaine. Aristote a justement défini l'homme un « animal politique », et A. Comte lui-même a remarqué qu' « aucun aperçu sociologique ne saurait être admis, s'il est contraire aux lois de la nature humaine. »,

Les lois sociales ne sont point, par conséquent, des lois nécessitantes, comme celles qui gouvernent le monde physique, mais des lois qui dérivent, d'une part, des besoins physiques et, d'autre part, de la conscience morale.

Reconnaissons d'abord que le milieu, le climat, la race, le caractère national sont des facteurs importants de la vie sociale, qu'aucune société ne peut s'organiser en dehors de certaines conditions vitales, sans la famille, la propriété, l'héritage, sans une hiérarchie, un gouvernement, un principe d'ordre, une certaine unité de pensées ; que les hommes reçoivent beaucoup de la nature, de la tradition, de la vie contemporaine ; qu'ils sont liés à la terre et à leurs semblables. Il y a des causes constantes de certains phénomènes. Montesquieu, reprenant la méthode d'Aristote, s'avisa de le démontrer, quoiqu'il ne considérât pas ces conditions comme invariables et fatales. « J'ai d'abord examiné les hommes, dit-il, et j'ai cru que, dans cette infinie diversité de lois et de mœurs, ils n'étaient pas uniquement conduits par leur fantaisies. » « Plusieurs choses gouvernent les hommes : le climat, la religion, les lois, les maximes du gouvernement, les exemples des choses passées, les mœurs, les manières. » Les lois « doivent être relatives au physique du pays, au climat glacé, brûlant ou tempéré, à la qualité du terrain, à sa situation, à sa grandeur... » Selon H. Spencer, le caractère national produit les croyances et les mœurs, celles-ci les institutions, celles-ci les succès ou les revers d'un peuple. Le caractère de ce peuple n'est qu'une résultante. Taine s'est efforcé de faire la preuve de cette théorie en l'appliquant à la nation anglaise. Lazarus et Steinthal l'ont appliquée à d'autres peuples. Ils ont essayé de « découvrir les lois qui règlent leur activité interne ou spirituelle », de constituer une psychologie des peuples. Fouillée a vérifié cette théorie sur la race française. P. Bourget, dans une lettre récente, a écrit : « Une société est une réalité vivante que nous ne saurions améliorer qu'en acceptant les nécessités qui la conditionnent. »

Il y a là beaucoup d'exagération. Qu'est-ce qu'un *moi national,* sinon l'ensemble des consciences individuelles, unies par les mêmes sentiments et les mêmes pensées? Ce moi n'est qu'une fiction. Or, le *moi individuel,* n'est pas le produit des causes physiques. L'homme ne s'explique pas tout entier par les conditions de milieu ou par l'hérédité, bien qu'il soit enveloppé de tous côtés par toutes sortes d'influences et qu'il tienne de ses ancêtres, selon l'hypothèse de Weissmann, ce « plasma qui se conserve et se perpétue ». Le *moi substantiel,* qui est en chacun de nous, est indéterminé. Il se développe, avec la constitution physique. N'est-ce pas l'individu qui fortifie sa propre constitution et qui forme sa personnalité? N'est-il pas doué d'activité psychologique et de vie? Il se meut à l'aise dans le cercle des influences physiques ou intellectuelles qui l'environnent. La loi des grands nombres, ainsi que l'a observé Cl. Bernard, n'est vraie qu'en gros. L'activité est le fond de la nature humaine et elle obéit, dès lors, à une loi différente des lois physiques, à une loi conforme à la spontanéité intelligente et consciente que nous sommes, spontanéité qui s'affirme dans les phénomènes de la vie, mais qui leur est préexistante et qui les cause.

C'est précisément ce qui rend compte de la complexité des phénomènes sociaux et de l'impossibilité où l'on se trouve de les ramener à des lois rigoureusement scientifiques.

Rien n'est difficile à démêler comme les conditions et les causes de la vie sociale. Ces causes sont si nombreuses, si diverses dans leur nature, si mobiles dans leur action, que leurs effets particuliers échappent en grande partie à l'observation. Que d'inconnues dans de pareils problèmes ! P. Leroy-Beaulieu a remarqué que des désirs nouveaux se susbtituent à d'autres, quand ceux-ci ne peuvent se satisfaire. Peut-on savoir quels motifs détermineront les décisions d'un homme à tel moment et dans telles circonstances ? Sera-ce l'intérêt, le devoir, la passion ? Et alors, quelle différence dans les résultats !

Dès lors, sur quoi fonder les lois sociales ? Comment être assuré que, telles conditions étant données, telles conséquences ou tels actes se produiront ? On ne saurait prévoir l'avenir d'après le passé. L'histoire ne se recommence pas. Un rien suffit à en faire dévier le cours. Elle est pleine de phénomènes accidentels. L'invention de la boussole n'a-t-elle pas transformé tout le commerce maritime ? Celle de l'imprimerie n'a-t-elle pas présidé à l'expansion des idées modernes ? Certains écrivains se sont complus à diminuer l'importance des événements les plus considérables, en leur attribuant des causes insignifiantes. Pascal attribue au nez de Cléopâtre la chute de la République romaine. Lemercier a écrit la *Panhypocrisiade*. C'est trop amoindrir l'homme. L'influence des grands hommes est parfois prépondérante. Voltaire leur fait jouer un très grand rôle. Ils ne sont pas nécessairement les produits d'une civilisation, et ils donnent souvent à leur temps plus qu'ils n'en reçoivent. Le génie naît où il veut et il révolutionne le monde. « Les hommes éminents, dit Stuart Mill, ne se contentent pas de voir briller la lumière au sommet de la colline, ils montent sur ce sommet et appellent le jour et, si personne n'était monté jusque-là, la lumière, dans bien des cas, aurait pu ne luire jamais sur la plaine... S'il n'y avait pas eu de Socrate, de Platon ni d'Aristote, il n'y aurait pas eu de philosophie... S'il n'y avait pas eu de Thémistocle, il n'y aurait pas eu de victoire de Salamine... » L'instabilité des conditions pratiques de la vie ne permet donc pas d'en circonscrire le champ dans des limites fixes et scientifiquement mesurables, sans que rien n'échappe au calcul.

Quoique tout, dans la vie sociale, ne relève pas de la liberté, cet attribut, qui distingue la personnalité morale, est un facteur important des phénomènes sociaux, et il empêche que ceux-ci puissent se ramener à des lois mathématiques. Certains phénomènes ont des causes constantes, d'autres ont des causes variables. Il y a des besoins communs, des manières communes de penser, de sentir, d'agir. Il y a aussi une grande diversité dans les formes. La liberté humaine, sans être la négation absolue de tout rapport de filiation entre les phénomènes, sans cesser d'être limitée par le possible, est cependant une activité capable de modifier la série des effets observables, d'en changer l'ordre, de créer leur ordre, précisément parce qu'elle est intelligente, consciente de ses moyens et de sa fin. La conscience révèle cette activité spontanée, que la raison conçoit comme une cause. S'il est vrai que la liberté humaine comporte des degrés, puisque l'individu ne s'isole ni du temps, ni de l'espace, du moins « nous en sommes aussi sûrs que de notre propre existence, car elles nous sont attestées l'une et l'autre de la même manière (1). » Nous sentons tout ensemble

(1) Franck, *La philosophie du droit.*

que le contraire de nos actes est logiquement possible et qu'il dépend de nous de le faire. Nous nous connaissons comme un *moi* distinct de ses phénomènes, instruit de ses effets et de son pouvoir, se distinguant même des motifs qui le sollicitent et s'affirmant comme une activité pensante et irréductible au déterminisme, à l'analyse mathématique. « Ceux qui ont écrit, dit Montesquieu, qu'une fatalité aveugle a produit tous les effets que nous voyons dans le monde, ont dit une grande absurdité, car quelle plus grande absurdité qu'une fatalité aveugle qui aurait produit des êtres intelligents ? (1). » La vie des hommes ressemble au perpétuel mouvement des flots de la mer. Renfermés dans les limites que la nature leur a assignées, ils rongent incessamment les rivages ; parfois, la tempête les soulève, elle augmente la force, l'amplitude, la hauteur des vagues ; même quand elle est apaisée, ces vagues toujours semblables ne sont jamais égales. C'est l'image de la liberté et de ses effets.

Les lois sociales ne sont donc point assimilables à des rapports constants, obtenus par l'observation et formulées par induction. Les historiens ont souvent, comme Thucydide, Tacite, Saint-Simon, Tocqueville, exprimé des maximes générales. Mais sont-ce là vraiment des lois scientifiques, des relations absolues et invariables ? N'ont-elles point, au contraire, le caractère de vérités morales, qui ne prennent tout leur sens qu'éclairées par un certain idéal de justice ? L'histoire ne serait qu'une vaine recherche si elle ne nous faisait connaître aucune des conditions de la vie des peuples. Elle ne nous instruit qu'en tant qu'elle nous révèle les motifs constants des actions des hommes et donne une forme tragique à leurs passions. Elle serait inintelligible, si elle n'était que le spectacle d'une transformation perpétuelle, sans autre loi que le changement même. A vrai dire, elle nous permet de conclure sur nous-mêmes, car la même humanité se perpétue et se reconnaît à travers les siècles,

(1) *Esprit des lois.*

« L'histoire a ce singulier privilège et cette haute vertu de mettre en évidence le rôle éminent de la personne humaine, soit pour le bien, soit pour le mal. Mais, précisément à cause de cela, l'histoire n'aura jamais, quoi qu'on fasse, le caractère et l'utilité d'une science proprement dite (1). » Certes, la volonté a sa loi, mais cette loi est toute morale, car elle nous oblige sans contraindre et s'impose à la raison même. Les sociétés obéissent à cette loi aussi bien que les individus qui les composent. Ce serait une étrange contradiction que l'individu fût moralement obligé et que la société fût nécessitée. La même loi morale qui commande à la conscience commande aussi à la société. Et, quand nous voulons juger de ce qui est bien et de ce qui est mal dans la société, dans les lois, dans les actes du pouvoir, n'est-ce pas la raison, n'est-ce pas la conscience qui nous guide ? Les lois sociales, qui ont pour objet, non pas de constater des effets, mais de régler l activité libre des hommes, dérivent donc elles-mêmes de la loi morale.

Rien n'autorise les sociologues à considérer les lois sociales comme nécessaires. Est-ce que le déterminisme de la nature est absolu ? On ne saurait le soutenir. Tout se fait mécaniquement, disait Kant ; tout effet est lié à une cause ; rien ne se perd, rien ne se crée ; l'énergie se conserve en quantité constante ; il n'y a ni hiatus, ni commencements absolus. Dans l'ordre physique, les phénomènes les plus complexes se décomposent et se ramènent à des phénomènes plus simples et, en définitive, à des mouvements appréciables en quantité. Cependant, ne remarquons-nous pas qu'un progrès constant de l'activité s'affirme à mesure qu'on gravit l'échelle des êtres ? Que la nécessité diminue à mesure que la spontanéité augmente ? Que la spontanéité augmente en raison du degré de conscience ? Que la vie n'est pas une simple adaptation organique, mais suppose un élément psychique ? Que le vivant, non seulement con-

(1) Rabier, *Logique*, p. 341.

serve, mais relève son énergie par la nutrition et la génération? Que, s'il y a destruction, il y a aussi, selon Claude Bernard, création vitale? Que les phénomènes physico-chimiques ne sont que la condition des fonctions biologiques, mais que l'adaptation des organes s'opère en vue d'une finalité interne, qui reste la dernière raison de la vie animale? Que la vie va se développant du monde organique au monde de l'intelligence? Les lois de la nature, selon Em. Boutroux, expriment cette progression, en raison inverse de leur généralité. En s'élevant aux degrés supérieurs de la hiérarchie des êtres, « on sent, selon une forte parole de Ravaisson, on sent comme l'approche de l'âme (1). »

Après tout, la science a des limites, et elle outrepasse les bornes de son domaine quand elle prétend ramener aux conditions des phénomènes physiques les actes moraux ou sociaux. Elle ne saurait rendre raison de ce qui constitue l'âme humaine. Il y a là un monde à part, un monde mystérieux, qui relève de la conscience psychologique et qui échappe à l'empire de la nécessité.

La sociologie n'est donc pas une science exacte. Peut-on soutenir qu'elle soit une science? Elle dénature les phénomènes qu'elle étudie et ne formule aucune loi certaine. Cette science ne serait possible qu'à la condition que les diverses sciences sociales fussent déjà constituées et aboutissent à des résultats positifs, susceptibles d'être comparés, coordonnés, synthétisés. Aucune n'en est là, ni l'économie politique, ni la science politique, ni la science du droit. Il convient donc de faire des réserves et de tenir pour suspectes les conclusions de cette prétendue science, qui ne paraît guère avoir ni ramené les lois positives de la société aux lois contingentes du monde physique, ni détruit l'antique notion du droit, celle qui repose sur la raison et le libre arbitre.

De ces observations, il résulte que les doctrines précédentes altèrent plus ou moins l'idée de l'homme et de

(1) *La philosophie au* XIXe *siècle.*

la vie humaine, la notion du droit, de la société et de l'Etat, parce qu'elles se fondent, les unes et les autres, sur de fausses méthodes. Elles aboutissent ainsi à une sorte de dogmatisme social, qui déclare la société supérieure aux individus, lui attribue une valeur et une existence propres et lui confère sur eux une autorité sans limite.

Rousseau conclut des mots aux choses, quand il fait de l'expression de la volonté générale l'essence du droit. Un tel paradoxe le conduit à méconnaître précisément ce droit naturel sur lequel il prétend fonder le contrat social.

L'école utilitaire confond l'intérêt personnel avec l'intérêt général, auquel elle attribue une réalité distincte, ramène la vie individuelle et collective à des questions d'intérêt, la justice à la solidarité sociale, explication dernière, qui exclut la solidarité morale, la charité, la loi morale elle-même.

L'Ecole historique méconnaît le fond éternel de notre nature, qui se perpétue identique à travers les civilisations et par lequel les hommes de tous les temps se reconnaissent toujours.

La sociologie rattache l'ordre moral à l'ordre biologique, sans remarquer que le déterminisme a des limites dans la conscience et dans la liberté.

De tels sophismes jettent l'obscurité sur les choses, car enfin, y a-t-il un bien social absolu ? un bien social en *soi*, une entité réelle, antérieure à toute société qui se constitue ? S'il n'existe pas avant, comment existerait-il après ? Dès lors, où est la source du droit ? Dérive-t-il d'une abstraction, d'un acte de volonté, de l'expérience ? Poser de telles questions, c'est ne point voir où sont les véritables réalités, les véritables intérêts, le véritable bien, la véritable justice. L'*égoïsme collectif* n'efface pas les besoins ni les aspirations de la nature humaine. Ainsi, c'est au milieu des ombres philosophiques que se dresse la forteresse sociale, toujours plus menaçante et plus inaccessible. Elle apparaît comme un asile aussi vénérable que redoutable et semble offrir aux hommes un refuge mystérieux contre le mal de vivre. Et cependant, elle écrase de tout son poids l'individu, qui la supporte, et qui s'efforce d'en réparer les ruines au moyen d'une conception nouvelle du monde ; elle pèse sur lui par la masse de ses législations et de ses codes, par l'autorité des pouvoirs qu'elle constitue et qui se prennent eux-mêmes pour fin, et toutes ces conséquences résultent, soit des erreurs de logique, soit des erreurs de principe.

Ces effets révoltent la conscience et la raison à ce point que, par une réaction non moins absurde, le nihilisme social proteste avec violence contre un système qui étouffe toute spontanéité, toute autonomie, toute vie personnelle, et qui érige en dogme toutes les fictions sociales. H. Spencer écrivit, pour opposer l'homme au citoyen, son livre *l'Individu contre l'Etat*. Mais c'est contre la société elle-même, contre les servitudes qu'elle impose, que, comme Rousseau, en face du XVIIIe siècle, d'autres s'élèvent aujourd'hui. On a vu naître, en ces dernières années, une philosophie de la force et de la grandeur, qui tend à exalter le *moi* humain, à l'élever au-dessus de lui-même, à en faire une sorte de *surhomme*, par la pensée, par l'amour et par l'action. Nietzsche surexcite dans l'individu l'instinct de la beauté et de la grandeur, comme un ressort essentiel de la vie. Il oppose ainsi l'individu à la société et à toutes les oppressions qui l'enserrent.

L'individualisme naturaliste n'est que l'exagération d'un sentiment vrai, celui de la dignité humaine. Tous les arguments des utopistes et des utilitaires, des évolutionnistes et des sociologues n'empêcheront pas que la personne morale ait sa valeur propre, car cette valeur ne se mesure ni d'après l'opinion du plus grand nombre, ni d'après les services sociaux, ni d'après les faits de l'expérience ou les conditions physiques de la vie, mais d'après sa relation avec l'ordre moral.

Quoi qu'on prétende, l'expérience n'est pas l'unique

moyen de connaître. Il est des vérités qui la dépassent et il faut accepter les données de la raison et le témoignage de la conscience, par lesquelles seulement l'homme peut savoir quelle est sa nature et quelle est sa loi. Les conditions contingentes où il est placé ne doivent pas lui faire oublier qu'il n'est pas exclusivement un produit de la nature ou de la société. La nature physique et la société ne sont que des moyens de vivre. La vie elle-même est autre chose qu'un problème biologique ou social.

III

Quel est donc le fondement du droit et la mission de l'Etat ? Quel est aussi le sens de la vie ? Il est nécessaire de le rechercher, dans un temps où tout concourt à fausser ces notions essentielles. On ne peut se contenter de dévoiler les sophismes et de discuter les erreurs. Il faut encore poser des principes et dégager les vérités irréductibles dont les hommes ne s'éloignent jamais sans s'exposer aux désordres et aux crises les plus redoutables.

Nous avons montré que la valeur de l'homme résultait non pas de ce qu'il était un être sociable, mais une personne, c'est-à-dire une cause consciente et libre. La raison et le libre-arbitre, qui n'en est que la conséquence, élèvent l'homme au-dessus des forces de la nature, forces terribles, mais aveugles, capables de nous épouvanter, mais non de nous imposer le respect. C'est le fondement du droit, qui est antérieur à tous les droits sociaux, imprescriptible, inviolable, inséparable de la personne morale.

L'homme est respectable parce qu'il porte en lui une loi, dont la majesté enveloppe son être, et parce qu'il jouit du pouvoir de lui obéir ou de lui désobéir. Cette loi lui confère une certaine dignité et une certaine inviolabilité. Elle le lie et le protège tout ensemble. Elle s'impose à lui sous la forme d'un commandement rationnel, et, en lui ordonnant d'accomplir le bien, elle lui ordonne aussi de s'opposer aux obstacles susceptibles de l'empêcher. Le devoir est catégorique, absolu. Il commande sans condition, mais sans contraindre, parce qu'il est la marque de ce qui est juste et bien. Il exprime la relation du bien avec la liberté. Par là même, il engendre le droit chez l'agent moral, c'est-à-dire le pouvoir d'exercer sa liberté en vue d'une fin juste et bonne. Le devoir crée le droit pour la même personne et le droit peut se définir « l'exigibilité du devoir » ou « le pouvoir moral de faire le bien ».

De ces principes moraux dérive le droit social lui-même. Il est fondé sur le respect réciproque que se doivent les personnes et il naît dès l'instant où les peuples s'éveillent à la vie sociale, en vertu de cette nécessité, où chacun se trouve, d'exiger le respect de sa propre personne. « C'est une plaisante chose à considérer, dit Pascal, de ce qu'il y a des gens dans le monde qui, ayant renoncé à toutes les lois de Dieu et de la nature, s'en sont fait eux-mêmes, auxquelles ils obéissent exactement, par exemple les voleurs. » Il faut une règle qui équilibre le conflit des forces égoïstes et les limite les unes par les autres, sans les détruire. Le droit répond ainsi à l'instinct de sociabilité et vise à une fin naturelle, l'organisation de la société. La société est un état naturel, qui se constitue par des conventions précises, en vue de la protection mutuelle des libertés. C'est pourquoi, au-dessus des forces individuelles, on élève, non un maître, sujet lui-même aux passions, mais la volonté impersonnelle de la loi. Ainsi, la liberté devient « le droit de faire ce que les lois permettent » (Montesquieu). Mais les lois ne règlent que le mécanisme social, elles supposent l'existence préalable de droits à protéger, d'un droit supérieur et imprescriptible : « *non ex regulâ jus sumatur sed ex jure quod est regula fiat* (1). »

(1) *Digest.*

C'est pourquoi les lois sont transitoires, tandis que le droit est impérissable. Ce qui caractérise le droit social, c'est d'être exigible par la contrainte. On peut astreindre l'homme à observer les règles établies dans l'intérêt de tous par une coercition extérieure ou physique. La loi humaine force à l'obéissance. Kant va jusqu'à identifier le droit et la contrainte. La justice ne tient pas seulement une balance, mais une épée. Elle symbolise la force au service du droit. Mais ce droit social ne serait qu'une force aveugle et brutale s'il ne dérivait d'un droit primordial inhérent à la personne humaine et de la nécessité de le lui garantir par une sanction positive. Cicéron distinguait entre l'équité naturelle et l'équité légale *(æquitas constituta)*. La loi positive ne prescrit pas à l'homme l'accomplissement du devoir. Il est même des actes immoraux qu'elle ne peut défendre. Elle n'est pas la loi morale. Elle a un rôle social de protection et de répression. Mais que réprime-t-elle, sinon ce qui est nuisible à autrui ? Que protège-t-elle, sinon le droit de chacun ? Se reconnaître un pouvoir d'empêcher ce qui est nuisible aux membres de la Société, n'est-ce pas reconnaître précisément l'existence d'un droit supérieur ? Si la loi ordonnait le vol, remarque H. Spencer, le vol n'en serait pas moins injuste. Si la loi ne protégeait pas suffisamment ou si elle entravait la conscience humaine, celle-ci se révolterait et protesterait avec l'énergie d'Antigone en face de Créon : « Je n'ai pas cru que tes ordres eussent assez de force pour que les lois non écrites, mais impérissables, émanées des dieux dussent fléchir devant un mortel. Ce n'est pas d'aujourd'hui, ce n'est pas d'hier qu'elles existent ; elles sont éternelles et personne ne sait où elles ont pris naissance. » Ainsi, une loi n'est que la solution pratique donnée, à un moment déterminé de l'histoire et dans une société constituée, au problème du droit. Ce problème n'est donc au fond qu'un problème philosophique, une face du problème moral.

La mission de l'Etat apparaît clairement à la lumière

de ces principes. Elle consiste, non pas à fonder, mais à garantir le droit, en le définissant, en lui donnant la formule de la loi, en assurant son exécution par la contrainte ou la répression. Elle consiste aussi à donner à la société une certaine impulsion générale, dont ses membres doivent tirer des avantages.

L'Etat n'est point une réalité, mais une fiction légale, une abstraction, un ensemble de relations, une forme politique qui définit spécifiquement la société humaine ; c'est une personne morale, qui se constitue diversement par l'association des familles sur un même territoire. Il n'est pas par lui-même une puissance. Il ne tient sa puissance que de la société qui l'a établi, en qui réside la souveraineté, et qui, avant tout, s'est constituée pour vivre de la vie de ses membres. Par conséquent, la première fonction de l'Etat est d'assurer cette vie, en garantissant les droits et l'ordre général.

Le rôle de l'Etat ne se borne pas cependant à assurer à l'individu l'exercice de ses droits, à la société la paix intérieure et extérieure. Ce serait un rôle tout négatif et il est des actes utiles à tous que les individus ne peuvent pas faire, des progrès généraux que l'initiative privée ne saurait réaliser. Mais, d'autre part, ce rôle a des limites, au delà desquelles l'Etat devient oppresseur et qui se rencontrent tout ensemble dans l'ordre économique, dans l'ordre administratif, dans l'ordre moral. Il ne faut pas, sous prétexte d'assurer le progrès et de préparer le bonheur de la société future, méconnaître ni les intérêts, ni les droits de la société présente et de ses membres. Les évolutionnistes exagèrent ce point de vue. Après tout, nous ne sommes que partiellement responsables à l'égard des générations qui doivent nous remplacer. Nous ne savons pas ce qu'elles penseront, et nous ne sommes pas juges de ce qui pourra leur convenir. Ces raisons doivent nous imposer une certaine réserve. Mais surtout, s'il est permis de sacrifier les intérêts présents, il ne l'est point de violer les droits. C'est ce qui arrive chaque fois que l'Etat s'immisce dans la vie commerciale et industrielle et entreprend sur les consciences. L'Etat ne s'immisce dans certains services qu'au détriment de l'activité agricole, industrielle, commerciale. Quand il multiplie les fonctionnaires, il affaiblit les caractères et diminue l'initiative. S'il pénètre dans les consciences, il entrave la plus violable des libertés. Ces conséquences sont la preuve indirecte de l'existence d'un droit antérieur et supérieur à l'Etat lui-même.

La mission de l'Etat consiste donc à assurer la vie du corps social, sans léser aucun des organes qui y contribuent, ou plutôt à garantir l'existence et les progrès de la société en vue de l'existence et de la prospérité de ses membres. Quand un Etat, oubliant les besoins de la Société, se prend lui-même pour fin, il perd sa raison d'être. Il se produit alors une sorte de divorce entre lui et le pays. Le pays légal se sépare du pays réel, et bientôt la lutte éclate entre les pouvoirs et la nation, parce que tous les rouages, toutes les institutions sont faussés. Le bien public ne se confond pas avec l'intérêt de l'Etat. On ne les identifie que par un étrange sophisme. L'intérêt de l'Etat, c'est tout ce qui contribue à fortifier ses pouvoirs et à étendre son action. Trop souvent, il se confond avec celui des individus ou des partis qui le détiennent. Le bien public, c'est l'ensemble des satisfactions matérielles et morales auxquelles ont droit tous les membres de la société, en vertu de leur qualité et de leur dignité d'homme. Cette distinction précise les rapports de l'individu et de l'Etat et permet de définir la véritable mission de celui-ci.

Le rôle de l'Etat est donc une conséquence du sens qu'on attribue à la loi sociale, et celle-ci ne se détermine que par rapport à la loi morale et à la nature humaine.

Ces principes se retrouvent dans les formules qui qui composent la « Déclaration des Droits de l'Homme et du Citoyen », du moins dans une certaine mesure, car cette Déclaration, au lieu de les exprimer dans toute leur force, en diminue la portée.

Cette déclaration était une imitation de celle que les

colons d'Amérique avaient les premiers rédigée, et dans laquelle il était dit : « La nature a fait tous les hommes également libres. Elle a donné à tous les hommes des droits absolus, dont ils ne peuvent, quand ils entrent dans une société, priver par aucun contrat leur postérité. Ces droits se rapportent à la vie, à la liberté, aux moyens d'acquérir et de conserver la propriété, de poursuivre et d'obtenir le bonheur et la sécurité. Tout pouvoir dérive du peuple, dont les magistrats ne sont que les mandataires et les serviteurs. » Le 1er août 1789, tandis que la Constituante hésitait, le comte de Montmorency prononça ces paroles : « L'objet de toute constitution politique, comme de toute union sociale, ne peut être que la conservation des droits de l'homme et du citoyen. Les représentants du peuple se doivent donc à eux-mêmes..., ils doivent à leurs commettants... à leurs successeurs... aux autres peuples... de donner à leur patrie, comme préliminaire indispensable de la constitution, une déclaration des droits de l'homme et du citoyen. »Le comte de Castellane ajouta que l'arbitraire et le despotisme n'avaient eu pour cause que « l'ignorance où les peuples étaient de leurs droits ». Moins d'un mois plus tard, cette Assemblée royaliste était presque unanime à admettre les principes du libéralisme : les principes de l'égalité des droits et de l'indépendance de la personne humaine. Elle se composait d'hommes dont l'éducation juridique avait été faite à l'école des parlementaires du XVIIIe siècle, des Pothier des Donnat, des d'Aguesseau. Ils étaient nourris des maximes de Rousseau et de Voltaire, dont le rationalisme ou le vague spiritualisme leur paraissaient devoir suffire à fonder l'ordre social et la liberté, parce qu'ils proclamaient au nom de la nature la fraternité des hommes. Si, plus tard, ils ont violé leurs principes, c'est parce qu'ils y furent contraints par les nécessités de la lutte et parce qu'ils se heurtaient à une tradition, qui s'imposait à eux, malgré eux, et qu'ils comprenaient mal. Du moins, ils furent frappés de cette vérité essentielle qu'au-dessus de toute société déterminée, au-dessus de toutes les formes contingentes que revêt l'Etat, il y a une personne humaine respectable dans sa liberté.

Peut-être se faisaient-ils une profonde illusion. Le respect des personnes dans leur liberté n'est pas une vérité évidente par elle-même, à moins qu'on ne la rattache à quelque principe supérieur. Les maximes du libéralisme social ont besoin d'être établies sur une base philosophique plus large et plus profonde que le rationnalisme formel, idéaliste du XVIIIe siècle. Il ne faut pas s'étonner que le libéralisme ait reculé devant le naturalisme anglo-germanique, mais il faut se convaincre de son impuissance, car il fut impuissant, en effet, à édifier la société bourgeoise. La bourgeoisie s'en est aperçue trop tard. Ce pseudo-cartésianisme n'avait pas la valeur dogmatique nécessaire pour soutenir une théorie de l'ordre social. Il construisait en l'air. Car enfin, la personne humaine n'est rien par elle-même. Elle ne se suffit pas. Elle ne vaut que par rapport à sa propre destinée.

Tout dépend, en effet, de l'idée qu'on se fait de l'homme et de la vie.

Nous avons vu comment les anciens et la science moderne définissaient l'homme. Celle-ci le rabaisse, ceux-là n'en ont point compris toute la grandeur; et c'est encore au christianisme qu'il faut s'adresser pour obtenir la réponse satisfaisante.

La science ravale l'homme au niveau de la bête et lui refuse la liberté, parce qu'il a des instincts et qu'une certaine nécessité emporte le monde ; elle ne considère la vie que du point de vue du présent et par rapport à la satisfaction des besoins de l'homme. Elle méconnaît la valeur propre de cette pensée que Descartes, Leibnitz et Kant regardaient comme la cause de toute science et la forme sous laquelle l'être devient intelligible à lui-même. Pascal plaçait la dignité de l'homme dans la pensée : « C'est de là que nous devons nous relever, non de l'espace et de la durée. » La science ne connaît que les nombres. Le pythagorisme n'est point mort. Les Anciens, eux aussi, avaient méconnu la liberté humaine. Ils s'étaient courbés sous les forces de la nature divinisée, terrifiés devant la grandeur de ses phénomènes et le spectacle de la mort.

C'est le christianisme qui, en révélant à l'homme le prix de la souffrance et de l'amour, lui a révélé aussi sa véritable grandeur, car ces liens l'unissent à Dieu même. Il lui enseigna que la nature divine est la source de la vie surnaturelle en lui ; qu'elle y fait naître, avec son consentement, des vertus qui le déifient, en quelque sorte, en élevant son intelligence, sa volonté et son cœur jusqu'à leur suprême objet ; qu'elle opère en lui, pour ainsi dire, la synthèse de l'infini et du fini et y descend comme dans un temple sanctifié. Il lui donna l'espérance en même temps que la foi, en lui montrant sa nature rachetée et purifiée capable de monter vers le principe d'où tout vient. Le spiritualisme chrétien n'est pas un fatalisme ni un monisme. Il implique des causes secondes en relation avec la cause première, et même des causes libres. Il fonde la science, non pas seulement sur les phénomènes, mais sur la croyance à la vérité. Il établit l'ordre moral et social, non pas sur des faits qui n'ont pas de lois certaines, mais sur la croyance à une loi morale, conforme à la volonté divine et se révélant dans la conscience individuelle, et sur la liberté. Par là même, non seulement il donne à la pensée un principe de vie, à la volonté une énergie capable d'héroïsme, mais il illumine les sommets de l'âme des rayons d'une pure lumière.

Entre la philosophie païenne, qui courbe l'homme sous le joug des religions d'Etat et soupçonne à peine sa dignité, entre la philosophie panthéiste, qui identifie le réel et l'idéal, les êtres et l'esprit pur ; entre la science positive qui, diminuant la portée de la conscience et de la raison comme moyens de connaître, asservit la personne aux lois d'une matière aveugle, à un déterminisme désespérant, et, d'autre part, le spiritualisme chrétien, qui montre dans la raison, dans la conscience morale et dans l'amour, comme un reflet de l'infini, peut-on hésiter à dire qui a compris la vraie grandeur de l'homme ? Par la raison, par la conscience qui en dérive, par le sentiment de la responsabilité, qui est le côté moral de la liberté, l'homme ne s'élève pas seulement au-dessus de la nature, dont il reconnaît l'ordre, il touche à l'universelle et absolue intelligibilité, à la cité des esprits, selon l'expression de Leibnitz, à ce royaume des fins, vers lequel le porte l'espérance.

La vie a un sens moral et elle n'est utile que par rapport à un ordre de choses qui la dépasse. Par elle-même elle n'est rien ou si peu de chose, que ceux qui n'y ont en partage que la souffrance n'hésitent pas toujours à s'en affranchir. La vie est un acte d'énergie. Elle est le déploiement de la personne humaine, l'expansion de sa liberté dans les milieux divers et vers une fin dernière. Elle ne consiste pas uniquement dans les rapports de l'homme avec ses semblables, dans les relations sociales, dans les conflits d'intérêts ou dans la lutte contre la nature. Elle n'est pas à elle-même sa propre fin. Oui, dans la nature et dans l'homme, la vie se répand sous mille formes. L'être organisé, après s'être assimilé les aliments, se meut et engendre d'autres êtres semblables à lui. L'intelligence opère sur les données des sens et enfante des idées claires et universelles. La science et l'art ne sont que des moyens d'expansion de l'intelligence. La société manifeste l'instinct vital, le vouloir-vivre qui pousse l'homme à rechercher son semblable afin d'augmenter, en lui-même, la vie. Elle crée des formes de vie plus parfaites et plus nobles. Elle élève successivement l'homme au rang de père de famille et de citoyen, d'ouvrier ou de commerçant, de savant ou d'artiste, de militaire ou d'homme d'Etat. Dans cette mêlée tumultueuse, où chacun s'agite, lutte, frappe, reçoit les coups, se fait l'équilibre des forces humaines. Bossuet dans le *Sermon sur la Loi de Dieu*, en a tracé un merveilleux tableau. Est-ce là, cependant, toute la vie ? N'est-elle qu'un échange de valeurs et de services mutuels ? N'est-elle qu'une conquête de la nature ? N'est-elle que le triomphe de la force ou l'aspiration illusoire vers l'universelle jouissance ? Combien de choses assombriraient le tableau ! Inquiétudes de la pensée, inconstance et insatiabilité des désirs, tristesses du cœur, désillusions, désespérances ! Douleurs cachées, âmes meurtries, tragédies secrètes, existences brisées ! Néanmoins, au milieu de ces misères, la force morale s'affirme en chacun de nous comme une cause libre. La personne grandit au sein de l'épreuve et s'ennoblit davantage. Quelque chose d'intérieur vit et s'apparaît à lui-même dans ce phénomène extraordinaire, inexplicable, primordial, qui s'appelle la conscience. C'est l'âme qui espère dans la douleur, se révolte contre l'injustice, croit à une raison des choses. Elle se regarde comme un être incomplet et imparfait, et se demande si, par delà les réalités de la vie présente, par delà ces phénomènes de la nature qui, sitôt apparus, rentrent dans le néant, par delà ces désordres sociaux qui sont regardés comme la sanction des erreurs des hommes, rien ne vit qui soit éternellement juste et bon ! Pensez-vous, ô prophètes de la vérité contingente, que l'absolue vérité ne vive point dans sa propre substance, dans cet esprit infini qui est l'acte pur et la source de toute vie ? A tous les degrés de l'être, la vie s'affirme comme le déploiement de plus en plus puissant d'activités de plus en plus conscientes. Elle vient de ce premier moteur immobile, comme parle Aristote, qui attire à soi toutes ces forces, toutes ces énergies, toutes ces volontés, par l'action absolue d'une nature parfaite, d'une pensée pure, d'une fin nécessaire.

Ni la vie ni l'homme ne se comprennent détachés de l'ordre absolu. Si cet ordre absolu nous échappe en lui-même, du moins nous le concevons comme une explication nécessaire des choses, qui ne prennent un sens que par la relation qu'elles soutiennent avec lui. La foi à cet ordre s'impose ainsi par un besoin tout intellectuel, dont la force est pour notre esprit une humiliation et un signe de sa dépendance. L'intelligence ne s'éclaire qu'à la source de la lumière.

Ce n'est pas assez d'affirmer simplement la dignité humaine, au nom d'une raison émancipée, il faut l'établir sur une croyance motivée. Il n'y a plus rien de solide quand il n'y a rien de fixe. Le scepticisme moral est la conséquence du septicisme métaphysique. Invoquez, au contraire, l'autorité d'une loi éternelle et vivante, aucune force collective ne sera assez puissante pour rabaisser l'homme ; sa personne vous apparaîtra majestueuse et sacrée ; la vie aura la valeur d'une épreuve d'un jour ; le droit vous semblera inviolable, parce qu'il sera en corrélation avec le devoir, le rôle des pouvoirs publics limité et déterminé par ce droit même, auquel aucune conscience, même la plus obscure, ne saurait renoncer, sans se renoncer elle-même.

De l'examen de ces doctrines, il se dégage une dernière conclusion ; c'est leur opposition même, et celle de leurs méthodes. Là est en effet l'explication fondamentale de la crise contemporaine, car les actes des législateurs et les réformes sociales procèdent toujours de certains principes admis, de certaines vues générales sur la vie, sur les hommes, sur l'ordre politique.

Les théories du droit nous ont permis d'en préciser le sens. Elles nous ont montré une forme moins remarquée du conflit de la science et de la religion : d'un côté, l'idéal chrétien, le spiritualisme ; de l'autre, le réalisme scientifique, le naturalisme ; le libéralisme politique et le despotisme social ; la paix des esprits et des sociétés par la tolérance et par la liberté, la lutte pour le plaisir dans l'égoïsme et la brutalité.. La religion, méconnue, incomprise par les savants, réduite à une mystique illusion de l'imagination ou du cœur par les philosophes, abandonnée par la foule, maintient son éternel *credo* en face des erreurs de la critique ou des insultes de l'impiété. La science ne connaît plus de limites à son domaine : ni les mystères de la vie, ni ceux de la pensée. Elle entreprend de résoudre par le calcul ou par l'expérience les problèmes moraux et sociaux, de même qu'elle prétend ramener la psychologie aux conditions physiologiques de la sensibilité. Elle ruine peu à peu toutes les bases de l'ordre moral et détruit les croyances qui sont sa garantie. Entre la raison et les sens ,la lutte ne fut jamais plus vive.

Ainsi se creusent les abimes vers lesquels la société se précipite. Car le jour n'est peut-être pas loin où, n'étant plus retenus par le respect d'aucun droit, d'aucune autorité, n'écoutant que leurs passions, leurs appétits, leurs égoïsmes, les hommes renverseront toutes les contraintes sociales et déchaîneront des forces redoutables. Trois fois déjà, depuis un siècle, ce spectacle a été donné Pourrait-on affirmer qu'une quatrième révolution, plus terrible encore, ne soit pas prête à éclater? La division des esprits est trop profonde. Si la bourgeoisie commence à reconnaître ses erreurs et l'insuffisance des principes qu'elle avait admis, elle a vu pourtant s'éloigner d'elle au nom des mêmes principes d'abord, ensuite au nom du sensualisme scientifique, ce peuple qu'il est si facile d'égarer. Il est à craindre qu'une telle catastrophe ne nous soit point épargnée, car la foule va jusqu'au bout de ses principes. Une fois lancée sur la voie dangereuse, égarée par les sophismes et les illusions, elle ne s'arrête plus. Elle ne reconnaît l'erreur qu'aux ruines qu'elle a faites. L'instruction qu'elle a reçue n'a point mis son esprit en garde contre ces sophismes, ni éveillé dans son cœur l'amour de ce qui est noble et juste, mais elle y a excité des convoitises et des haines à la place de ces sentiments qui modèrent les appétits, et placé dans les mains non pas un moyen d'affranchissement, de progrès et de pacification, mais une arme redoutable. Il ne reste plus en face les uns des autres que des hommes divisés sur toutes les questions essentielles, celles précisément dont dépend l'avenir des sociétés, le fondement du droit public, le sens de la vie, l'objet de l'éducation, le droit d'enseigner.

CHAPITRE IV

LA FIN DE L'ÉDUCATION. — LES ÉTUDES CLASSIQUES

Revenons maintenant aux questions qui sont l'objet spécial de cette étude, et au sujet desquelles la division des esprits est si profonde. Les principes que nous avons posés dans ce qui précède, nous permettront de leur donner une solution, car elles enveloppent des questions plus hautes, dont elles ne sont elles-mêmes que des déductions et des corollaires. Nous avons recherché les causes doctrinales du mouvement actuel et montré leur antagonisme, aussi bien dans les idées que dans les faits. Si toutes nos idées sont bouleversées, au sujet de l'éducation et du droit d'enseigner, c'est qu'une philosophie politique, en opposition avec les principes essentiels de la raison et de la conscience morale, semble prévaloir à l'heure présente. Nous avons montré qu'elle ne suffisait pas à nous faire rejeter ces principes. Mais elle entraîne, par rapport à la fin et aux moyens de l'éducation et par rapport au droit d'enseigner, des conséquences dangereuses. Là encore, elle méconnaît la valeur morale et l'indépendance naturelle de l'homme, exagère les obligations de la société et les droits de l'Etat, diminue ou annule ceux des citoyens, des pères de famille, engendre, sous le nom d'*éducation nationale*, un système purement utilitaire et socialiste, qui enlève toute liberté à celui qui enseigne comme à celui qui est enseigné, qui consiste moins dans une culture générale de l'âme humaine que dans une adaptation spéciale de l'individu au milieu. Nous nous trouvons donc en face d'un conflit de doctrines pédagogiques, qu'il convient d'examiner en elles-mêmes.

Nous limiterons la question, dans ce chapitre, au but, à la nature et aux moyens de l'éducation secondaire, réservant, pour le suivant, la question du droit d'enseigner.

I

Le but de l'éducation se détermine par rapport à l'idée qu'on se fait de l'homme et de la vie. C'est de là que résulte le droit de l'enfant, par là qu'il se définit et se limite. Sur ce point se produit un premier conflit de doctrines : celui de l'utilitarisme et de l'évolutionnisme avec le spiritualisme traditionnel.

On a vu plus haut quel but s'étaient proposé les réformateurs de l'enseignement secondaire : adapter les intelligences au milieu social et démocratique, dans lequel elles sont destinées à se mouvoir, satisfaire ainsi aux besoins de la vie pratique et de la vie politique, former le futur membre de la cité. Ils se fondent, pour établir leur doctrine pédagogique, sur le droit social et sur une conception matérialiste de la vie humaine, dont tout l'objet, selon eux, est d'assurer la prospérité générale, le bien-être de l'humanité, par une culture scientifique des intelligences. La société est intéressée à ce qu'on prépare pour elle des hommes capables de la soutenir et de la faire progresser, des citoyens et des hommes d'affaires. L'éducation doit donc être, avant tout, une émancipation et une adaptation de l'esprit, une mise en valeur de chaque intelligence, conformément à ses aptitudes, et une œuvre nationale, civique, sociale.

Cette pédagogie se rattache aux philosophies utilitaires et évolutionnistes, dont elle n'est qu'une application à l'éducation. Elle pose, sous une autre forme, la question de l'antagonisme de l'individu et de la collectivité. Elle affirme le droit de celle-ci à former celui-là pour elle-même et non pour lui. Elle prétend transformer en une action systématique et précise d'un groupe sur ses membres cette sorte d'empirisme moral, cette influence latente et inconsciente, que le milieu produit sur nous. Elle croit à la vertu infaillible de la science et à son efficacité pour faire l'unité intellectuelle et morale de la race humaine, ou plus immédiatement celle de chaque nation.

Le caractère dogmatique de ce système est évident. Il est le trait distinctif des écrits où il est exposé, et notamment de ceux qui l'ont répandu en France. « Une nation démocratique, écrit M. Leygues, *est une grande solidarité*. Elle a le *devoir* d'exiger de tous ceux qui la composent un minimum d'instruction et de libéralisme, car pour elle, des masses ignorantes ou fanatiques constituent le danger le plus redoutable. Il importe d'augmenter sans cesse le capital intellectuel de la nation, sous peine de voir l'intérêt particulier primer l'intérêt général (1). »

Fouillée publia, en 1891, un livre important sur « l'Enseignement au point de vue national », dans lequel, à côté de vues élevées et un sens vraiment pratique des problèmes pédagogiques, on rencontre un esprit de système, qui fausse la pensée générale. L'auteur insiste sur cette idée que l'éducation doit être une application des « lois physiologiques et morales de la culture des races (2) ». « La vraie éducation est celle qui, au lieu de stériliser les cerveaux par l'épuisement de leurs forces, les rend de plus en plus féconds par le développement de capacités variées au sein des milieux variés. ... Le but dernier de l'éducation est d'assurer non seulement le développement de la race, mais encore celui de la nationalité et de la patrie (3). » Or, il y a comme une sorte de « conscience et de volonté nationales », qui consiste dans « tout ce qui maintient chez un peuple une continuité de caractères, d'esprit, d'habitudes, d'aptitudes ».

(1) *L'Ecole et la vie*, p. 244.
(2) Page VI.
(3) Page VII.

« Un peuple, comme un individu, a son instinct et son génie. » Il faut que chaque individu soit « un citoyen animé de l'esprit public ». Fouillée conclut à la nécessité d'organiser l'éducation conformément aux traditions et au génie national, se résumant dans la démocratie. Elle doit « former des esprits éclairés, c'est-à-dire conscients d'eux-mêmes, de leur fonction individuelle et nationale comme de leurs origines » (1).

Cette doctrine, qui se déduit logiquement des principes évolutionnistes, n'est pourtant pas celle d'H. Spencer. Ce philosophe, par une inconséquence, n'a pas posé ainsi le problème de l'éducation. A vrai dire, il part de l'idée d'utilité. C'est du « savoir le plus utile » qu'il prétend entretenir son lecteur. Mais aussitôt, c'est par rapport à l'individu qu'il l'envisage, et il recherche d'abord quelles sont les formes diverses de l'activité individuelle, afin d'indiquer les moyens de la développer. Il distingue alors : « l'activité qui concourt directement à la conservation de l'individu,... celle qui, en pourvoyant aux besoins de l'existence, contribue indirectement à sa conservation,... l'activité employée à élever et à discipliner la jeune famille ;... celle qui assure le maintien de l'ordre social et des relations politiques ;... l'activité de genre varié employée à remplir les loisirs de l'existence, c'est-à-dire à satisfaire les goûts et les sentiments... » Il conclut que l'éducation doit commencer par assurer à l'individu le nécessaire et finir par le superflu. Elle est un élevage, une éducation alimentaire, puis une instruction scientifique, puis une éducation esthétique et morale. Suivre la nature, voilà, en somme, pour l'individu, la grande maxime.

Il n'y a pas contradiction entre ces idées et celles exprimées plus haut. Le point de vue individualiste l'emporte chez H. Spencer, sur le point de vue social. On reconnaît là l'influence des habitudes anglaises. Sa doctrine a fourni de nouveaux arguments à la thèse de l'éducation selon

(1) Page 134.

la nature, dont Rousseau et Montaigne avaient déjà posé les bases. Cependant, selon H. Spencer, cette éducation de l'individu par la science a un but éloigné ; c'est le bonheur de l'humanité qui doit en être le dernier fruit. L'humanité présente est encore dans une période d'effort, pendant laquelle les individus acquièrent, fixent en eux les qualités dont leurs descendants hériteront et par lesquelles, devenus parfaits, ils seront heureux. Ce but éloigné est donc le terme inconnu du perfectionnement individuel, et c'est ainsi que l'évolutionnisme aboutit, chez H. Spencer, à une pédagogie individualiste.

Le but de l'éducation n'est pas ce qui préoccupe l'Ecole anglaise. Elle se borne plutôt aux questions de méthode. Les vues pédagogiques d'A. Bain ne sont pas rattachées à une idée de la vie. Celles de St. Mill lui-même, malgré l'élévation qui les distingue, sont encore d'un positiviste. Implicitement leur doctrine ne vise qu'à une fin utilitaire, même quand ils enseignent la nécessité de la culture morale et religieuse.

Les positivistes français se sont rendu compte que leur système ne pouvait être une véritable philosophie de la vie, que s'il était complété par une théorie de l'éducation, qui en serait l'épreuve pratique. A. Comte et Littré, son disciple, se sont appliqués à donner aux esprits une certaine élévation par le culte de la science et de ce qu'elle renferme d'universel, conformément à la *loi des trois états*. L'affranchissement de l'esprit par la science, son passage à l'état positif, voilà le but suprême et définitif, et c'est à l'Etat qu'incombe le soin de détruire dans les esprits les superstitions invétérées, les illusions métaphysiques ou théologiques, de donner aux âmes la paix en les vidant de toute croyance et en les faisant communier dans un dogme nouveau. L'esprit positif se formera par l'étude de la sociologie, qui enseignera à l'enfant le déterminisme universel, ôtera de sa conscience le sentiment de sa liberté et de sa personnalité et y substituera l'idée d'une valeur sociale de la conduite, unique condition du bonheur, dans un monde terrestre scientifiquement organisé. La fin de l'éducation est donc limitée à celle de l'humanité présente, demandant à la science le secret du bonheur.

Ces doctrines peuvent se ramener à quelques propositions générales et de résumer dans les suivantes :

1° L'éducation a pour fin l'intérêt général ;

2° L'éducation a pour fin le développement de la race, de la nationalité, par la culture individuelle ;

3° L'éducation a pour fin le progrès humain par la science positive.

Sous la diversité des formules on découvre une même pensée. La fin de l'éducation, c'est l'homme, regardé comme membre d'une collectivité, qui place son intérêt au-dessus de tout, qui confine sa vie dans les jouissances matérielles ou esthétiques, et qui aspire à un développement indéfini. « La fin idéale de l'humanité est la vie morale et sociale portée à son degré le plus haut (1). » L'optimisme métaphysique, la foi au bien absolu, ont été remplacés par l'optimisme scientifique et par la foi au progrès indéfini.

Ces définitions renferment une part de vérité, mais non pas toute la vérité. Cela découle de ce qui a été démontré précédemment. L'intérêt général, le bonheur et les progrès de l'humanité ne sont que des abstractions ou des chimères. Les seules réalités, ce sont les intérêts économiques, politiques, nationaux. Ces intérêts ne sont, d'ailleurs, que des fins relatives. L'erreur consiste à les prendre pour des fins absolues. La fin véritable, l'unique, la seule importante, c'est la personne morale, dont ce système méconnaît précisément la valeur.

L'intérêt de tous peut exiger qu'on oriente en partie l'éducation de manière à ne pas affaiblir la valeur intellectuelle, la situation économique, la force d'une nation, et même à augmenter cette valeur, à consolider cette situation, à accroître cette force. Il est évident que la grandeur d'un peuple a des conditions intellectuelles, maté-

(1) Fouillée, p. 380.

rielles et morales. Il doit se tenir au courant de tout ce qui, dans la science, dans l'industrie, dans les arts, peut lui être utile, et même travailler aux découvertes nouvelles. C'est la vie même. Elle est une perpétuelle étude, un constant effort. Mais, qui ne voit que la vraie fin, ici, n'est pas l'intérêt général, mais celui des particuliers qui doivent recueillir le bénéfice de l'effort industriel et scientifique ? « La collectivité, dit-on, a un intérêt capital à donner à tous ses membres une idée précise de la transformation qui s'est opérée depuis un demi-siècle dans la condition intellectuelle, politique et sociale des hommes (1). » Cela n'est vrai qu'en tant que les intérêts des individus sont solidaires, liés entre eux, réciproques. Mais il est bien évident que celui des uns n'est pas celui des autres. De même que les corps sont composés de molécules de différente nature qu'une force rassemble et qu'il est toujours possible de désagréger, de même une société ne se compose que d'individus unis par des intérêts, qui tantôt sont semblables et tantôt opposés. En soi, il n'y a pas d'intérêt de la collectivité. Ce n'est là qu'un mot. En réalité, s'il est vrai que l'homme ait besoin de la société pour se développer, il ne l'est pas moins que c'est par le développement des individus que la société progresse. La société tire de grands avantages de la bonne éducation de ses membres, de leur valeur personnelle. Il importe même qu'elle reçoive de ceux-ci une impulsion continuelle et, par conséquent, qu'un très grand nombre d'hommes soient préparés à la lui donner. De là, la nécessité d'une *élite sociale*, terme qui a remplacé avec un sens plus démocratique celui de *classe dirigeante*. Est-ce à dire que toute la fin de l'éducation soit circonscrite dans ces limites ?

L'intérêt de la race, de la nationalité, n'est pas davantage une réalité en soi. Encore une fois, c'est se payer de mots que d'attribuer l'existence à une humanité protoplasmatique qui évolue selon les milieux. La perpé-

(1) Leygues, p. 257.

tuité de l'espèce est un phénomène, non un être. Son adaptation en est un autre. Ce qui est appréciable, c'est une sorte de tendance générale, qui se dégage des efforts de chacun et qui n'est qu'une résultante. La conservation et le progrès de la race sont l'effet et non la cause de ceux des individus. C'est ce qu'admet, d'ailleurs, H. Spencer, qui a évité le paradoxe dans lequel est tombé théoriquement M. Fouillée.

La question ne change guère, si l'on allègue comme but à l'éducation le bonheur et le progrès de l'Humanité, car, si nous savons ce que c'est qu'un homme, nous ne concevons l'humanité que comme l'ensemble des hommes, et le bonheur que comme une satisfaction personnelle. Etrange confusion d'idées que celle qui consiste à borner le progrès et le bonheur aux progrès économiques et aux jouissances matérielles ! Pour les modernes, le progrès n'est guère que le développement du bien-être, l'émancipation de la raison, la conquête de la nature, le perfectionnement de l'industrie, la superstition de la science ; le bonheur n'est que la libre satisfaction des besoins et des inclinations, un *maximum* de sensations, d'émotions de toute nature. Il n'y a à cela aucune limite. L'évolution de l'humanité est indéfinie. Elle peut augmenter sans cesse ses jouissances et accroître ses richesses. Est-ce vraiment tout ? L'expérience ne dément-elle point ces maximes ? N'est-ce pas une illusion de croire que le progrès n'ait pas d'autres formes que les conquêtes industrielles ou scientifiques, que ces progrès suffisent à remplir ce vide que les choses de ce monde laissent dans les âmes et que Bossuet comblait par la pensée de l'éternité ? D'ailleurs, cette Humanité, dont V. Hugo célébrait avec emphase l'ascension triomphante « vers la lumière » et racontait dans des pages épiques la légende séculaire, est-elle, comme l'a proclamé A. Comte, une réalité supérieure, une divinité digne d'inspirer une foi nouvelle, une idée plus claire que l'idée de Dieu, plus capable d'imposer aux hommes le respect, l'amour, la charité ? Cette pensée ne ramène-t-elle pas, au contraire, l'individu sur lui-même, c'est-à-dire à l'égoïsme, en affirmant sa propre et unique réalité ?

Il est évident que cette humanité abstraite n'a pas d'autre jouissance et ne réalise pas d'autres progrès que les individus. L'effacement de l'individu dans l'humanité n'est qu'une illusion. C'est toujours de l'individu qu'il faut tenir compte d'abord. Or, nous avons vu que la source du bonheur est en nous-même. La cause du progrès n'est pas ailleurs. L'espèce humaine ne se perfectionne pas dans sa nature. Par l'habitude, certaines qualités se fixent ; par l'hérédité, elles se transmettent quelquefois. Quoique l'hérédité ait des limites, il est évident que l'action d'un homme bien élevé est féconde et que celui qui est bon améliore les autres. Cependant, ces effets supposent l'existence de cet homme bien élevé ou des actes bons à la naissance d'une bonne habitude. « Tout progrès est ou un développement ou une réforme, et tout développement comme toute réforme commence pour l'individu par un acte d'humilité, par la vue claire de ce qui manque ou par l'aveu de ce qui est mal (1). » Le principe de tous les progrès, c'est le progrès individuel, et dans l'individu, c'est le progrès moral. Le mal comme le bien peut l'emporter dans les consciences, gagner toutes les consciences. Pour se relever, alors, il faut que les hommes rentrent en eux-mêmes, qu'ils se recueillent et se ressaisissent, qu'ils fassent effort, pour retourner au bien. Ainsi le progrès n'est qu'une résultante.

Quelle est donc cette fin vers laquelle se hâte le monde et à laquelle l'éducation doit collaborer ? Est-il possible même de la concevoir ? « Pourvu que l'humanité ne périsse pas et que la constitution des choses reste la même, les modifications que l'humanité a subies et celles qu'elle subira encore doivent aboutir à la perfection. Il est certain que ce que nous appelons le mal et l'immoralité finira par disparaître. Il est certain que l'homme doit

(1) Heinrich, *La France, l'Etranger et les Partis*, p. 90.

devenir parfait (1). » Mais qu'est-ce que c'est que cette perfection inconsciente ? On nous dit que c'est une « unité plus vaste, plus organique, plus spirituelle, où viendra se concentrer et se représenter l'humanité tout entière » ; que toutes les âmes nationales se fondront en une seule âme ; qu'à la fin doit prévaloir « le contenu d'une conscience qui se sera efforcée de dépasser le christianisme même (2) ». Est-ce là une fin intelligible ou l'espérance chimérique d'un pessimiste ?

Rien ne serait donc plus contraire au progrès même que d'assigner pour fin à l'éducation, à l'exclusion des fins morales, des fins humanitaires purement illusoires.

Ces prétendus intérêts généraux de l'humanité, de la nationalité, de la collectivité, ne revêtent une réalité apparente qu'en s'identifiant avec ceux de l'Etat. Comme ils ne sont, en somme, que des formes particulières de la raison d'Etat, c'est le bien de l'Etat qui, dans ce système, devient le but de l'éducation. D'où il résulte que l'éducation doit être avant tout moins nationale encore que civique. L'intérêt du futur membre de la société se confond avec celui de cette société même. Par conséquent, il n'a pas à réclamer pour sa personne d'autre éducation que celle que l'Etat juge convenable de lui donner. Par suite encore, l'instruction est déclarée obligatoire. L'obligation de s'instruire est un principe social. Chacun a le devoir de s'instruire parce qu'il doit être utile. Karl Marx approuvait les lois sur l'instruction obligatoire. Le socialisme d'Etat impose ainsi aux esprits une même forme d'éducation, qui ne peut être différenciée que par la différenciation des aptitudes individuelles. Ainsi l'intérêt de l'Etat, confondu avec l'intérêt social, national, universel, enveloppe l'éducation tout entière. Mais c'est précisément là une fiction qui n'est pas moins vide de réalité que celles qu'elle résume. Dès lors, on ne saurait soutenir que l'éducation puisse avoir

(1) H. Spencer.
(2) Fouillée, *L'éducation au point de vue national*, p. 155.

pour fin des intérêts qui sont indéfinissables et qu'elle néglige des fins individuelles, vers lesquelles chacun est invinciblement poussé par sa propre nature. Le seul intérêt que l'Etat puisse invoquer, c'est sa propre existence, laquelle dépend, dans une certaine mesure, surtout dans une démocratie, de l'opinion éclairée des citoyens. Mais il est trop facile de remarquer combien cette fin est secondaire et que, s'il est impossible à l'Etat d'exister par lui-même et d'être fort, il n'a le droit d'être et d'être fort, que pour assurer l'existence et la prospérité de ses membres, leur réciproque et naturelle indépendance.

Il ne reste donc, en somme, de réel que des intérêts d'ordre économique ou politique et des personnes intéressées. Par conséquent, il s'agit de faire la part de ces intérêts en tant que fin de l'éducation et d'en fixer la limite et la hiérarchie. Ni les uns ni les autres ne sont d'ailleurs absolus.

Les intérêts économiques, pour réels qu'ils soient, ne peuvent ni servir de règle, ni suffire à l'homme, et ce n'est pas l'éducation utilitaire qui forme ni les hommes d'affaires, ni les peuples prospères, quelques services qu'elle puisse rendre d'ailleurs.

Les besoins économiques sont réels. Raoul Frary les a montrés avec force. Il n'a même vu dans le monde et dans la vie qu'une grande usine, où se déploie de toutes manières l'énergie productrice, un immense marché, où les peuples les plus et les moins civilisés viennent échanger leurs produits, où la richesse appartient au plus habile ou au plus actif. La lutte est engagée entre les habitants des deux mondes. Il semble que l'existence même des nations soit compromise. D'où la nécessité d'un enseignement technique préparatoire.

Il n'y a là qu'une apparence de vérité. Remarquons d'abord que cette fin technique n'a rien de commun avec l'éducation, que celle-ci n'a pas pour but de former des ingénieurs, des médecins, des avocats, des industriels, des professeurs. Où irait-on, si on voulait donner aux jeunes gens toutes les connaissances dont ils peuvent avoir besoin ? Les études techniques n'ont rien de classique et elles sortent du domaine sur lequel l'éducation doit se confiner. Que ferait de nous une éducation utilitaire ? Autant dire qu'elle serait la suppression de toute éducation, car, au lieu de libérer l'esprit, de le mettre en possession de lui-même, elle l'asservirait à l'intérêt, à la matière. Elle n'en ferait pas une force morale. Regardez ces hommes qui n'ont vécu que dans les affaires. S'ils ont un fond d'idées élevées, c'est qu'ils ont subi malgré eux l'influence d'hommes dont ils sentent toute la supériorité intellectuele et morale. Souvent ils regrettent de ne pas avoir reçu cette éducation qu'ils admirent chez les autres. Mais ceux qui n'ont au cœur que la cupidité, que sont-ils ceux-là ? Leur honnêteté a pour mesure les dimensions de leur caisse ou le Code de justice criminelle, encore souvent s'échappe-t-elle à travers les mailles de la procédure. La Bruyère a stigmatisé « ces âmes éprises du gain et de l'intérêt... », ces êtres, qui ne sont ni des chrétiens, ni des hommes, parce qu' « ils ont de l'argent ». Que serait une nation élevée dans ces seules préoccupations ? Les peuples les plus utilitaires, l'Angleterre, les Etats-Unis, ne sont point satisfaits de leur système d'éducation. Ils sentent tout ce qui leur manque et ils songent à se le donner par une réforme. Du reste, une éducation utilitaire n'est pas indispensable pour réussir dans les affaires, car le succès dépend souvent de causes étrangères à l'instruction des hommes. Il n'est pas nécessaire, pour devenir un grand financier, d'avoir reçu une éducation préalable. Quelques mois passés dans une banque de la Suisse ou de l'Angleterre feront plus que les meilleures Ecoles de commerce. Combien de milliardaires américains ont débuté dans les plus humbles emplois, à l'âge où l'on commence à observer la vie ? M. Carnegie, l'un de ces heureux parvenus, se plaît à le constater, non seulement pour lui-même, mais pour un grand nombre d'autres (1). Il semble même au

(1) Cf. *L'empire des affaires*, p. 114.

diplômé préférer le garçon de bureau ou l'employé aux écritures, qui a commencé à quatorze ans son apprentissage. D'autre part, il remarque que l'éducation libérale «n'est pas la meilleure préparation pour les affaires» quoiqu'elle « donne à un homme qui se l'assimile des goûts et des desseins plus élevés que l'acquisition de la richesse et la jouissance d'un monde dans lequel le simple millionnaire ne peut pénétrer (1) ». La prospérité économique d'un pays ne tient pas au caractère pratique de l'éducation qui y est donnée. Est-ce que, dans le passé, la France n'a pas été une grande nation industrielle, commerçante et même colonisatrice ? Est-ce que la Hollande, l'Angleterre, l'Ecosse, les Etats-Unis doivent leur richesse à l'éducation donnée ? Mais précisément, cette éducation est inférieure. Ils doivent leur prospérité à des qualités morales, à l'esprit d'initiative, à l'énergie constante et opiniâtre, qu'aucune instruction ne saurait suppléer et qui supplée, au contraire, au défaut d'instruction. Nous sommes trop portés, en France, à croire à l'efficacité de l'instruction, pas assez à celle de l'énergie. Nous sommes devenus des décadents de l'instruction, des intellectuels. Quiconque possède un certificat d'études se croit d'une autre essence que le reste des humains et considère que les emplois officiels lui sont dus. La Fontaine disait déjà que «c'est proprement le mal français ». A notre sens, ce sont moins les choses que les hommes qu'il faut apprendre à connaître. Nous admettons cependant que les conditions de l'industrie ou du commerce ne sont plus les mêmes qu'autrefois et que la science a révolutionné le monde des affaires. Reconnaissons qu'une certaine préparation technique est nécessaire, que les jeunes gens ne doivent pas entrer dans la vie sans être renseignés au sujet de quelques-unes, au moins, de ses conditions pratiques ; que, pour un grand nombre, l'éducation doit restreindre son objet. Par contre, on devra nous accorder que les hommes ne sont

(1) *Id.*, p. 119.

pas des outils, comme disait Guizot, qu'une telle éducation est étroite et insuffisante et qu'il reste beaucoup à faire à celui qui la possède, pour être admis au rang de ces hommes, dont un financier n'est pas l'égal.

L'éducation professionnelle n'est, en somme, qu'une espèce d'apprentissage. Elle doit donc être donnée à son heure et conformément aux besoins de chacun. On conviendra, par conséquent, que ce moment est variable, selon la condition des personnes, leur situation de fortune. Il faut distinguer entre elles, pour savoir si l'éducation professionnelle doit leur être donnée plus tôt ou plus tard. De plus, cette instruction est essentiellement variable, selon les milieux, selon les temps, selon les besoins, et, comme cela change sans cesse, sans cesse il faut la modifier, l'étendre, la remplacer. Mais elle n'est jamais l'équivalent d'une culture générale : elle est toujours relative.

La fin à laquelle elle tend est donc secondaire, spéciale ; elle n'est pas universelle, elle ne saurait être une règle absolue.

Les intérêts politiques sont encore moins une règle, même relative. Nous avouons ne pas comprendre les rapports de l'éducation avec la politique, et nous déplorons l'introduction de celle-ci dans celle-là, qu'elle ne peut manquer de faire dévier, si elle en devient la fin.

Ce danger est particulièrement grave dans les démocraties, car elles favorisent le développement de l'esprit de parti et l'esprit de révolte. Sans doute, l'exercice des droits civiques exige une certaine éducation des citoyens, mais elle doit être donnée avec impartialité. La foule est assez portée à considérer l'instruction comme un moyen d'émancipation. Mais que serait une éducation inspirée par cet esprit de parti qui, dit Lamartine, « flétrit l'âme avant le temps (1) » ? On le voit trop de nos jours. Il a produit cette division morale, ces deux jeu-

(1) Discours, 1837.

nesses, ces deux Frances, dont l'hostilité semble irréductible.

La nécessité de l'unité morale ne justifie pas une orientation de l'éducation vers la politique, car elle serait la prédominance d'un parti sur les autres, le parti officiel, dont la stabilité n'est jamais assurée. En supposant que l'unité des idées fût possible, la conscience resterait toujours un domaine inviolable et la diversité des opinions un droit. La contrainte morale serait impuissante. Quand elle serait efficace, on se demanderait si c'est élever les esprits que de les asservir.

S'il est une fin politique à l'éducation, ce ne peut être que la culture dans le cœur de la jeunesse des sentiments patriotiques. La patrie est le foyer commun, où toutes les générations viennent s'asseoir à leur tour. Elle est l'héritage matériel et moral de ceux dont nous sommes issus. Elle est comme une famille séculaire, dont les descendants, unis par le souvenir des ancêtres et par la communauté des idées, des sentiments, des espérances, continuent à vivre sur le même sol, dans les mêmes frontières, en face des mêmes ennemis. Le patriotisme ne se confond pas avec les intérêts des partis politiques. Ceux-ci se limitent au présent. Le patriotisme est un sentiment d'amour qui a sa source dans la tradition nationale. C'est un principe d'union, car c'est la pensée impérissable qu'on appartient à une même race, qu'on souffre pour les mêmes causes, qu'on peut être fier des mêmes gloires. De tels sentiments sont féconds, car ils multiplient l'énergie morale et ajoutent à nos forces le coefficient des sympathies.

Le bon citoyen est celui qui aime son pays et la justice et qui s'acquitte fidèlement de ses obligations d'homme privé ou d'homme public. Il n'a rien de commun avec ces démagogues, dont les discours sonores flattent les passions populaires ; avec ces rhéteurs, dont les fleurs ont empoisonné la Grèce et couvert son tombeau. Il agit, il travaille. Il est prêt à se dévouer, à sacrifier un peu de son bien-être ou de sa personne. Il fait son devoir, il le dépasse quelquefois, parce qu'il est, avant tout, un homme de conscience.

Cet homme politique là, oui, il faut le former. C'est l'intérêt suprême de la République. Mais il est facile de voir que ce n'est pas la politique, dont les calculs sont trop immédiatement intéressés, qui est capable de le faire, et qu'il faut puiser à d'autres sources les principes d'honnêteté et de sagesse, sans lesquels il n'y a ni homme de bien, ni bon citoyen.

Les intérêts de la vie publique n'ont donc qu'une importance relative et ne peuvent servir que de règle partielle dans l'éducation. Si grande que soit la patrie, si nécessaire que soit la vie économique, ni l'une ni l'autre ne sauraient nous faire oublier qu'il y a en chacun de nous un être moral, qui, pour solidairement rattaché qu'il soit à l'humanité, à une race, à une société déterminée, s'affirme dans son énergie essentielle et sa nature individuelle, et dont la fin propre se distingue de toutes les fins particulières auxquelles il est plus ou moins soumis.

La fin de l'éducation ne peut se déterminer que par rapport à la fin même de l'homme : ce n'est pas un problème économique ou politique, c'est un problème moral qu'enveloppe le problème de l'éducation. Toute doctrine qui l'élimine n'atteint pas le fond de la question, car, pour savoir comment il faut initier l'homme à la vie et au gouvernement de soi-même, il faut d'abord indiquer le sens de la vie et la valeur de la personne humaine.

La notion d'éducation est profondément altérée de nos jours, et c'est précisément toute la signification morale qu'on en élimine, comme on méconnait la fin. L'éducation n'est pas seulement une action pratique, exercée sur un être vivant, mais encore celle d'un idéal à réaliser dans un être libre. On abuse du mot, quand on l'applique aux choses. Le jardinier qui cultive des plantes, l'éleveur qui améliore une race, l'oiseau qui enseigne à voler à ses petits, ne font pas vraiment de l'éducation. Un pli imprimé à une feuille de métal n'est pas une habitude.

L'éducation n'est possible que sur l'homme et l'homme en a besoin véritablement. Chez lui, l'instinct ne supplée pas à l'intelligence et à la volonté. Il doit se faire lui-même, se former volontairement et avec intelligence, rectifier sa nature, tout en obéissant à ses lois, se perfectionner, s'élever, s'embellir. L'éducation implique essentiellement l'idée de fin et celle d'activité libre.

Or, l'idée de fin n'est pas d'ordre expérimental, mais d'ordre rationnel, ou plutôt d'ordre métaphysique. Si l'examen, l'analyse de la nature de l'homme peut aider à découvrir cette fin, la raison seule la conçoit. Encore est-il que la raison l'entrevoit d'une manière subjective, plutôt qu'elle ne la connaît véritablement, et que l'idéal la dépasse elle-même.

C'est pourquoi toutes les doctrines qui, prenant pour fin l'individu, ne l'étudient que dans sa nature psychologique ou dans l'évolution de ses facultés et de son être physique, dans les lois de l'intelligence, de la sensibilité, de la volonté, de l'habitude, ne peuvent lui démontrer sa valeur propre, ni établir l'éducation sur un fondement véritable. Il ne suffit pas de donner à « toutes les activités » un développement supérieur, comme l'a dit H. Spencer, ni à l'individu, selon l'expression de Kant, « toute la perfection dont il est capable », ni de conduire l'enfant, comme l'a enseigné Rousseau, par une série d'étapes, au plein développement de son être. Assurément, ce serait avoir beaucoup fait, si cela était possible. Mais qui peut se flatter d'atteindre jamais à cette perfection de sa nature ?

H. Spencer ne se fait-il pas une profonde illusion, quand il s'imagine que l'homme sera parfait, complet, définitif, lorsqu'il aura acquis, par une culture scientifique, un esprit positif et pratique ? Sera-t-il seulement un homme ? La culture esthétique, qu'il aura reçue, s'il en a eu le loisir, et qui se sera ajoutée comme une simple parure à l'instruction utile, aura-t-elle atteint le fond même de l'âme ? On peut en douter.

Ce philosophe, comme d'ailleurs les positivistes français, confond l'éducation tout ensemble avec l'instruction technique, avec l'apprentissage, avec le dressage et même l'*élevage*. Ce dernier mot est brutal, mais il est de l'auteur lui-même. On abuse de ce qu'on appelle improprement l'éducation physique. Les sports n'ont rien de commun avec l'éducation, et la bêtise s'allie très bien avec la force musculaire, comme une puissante intelligence avec une santé chétive. L'instruction prépare l'esprit et l'arme pour certaines fins pratiques, mais elle n'est pas une culture générale de toutes les facultés, ni une mise de l'âme en possession d'elle-même. La culture spéciale des aptitudes individuelles est le contraire même de l'éducation. On l'a déjà remarqué précédemment, nul ne se connaît avant d'avoir fait l'épreuve de ses forces, et c'est un risque à courir de préjuger des aptitudes, à l'âge où précisément elles naissent ou se révèlent successivement, quelquefois avec trop d'intensité et au détriment les unes des autres. L'imagination, la sensibilité, le jugement, la volonté ne sont point chez les enfants dans un naturel équilibre. Cet équilibre est justement l'effet de l'éducation. Lamartine observait déjà que la culture des aptitudes n'est qu'une application aux facultés intellectuelles du principe économique de la division du travail, « principe admirable, mais exagéré », disait-il, « comme si l'âme et l'intelligence pouvaient se scinder en facultés distinctes, dont on peut cultiver l'une et négliger les autres, sans porter atteinte à l'ensemble (1) ». L'âme, en effet, comme le remarque Bossuet, est une sous la multiplicité de ses opérations. Rien n'est donc plus paradoxal qu'un tel système, car la chose importante n'est pas l'adaptation de l'individu au milieu. Ce n'est là qu'une fin secondaire, puisque la fin principale de toute éducation n'est pas d'ordre empirique.

Ces paradoxes dérivent d'une idée fausse, d'un principe formulé par Rousseau. Si l'on conclut que l'éducation doit favoriser l'épanouissement de la nature indivi-

(1) Discours, 1837.

duelle, c'est qu'au préalable on la juge bonne en elle-même. Il y a beaucoup d'analogie entre Rousseau et H. Spencer, qu'on serait tenté de prendre pour son disciple. Tous deux soutiennent le même principe, qui est de suivre la nature.

Rousseau la proclamait bonne. H. Spencer la déclare nécessaire et nécessairement perfectible. L'un et l'autre trouvent en elle la sanction des actes, leur récompense et leur punition. Ils comptent sur elle pour produire les réactions utiles ou soutenir l'enfant qui est dans la bonne voie.

Il y a dans ces idées une grande part de vérité. Il est certain que l'esprit se forme en chacun de nous, comme nos organes dans le sein maternel. Il évolue en toute liberté au milieu des influences qui s'exercent sur lui. Si ce n'est pas par couches successives qu'il s'accroît, c'est du moins par une série d'efforts qui vont en se multipliant dans des proportions illimitées. Il s'organise lui-même, se nourrit d'images et d'idées, s'assimile les choses, règle ses pensées et ses actes. Il est une substance qui s'enrichit sans cesse de nouveaux attributs et qui revêt des formes de plus en plus parfaites. Il est essentiellement une activité qui se déploie à l'infini. Il n'a pas naturellement, mais il acquiert, en prenant une conscience réfléchie de lui-même et par la répétition de l'effort, des aptitudes nouvelles. Les aptitudes sont en réalité des habitudes ou acquises ou héréditaires. Elles se modifient, se fortifient, se détruisent même par la volonté. On ne peut pas dire que toutes les aptitudes préexistent en nous et soient innées à l'âme. Toute habitude intellectuelle commence par un acte de la pensée. L'esprit est une force puissante et féconde, qui engendre la pensée, selon des rapports rationnels, et qui soumet la matière même à ses propres lois.

Néanmoins l'esprit n'est pas indéfiniment perfectible dans les conditions naturelles de son développement. Il y a à sa puissance une limite, qui est la contingence même des choses au sein desquelles il évolue.

D'autre part, si cette évolution était nécessaire, comme celle d'un organisme, elle réaliserait un type. Où découvrir ce type dans une évolution individuelle qui se fait au hasard ? Si ce type est purement individuel, il n'en est pas un.

Il n'y a donc pas, dans ce système, de loi générale qui commande le développement de l'activité personnelle.

En vérité, c'est confondre les moyens avec la fin. Le développement psychologique de l'esprit n'est qu'un moyen, et les lois naturelles de ce développemnt, si elles nous permettent d'élaborer des méthodes de culture intellectuelles, ne sont pas le principe qui régit nos facultés, qui les organise, les discipline et donne la vie à l'âme entière.

La même critique, nous l'adresserions modestement à M. Compayré. Esquissant une théorie de l'éducation, il semble avoir de parti pris écarté le problème, pour se rabattre sur le terrain de la psychologie et le domaine pratique. « La pédagogie a besoin de la psychologie ; mais une autre science ne lui est pas moins nécessaire, celle de la destination de l'homme et du but de son existence, la morale en un mot... Dans la question de la destinée de l'homme, comme dans la question de sa nature, il faudrait pouvoir arriver à des conclusions exactes et définitives. L'éducation souffre de la divergence des théories opposées, contradictoires, qui divisent les hommes et les philosophes (1). »

Oui, il faudrait pouvoir ; mais limiter le problème, parce que la raison est impuissante, à la recherche des « diverses activités qui constituent la vie (2) », c'est reculer devant lui et c'est abandonner ces activités au hasard, sans discipline et sans règle, cette règle, dit Bossuet, « sans laquelle aucune force n'est maîtresse d'elle-même ». La morale pratique, qui consiste à définir les devoirs de l'homme selon les circonstances et les conditions de la vie, serait impossible si les déductions que

(1) *Histoire critique des doctrines de l'éducation*, t. II, p. 388.
(2) *Ibid.*, p. 389.

nous faisons à chaque instant ne se rattachaient point à une loi générale. Comment l'éducation, qui en est la première forme, le serait-elle, sans autre loi que ces conditions pratiques ? Ce n'est pas assez pour l'éducateur de connaître les conditions psychologiques du développement de l'âme, il faut qu'il sache encore où elle tend. La diversité des esprits se ramène à une certaine unité de nature : mais la nature même, sur quoi se fonde-t-elle ? Voilà ce que ne disent point les purs psychologues. C'est que la psychologie expérimentale réclame comme complément une psychologie rationnelle, qui remonte aux principes premiers, à la source de l'Être.

Aucune activité ne s'explique par elle-même. Même la force motrice, qui manifeste dans la matière un double mouvement d'expansion et de répulsion, obéit à des lois qui s'appliquent pour réaliser des formes intelligibles, engendrer des êtres inorganiques, aux contours géométriques et cristallins, ou organiques, qui révèlent des types spécifiques et déterminés. La réalisation concrète de la forme et du type rend raison du mouvement et de ses qualités. Elle constitue les substances. C'est ce que Leibnitz exprimait dans cette formule admirable, par laquelle il conciliait l'ordre mécanique et l'ordre métaphysique : « *Causæ efficientes pendent à finalibus* ». A plus forte raison s'applique-t-elle aux activités conscientes et raisonnables. Les moyens ne sont rien sans la fin. Notre activité s'éteindrait bientôt si notre pensée cessait de concevoir un bien à réaliser, une perfection à atteindre. En enseignant aux hommes la nécessité d'un premier moteur immobile, vers lequel se dirigent fatalement, consciemment ou librement, toutes les activités de ce monde imparfait, Aristote leur a livré le secret de la vie universelle et la loi même de toute énergie.

De ce point de vue l'homme ne nous apparaît plus comme un individu isolé ou rattaché seulement aux groupes sociaux, mais comme un être moral, composé d'une nature complexe, entraînée d'une part par la matière et les sens, de l'autre aspirant au vrai, au juste, à l'absolu. L'homme se fait lui-même. Tous les jours il réalise quelque progrès, mais c'est par un constant effort vers un bien connu, révélé par la raison et voulu pour lui-même ; c'est par une lutte incessante contre les imperfections de sa nature. Pascal a fortement marqué l'opposition de la grandeur et de la faiblesse humaines. Si tout n'est pas mauvais dans l'homme, tout n'est pas bon « sorti des mains de l'auteur de la nature ». Il y a en lui un mélange de bien et de mal, de dispositions bonnes et de mauvais penchants, qu'une véritable éducation doit discipliner. L'homme n'est pas vraiment bon, tant que la raison et le sens moral n'ont point été éclairés et n'ont point réduit la part de l'animalité que renferme son être, tant qu'il n'a pas conçu son idéal et ne s'est pas dirigé vers sa fin, tant qu'il n'a pas reconnu et sa faiblesse et sa grandeur, tant qu'il n'a pas fait cet acte d'humilité par lequel commencent toutes les grandes actions.

La véritable fin de l'éducation, c'est la fin morale de l'homme, et plus immédiatement la personne morale elle-même. Il faut la mettre en possession de son activité en vue de la fin idéale à laquelle elle doit tendre. L'éducation a pour but de former des âmes ; mais, comme les âmes touchent à deux mondes, qu'elles s'étendent des horizons de la terre à l'infini du ciel, leur développement ne saurait se borner aux fins de la vie présente, mais chercher son terme dans ce qui est éternel et divin.

La vie présente ne nous offre que les conditions pratiques de ce développement des âmes. Il faut y vivre de la vie animale, de la vie intellectuelle, de la vie sociale. Nous devons conserver et fortifier nos corps, instruments de la vie de l'âme, cultiver nos esprits et nous élever de plus en plus au-dessus de la brutalité, par l'art, par la science, par les fonctions sociales. Mais ce ne sont là que des moyens d'épurer notre nature et de nous prouver notre grandeur et notre dignité. Il ne suffit pas de surexciter les énergies ni d'armer les intelligences, il faut former des consciences droites, des cœurs sincères, autant que des esprits justes et des volontés fortes, des hommes capables des vertus les plus modestes et des sacrifices les plus illustres, des hommes qui se sentent toujours à leur place, dans les fonctions les plus humbles comme dans les plus honorées, parce qu'ils les acceptent comme des devoirs et comme des moyens de se rendre meilleurs. Mais précisément, toutes les conceptions du génie, tous les actes d'héroïsme, tous les sacrifices, toutes les conquêtes de la science vont au delà du présent. Cette vie n'offre aux uns et aux autres que les occasions très diverses de luttes et d'efforts. A aucun, elle ne permet un épanouissement parfait de la personnalité. Le fini la détermine de tous côtés.

La vie de l'âme ne se renferme pas dans ces bornes. Elle déborde la réalité. Elle recherche ce « souverain désirable », comme parle Aristote, cet absolu, qui est le dernier pourquoi de la raison, la suprême sanction des actes, la paix ineffable du cœur. La pensée ne s'achève que dans la foi.

Voilà pourquoi l'éducation ne se termine jamais, pour quoi elle doit tendre, par delà les fins de ce monde, aux fins dernières de l'homme.

Considérée par rapport au présent, elle consiste dans la mise en possession de soi-même et dans l'unité harmonieuse et belle de la personne idéalisée. Elle forme l'être libre et raisonnable, sensible et actif que nous sommes par nature. Elle augmente en lui la liberté par les lumières qu'elle répand dans son intelligence et sa conscience. Elle est générale et libérale. C'est une œuvre d'art véritable, à laquelle chacun collabore et imprime la marque de sa personnalité, tout en s'efforçant de la perdre et de devenir plus homme. L'individu, sans effacer son caractère propre, revêt une personnalité plus haute, qui l'humanise davantage. Il se modèle sur un type commun de perfection humaine, rationnel et pur, mais il conserve le sentiment de son infériorité.

L'idéal humain n'est encore qu'une détermination. La raison conçoit un idéal qui la dépasse elle-même, un ordre fondamental auquel tout se rattache et se subordonne, une réalité transcendante, qui est ce qu'il y a de meilleur et qui communique la bonté à tout ce qui participe à sa nature. Kant, lui-même, tout en humiliant la raison, comme Pascal, ne reconnaissait-il pas qu'il était de sa nature de chercher par delà ses propres formes le principe de ses affirmations et son unique objet par delà l'expérience ?

L'éducation véritable vise à ces hauteurs. Ce sont les sommets du monde moral. « *Est igitur virtus hominis cum deo similitudo.* » (Cicéron.) « Le bien consiste à nous rendre semblables à Dieu en voulant ce qu'il veut lui-même, en devenant parfaits autant que nous le pourrons. » (Malebranche.)

Ainsi, la formule des Anciens : Soyez hommes, se complète par cette maxime de saint Paul : Aimez Dieu.

Par ces voies, l'homme va à sa fin véritable, qui est l'Etre même. Le terme dernier du développement humain, c'est cet Etre, si parfait qu'on n'en saurait concevoir un plus grand, cette sagesse à laquelle le monde obéit, cette lumière intérieure que l'homme interroge, comme le matelot perdu dans l'immensité des flots fixe dans la nuit ses regards sur l'étoile du Nord pour diriger sa course ; au sein duquel, enfin, l'âme se spiritualise en pensant l'éternel.

Cette fin dernière ne nous apparait qu'enveloppée d'ombres et de mystère. C'est que sa condition d'être moral impose précisément à l'homme, avec l'humilité, l'obligation de l'espérance et de la foi. Il ne peut égaler Dieu et les imperfections nécessaires de sa nature limitent la portée de ses efforts. Cependant, la vertu lui est possible, comme le mal. Par la vertu, il se rapproche sans cesse de cet idéal de bonté qui est le flambeau de la vie.

On s'étonne que des vérités si simples soient contestées. Elles nous éclairent d'une lumière suffisante pour qu'il ne soit pas possible de s'égarer dans la recherche du but de l'éducation.

Il faut donc, en somme, distinguer entre les fins secondaires, spéciales, relatives de l'éducation, et la fin générale, essentielle, absolue, ce qui revient à dire que l'éducation doit être une et que cette unité doit être cherchée dans un principe supérieur aux fins sociales et aux moyens que les individus peuvent fournir par eux-mêmes, car, de toutes les fins, celle qui domine les autres, c'est la personne morale que tout homme doit être, et c'est Dieu vers lequel elle tend. Le droit de l'enfant, le voilà, en effet. « Les droits de la Société, si elle en a, ne viennent qu'après les droits de l'enfant. Nous devons à nos fils d'en faire des hommes... Le respect dû à l'enfant, les droits de l'enfant dans l'éducation, c'est le droit même de la personnalité humaine, c'est le respect dû à cet être créé à l'image de Dieu. La personne humaine, voilà l'objet de mon amour et de mon culte ; je sais ce que c'est qu'un homme, je ne sais pas ce que c'est que l'humanité. De ce nom-là s'autorisent toutes les tyrannies. Octave et Robespierre ont représenté, à leurs heures, contre les personnes, l'intérêt du genre humain, de la collectivité, comme disent nos petits terroristes modernes..... Je me défie, en matière d'éducation comme en matière politique, de tout pouvoir, de toute institution, de toute association qui n'a pas pour principe les droits imprescriptibles de l'individu et qui les subordonne, avec plus ou moins de franchise et d'adresse, aux droits prétendus de l'idée, à je ne sais quel intérêt de communauté. Les idées n'ont aucun droit, elles n'ont ni responsabilité ni devoir ; l'homme, seul, a des droits, car il est seul responsable. Toutes les fois que je verrai poindre dans un système d'éducation la moindre velléité de plier les âmes et d'assouplir les caractères à d'autres devoirs qu'aux devoirs généraux de tout être moral, de tout citoyen et de tout chrétien, à un autre but qu'à l'accomplissement de leurs libres conceptions et de leurs destinées d'êtres responsables, je signalerai là une atteinte aux droits de l'enfance, c'est-à-dire à la dignité de l'homme (1). »

II

Selon que l'on assigne pour fin à l'éducation l'intérêt collectif ou le bien moral de l'individu, que l'on considère celui-ci comme un facteur social ou comme une personne libre et respectable, on est conduit à concevoir tel ou tel système pédagogique, à appliquer telle ou telle méthode, à faire dans les études une place plus ou moins grande aux disciplines spéciales ou à la culture générale, à distinguer ou à confondre les divers ordres d'enseignement. La divergence des vues fondamentales fait qu'on apprécie autrement les nombreux moyens de culture de l'esprit. Voilà pourquoi on attribue à ces moyens une importance qu'ils n'ont pas toujours ou qu'on la diminue. Ce qui est secondaire pour les uns est considéré comme essentiel par les autres : les lettres, les sciences, les langues anciennes, les langues modernes, les matières techniques, la morale, la philosophie, la religion. On regarde comme la plus importante, soit la culture littéraire, soit l'instruction scientifique, soit l'instruction professionnelle, soit l'éducation morale, soit l'éducation religieuse. Le centre des études oscille et se déplace et leur hiérarchie se renverse. La *ratio studiorum* s'efface. L'incohérence s'introduit dans des programmes instables dont l'unité est absente.

Il serait long d'entrer dans le détail de toutes ces questions. Nous nous bornerons à rechercher quels sont les caractères propres de l'enseignement secondaire et ce qui en fait l'unité, quel rôle il convient d'attribuer aux divers moyens de culture.

(1) V. de Laprade, *l'Education libérale*, p. 22.

***

L'enseignement secondaire ne se confond pas avec les autres degrés de l'enseignement. Il a son caractère et son unité, malgré la diversité qui parait s'y être établie.

Il s'est fondé de longue date, et malgré la communauté de fin assignée à toute éducation, plusieurs ordres d'enseignement. Sans doute, il n'y a pas de différence, quant à la culture générale, entre les hommes. Quels que soient leur âge, leur sexe, leur condition, chez l'enfant, le jeune homme, la jeune fille, l'homme, la femme, il y a une intelligence à cultiver, une conscience à éclairer, un cœur à diriger, une volonté à régler, un caractère à former, une âme à rendre, pour ainsi dire, majeure. Cependant, l'utilité personnelle ou collective, les goûts scientifiques, l'amour désintéressé de la science sont des causes qui peuvent modifier le caractère de l'enseignement, le hausser ou le rabaisser, en changer la forme. On distingue donc l'enseignement primaire, l'enseignement secondaire, l'enseignement supérieur, puis l'enseignement professionnel, technique, industriel, commercial, spécial, etc., etc.

L'enseignement secondaire ne se caractérise pas par la qualité des esprits auxquels il s'adresse ou par leur classe sociale. Il devra être, selon quelques-uns, l'affaire d'une élite ! Comment ne remarque-t-on pas que, si une élite est nécessaire pour assurer les progrès sociaux, cette nécessité toute relative ne saurait être exclusive ni devenir une règle. L'élite ne peut être choisie d'avance. Si c'est la sélection qui doit la produire, n'est-ce pas dans le cours des études qu'elle peut se faire ? On ne préjuge pas des aptitudes. N'y aurait-il pas là une véritable injustice ? Ne serait-ce pas une entrave arbitrairement apportée à la libre expansion de la personnalité ? Tout esprit n'est pas appelé à former l'élite, mais tout esprit peut aspirer à un développement plus complet, indépendamment des fins sociales, à gravir les degrés des connaissances humaines, sans autre but que sa propre évolution vers une perfection plus grande. Ce qui caractérise précisément l'enseignement secondaire, c'est d'être essentiellement, plus spécialement et plus profondément, une culture générale.

De nos jours, l'enseignement primaire s'est haussé jusque-là. Il est devenu supérieur. Il faisait déjà double emploi avec l'enseignement dit moderne. Maintenant, il trouve son prolongement dans l'une des sections secondaires récemment créées. N'est-ce pas en altérer le caractère ? L'enseignement primaire était surtout une initiation aux premiers éléments des connaissances et à la vie morale, un enseignement commun, tout ensemble général et pratique. Il devient plus utilitaire en s'élevant d'un degré, en devenant spécial, professionnel, technique, mais, à moins d'exiger une culture préalable des plus sérieuses, celui-ci tient encore à l'enseignement primaire, et c'est par un abus de langage qu'on le qualifie de secondaire.

Le projet Chaumié renferme sur ce point une formule étrange, qui accuse nettement cette tendance à confondre les enseignements divers. Elle englobe dans l'appellation de secondaire tous les enseignements qu'il est possible de donner « à des élèves de moins de dix-sept ans » (art. 1er). Ainsi, c'est l'âge qui sert de commune mesure. Récemment, M. Charles Péguy a proposé formellement de raccorder l'enseignement secondaire au primaire supérieur. Nous avons montré que cela a été réalisé. Mais où nous conduisent de telles réformes ?

Il est nécessaire que des écoles spéciales existent pour l'instruction professionnelle, technique, commerciale, industrielle, agricole. Elles sont en grand nombre en Allemagne. Outre les *Ecoles réelles,* il y a 200 écoles commerciales et 100 écoles industrielles. La loi sur les Syndicats serait de nature à favoriser la création en France de nombreuses écoles de ce genre. Il y en a déjà quelques-unes ; ce sont de véritables écoles d'apprentissage, comme les écoles d'horlogerie, de tournerie, de teinturerie, de typographie, de peinture, de gravure, d'émaillage, de mécanique, de construction etc... L'année 1902 a vu s'ouvrir 428 écoles syndicales diverses. Malheureusement, l'égoïsme corporatif se fait déjà sentir dans les Syndicats et ceux-ci paraissent plus disposés à fermer les écoles qu'à les ouvrir. Est-ce pour ce motif qu'une Commission d'enseignement technique a été chargée d'élaborer un projet de loi sur ce sujet ?

En dehors de cet enseignement technique, les spécialités peuvent trouver place même à côté des études désintéressées. La comptabilité, la législation usuelle, l'hygiène, l'économie politique ou domestique peuvent être le complément utile d'une éducation plus générale. Sans être obligatoires ni inscrits dans les programmes secondaires, ces cours pourraient exister et les élèves jouir, comme en Amérique, de la faculté de s'y inscrire librement.

Mais tout ceci n'a rien de commun avec l'enseignement secondaire. A mesure que le réalisme l'emporte dans l'enseignement, le libéralisme diminue. L'humanisme recule, s'efface ; il peut disparaître, il ne saurait être confondu avec ces nouveautés.

L'enseignement supérieur a parfois aussi un caractère professionnel, et ce caractère tend actuellement à s'accentuer par l'absorption des écoles spéciales, jusqu'ici indépendantes. Le droit, la médecine, le professorat, le génie, l'armée, la diplomatie, sont des carrières auxquelles il faut une préparation technique et supérieure. Cependant, cette préparation fait une part très grande à l'initiative individuelle déjà acquise, aux recherches professionnelles, aux spéculations scientifiques les plus hautes. Elle suppose des esprits déjà mûris par un travail préalable, mis en possession d'eux-mêmes et capables de s'élever jusqu'aux dernières limites du savoir humain.

La nature de l'enseignement secondaire apparaît donc clairement. C'est un enseignement moyen, en ce sens qu'il fait aux connaissances pratiques une part moins grande que l'enseignement primaire, à la spéculation et à la personnalité, une part moins grande que l'enseignement supérieur. « L'enseignement secondaire nous paraît notamment devoir exclure tout ce qui n'est pas la science faite, tout ce qui est matière à polémique, tout ce qui est susceptible de blesser les consciences et tendrait à substituer à l'ancien enseignement *ex cathedrâ*... les libres controverses entre le maître et l'élève (1) ». Rien n'est plus dangereux pour les esprits qu'une telle méthode. Avant d'entreprendre des discussions de cette nature, il convient de s'être au préalable informé et établi sur une base assez solide et assez large. Ce sont, en effet, les connaissances de tout ordre, mathématiques, sciences expérimentales, grammaire, littérature, histoire, philosophie, qui doivent fournir cette base. Leur étude doit être poussée à un certain degré *minimum*. Il faut être suffisant sur tout, je ne dis pas médiocre.

Parmi les esprits, tous ne sont point supérieurs, mais tous doivent être formés et mis en possession des connaissances moyennes. Quelle que soit la carrière à laquelle on se destine, il y a un ensemble de notions essentielles, d'habitudes intellectuelles qu'il faut acquérir, sous peine de demeurer inférieur. Il n'est pas nécessaire d'être très cultivé sur un point ; cela peut être utile ; ce qui importe, c'est d'être assez armé, assez exercé pour pouvoir s'avancer plus loin et s'élancer plus haut. Il faut avoir appris à se mouvoir dans chaque espèce de science et à les considérer toutes dans leurs rapports et dans leur unité. Il faut être capable de distinguer entre ces deux grands domaines de la pensée, le monde du déterminisme et le monde moral, et les embrasser dans leur ensemble et dans leur hiérarchie. Il faut que cette pensée sache se régler sur les formules idéales auxquelles sont soumis l'étendue, le mouvement, la matière, et se replier sur elle-même, connaître ses propres lois, sa propre substance. Il faut que, par une con-

(1) Jaurès, Discours, 1er décembre 1904.

science claire de ce qu'elle est et par une vue générale de tout ce qui l'enveloppe, l'intelligence acquière une portée plus sûre et plus haute. Quand l'esprit a été accoutumé à lire dans son for intérieur aussi bien que dans le grand livre du monde et des choses, on peut dire que l'éducation secondaire est achevée, car alors seulement l'esprit se possède.

L'enseignement secondaire, quelles que soient les influences qui s'exercent sur lui, ne se confond donc pas avec l'enseignement primaire, supérieur ou technique. Il a son caractère propre. Aucun nivellement ne peut l'effacer et c'est une grave erreur de considérer les études comme équivalentes. Elles ont, au contraire, une hiérarchie. Toutes les sciences forment comme un arbre généalogique, une classification dans laquelle domine tel ou tel point de vue général, et, à cet égard, les philosophes sont loin d'être d'accord. Il en est de même des études. Leur diversité n'empêche pas leur unité. En quoi consiste essentiellement cette unité. Il faut ici éviter des confusions et ne pas introduire dans l'enseignement, d'une manière déguisée et sous prétexte soit d'éducation, soit de patriotisme, des fins intéressées ou des directions étrangères. Avant tout, il s'agit de savoir ce qu'un homme cultivé doit connaître et être. Il faut faire plus qu'une « distinction des études purement instructives et des études éducatives (1). » Il faut chercher quel est le principe par lequel s'explique l'ensemble et l'économie de l'enseignement secondaire.

Nous avons vu que l'éducation n'a pour objet ni l'utilité personnelle, ni l'utilité collective. Il serait contraire à son but, par conséquent, de chercher dans l'utilité ce principe d'unité. Ce serait un étrange système que celui où chacun serait juge de ce qui lui convient ou la société juge de ce qui convient à chacun. D'ailleurs, d'après ce principe, toute étude qui cesserait d'être utile, cesserait d'être justifiée. Or, la pensée ne se limite pas à ce qui

(1) Fouillée, p. 175.

est utile. Ce serait donc restreindre les horizons de l'esprit au lieu de les étendre. L'utilité ne peut faire l'unité des études secondaires.

Ce principe d'unité serait-il la nécessité, soit d'une formation morale, soit d'une culture philosophique, soit d'une éducation religieuse ? Sur ces points, les opinions sont encore plus divisées que sur les autres, et la crise qui déchire notre temps apparaît dans ce qu'elle a de plus douloureux, le conflit de la morale, de la philosophie et des croyances. Les uns nous disent que tout doit être subordonné à la formation morale, et ils entendent par là une *morale laïque*, indépendante, rationnelle, détachée de tout principe métaphysique; ou bien simplement réduite à des préceptes pratiques de dignité personnelle, de convenance, de solidarité, de justice sociale, de civisme. Ceux-ci se bornent à l'action. D'autres prétendent donner à la pensée elle-même un fondement au moyen de la philosophie. Elle est seule capable, dit Fouillée, de « donner un cerveau à l'enseignement ». « Ne pouvant plus être religieuse, comme jadis, son organisation doit être philosophique. » « Si le fondement religieux s'ébranle, sachons bien qu'il n'y a qu'un moyen d'y suppléer... c'est le culte de la philosophie... L'éducation, de moins en moins théologique en France, sera philosophique ou ne sera pas (1) » Ce n'est pas la philosophie de V. Cousin, mais celle de Renouvier, le néo-criticisme, qu'on juge propre à ce rôle. Enfin, une grande partie de la nation, considérant le double danger que fait courir à la jeunesse l'expansion de la morale laïque et de la philosophie sceptique ou scientifique, s'attache aux principes religieux comme aux seuls fondements de toute éducation et de toute science.

N'est-ce pas sortir de la question et faire dériver l'enseignement secondaire vers une fin qui n'est pas la sienne ? N'est-ce pas le subordonner à un certain dogmatisme, à des vues particulières, qu'il est trop facile

(1) *L'enseignement au point de vue national.*

de rendre exclusives, à des autorités qu'il est trop aisé de rendre oppressives ?

L'éducation religieuse se distingue de la culture classique, quoiqu'elle s'y mêle souvent. Il en est autrement ici que dans la première éducation. Celle-ci ne peut guère se faire en dehors d'une autorité qui éclaire la foi naïve de l'enfant et règle ses habitudes. Cette autorité est d'abord celle du père de famille. Mais quand elle est entièrement séparée de toute influence religieuse elle est bien faible. L'enseignement secondaire fait une part moins large à l'autorité, plus large à la liberté de l'esprit. L'éducation religieuse peut s'y prolonger, même élevée d'un degré, mais sans l'absorber.

La culture philosophique n'est que le couronnement des études classiques. Elle n'en peut faire l'unité. L'unité de l'enseignement secondaire par une doctrine serait un attentat à la liberté des consciences et engendrerait, d'ailleurs, entre les esprits, des divisions profondes. La philosophie s'enseignait, au temps de V. Cousin, autrement que dans les Facultés. On pensait qu'elle ne devait blesser aucune croyance et se limiter à ce qu'il y a de plus général, au lieu de se laisser pénétrer par la controverse. J. Simon donnait le conseil de la borner à l'étude des méthodes et à la lecture de quelques textes anciens ou modernes, et de réserver, comme cela se pratique en Allemagne, les hautes questions de la philosophie aux Universités. Les habitudes françaises ne rendent pas la chose pratique, mais cela serait sage. Quoi qu'il en soit, si les études philosophiques demeurent un privilège de l'enseignement secondaire, il serait dangereux d'y chercher un principe d'unité, car l'opposition des systèmes ne le permet point et, par nature, la philosophie est une libre spéculation de l'esprit.

La morale, à défaut d'un système, fournira-t-elle ce principe ? On l'a pensé, et c'est sur cette base qu'ont été édifiés nos récents programmes scolaires au point de vue de la doctrine. Il faut pourtant reconnaître que l'éducation morale universitaire ne vise qu'à être pratique en se mêlant à la culture intellectuelle. C'est, du moins, le commentaire donné par M. Bernès au Congrès de 1900 : « Il ne faut point séparer l'œuvre d'éducation morale de l'œuvre de culture intellectuelle, et vouloir organiser la première en dehors de la seconde. Il ne faut pas rédiger un formulaire moral qu'on enseignerait aux élèves après l'avoir imposé aux maîtres. » On écarte donc tout dogmatisme et l'on se repose sur la valeur morale des écrivains anciens du soin d'agir sur les consciences. On verra plus loin que cette valeur est très grande. Mais n'est-ce pas un excès d'optimisme et de libéralisme ? Une morale détachée de tout principe est-elle vraiment féconde ? Les belles maximes stoïciennes n'ont-elles jamais besoin d'être rectifiées ? Et qu'est-ce qui donne vraiment un sens aux meilleures? Si cette morale est détachée des principes, comment pourrait-elle faire l'unité des études ?

L'enseignement classique est donc autre chose qu'une éducation religieuse, philosophique ou morale. Son principe d'unité, c'est son but propre, qui est la mise de l'esprit en possession de lui-même. Il est essentiellement *libéral*. Il se propose de former des hommes capables de se livrer d'eux-mêmes aux recherches les plus variées, avec désintéressement, de comprendre et d'aimer ce qui est vrai, ce qui est bien, ce qui est beau, de choisir entre les doctrines diverses, de les approfondir, de les développer, avec la conscience réfléchie qu'ils sont responsables de leurs opinions et de leurs actions. Toute autre conception de cet enseignement le fausserait et transformerait en un dogmatisme ce qui est par nature une libération de l'esprit.

III

Dans cette culture générale de l'esprit, qui est le fond même de l'éducation secondaire, quelle est la part qui revient, soit aux sciences, soit aux lettres, et, parmi les études littéraires, à la langue française, aux langues étrangères, aux langues anciennes? L'importance de ces différentes disciplines n'est pas appréciée par tous à leur juste valeur. Les uns l'exagèrent, les autres la diminuent, selon leurs préférences. Dans les programmes, on a, suivant les époques, fait la part plus large à ceci ou à cela. Les plus récents ont été distribués de telle sorte que chacune des matières est la plus importante à mesure qu'on passe d'une section à l'autre. Il importe cependant d'avoir une idée juste de la valeur réelle de tous ces moyens de culture générale, car cette valeur est intrinsèque et ne dépend pas des fantaisies de chacun.

Le débat le plus célèbre est celui qui fut institué au sujet de la supériorité des lettres et des sciences, et qui s'est renouvelé au cours du XIXe siècle sous des formes différentes.

C'est en 1837, en pleine Chambre des députés, qu'Arago et Lamartine posèrent la question. Le rapporteur d'un projet de loi réorganisant les études dans les collèges communaux, Saint-Marc Girardin, avait formulé contre l'enseignement scientifique certaines accusations. Arago s'en fit le défenseur. Il essaya de prouver que les études scientifiques ne sont pas seulement les servantes des intérêts matériels, mais qu'elles contribuent à dissiper les préjugés populaires. Lamartine répondit que le véritable intérêt des études n'était pas là. En 1873, V. de Laprade reprit le plaidoyer de son maître en faveur des lettres. Il reconnut les bienfaits des sciences, mais il leur reprocha leur intolérance, leur orgueil, leur prétention à « dominer l'éducation et tout le monde intellectuel comme elles régnaient déjà dans le monde des intérêts (1) », leur tendance à s'allier à la démocratie, leur ingratitude à l'égard des lettres, au sein desquelles elles sont nées. Il insista sur cette pensée

(1) V. de Laprade, *L'éducation libérale*, p. 220.

de Pascal que les mathématiques faussent parfois le jugement « en habituant l'esprit à raisonner partout, comme on raisonne dans les sciences exactes (1). » Il établit que les lettres étaient aussi propres à former « des hommes de sens », et que, de plus, elles avaient une valeur morale et esthétique qui, en agissant sur l'imagination, sur le cœur, sur la volonté, doublait les puissances de l'âme. « Quelle vérité formulée par le raisonnement a le don d'entraîner les hommes comme une vérité révélée sous la forme du beau ? En comparant les sciences qui démontrent, avec les arts qui nous montrent le beau, on peut dire que la beauté est la plus vraie de toutes les vérités (2). » Lamartine avait dit alors dans le même sens : « Le beau est la vertu de l'esprit. En restreignant son culte, craignons d'altérer plus tard la vertu du cœur (3). »

Plus récemment, les positivistes, les utilitaires anglais et les matérialistes allemands, A. Comte, H. Spencer, A. Bain, Preyer, Hæckel, Gœring, ont préconisé les sciences comme un moyen d'assurer l'évolution de l'espèce, en adaptant l'enfant à la société future, et ils n'ont considéré les lettres que comme un luxe intellectuel, un ornement de l'esprit. Hæckel déclare nettement que c'est la nature qui doit être le principal objet des études dans l'Ecole moderne, et non pas l'homme. Les langues classiques doivent le céder aux langues modernes, mais plus encore à la cosmologie, à la biologie, à la physique, à la chimie. C'est dans la contemplation de la nature, de ses phénomènes, de l'évolution des êtres que doit se former l'intelligence (4). M. Berthelot plaide avec éloquence en faveur des sciences.

Enfin, pour trancher le débat, un philosophe aussi lettré que savant, Fouillée, tâcha de faire la part des sciences et des lettres, et d'établir leurs rapports. Fondant l'hu-

(1) *Cf.*, p. 223.
(2) Page 222.
(3) Discours, 1837.
(4) Cf. *Les énigmes de l'univers.*

manisme sur une prétendue loi d'évolution nationale, il considère que, pour les Français en particulier, il serait dangereux de s'éloigner du type classique et il propose d'humaniser les sciences. Il estime qu'elles peuvent devenir vraiment éducatrices en se transformant « en sciences morales, par leur esprit, par leurs méthodes, par leurs principes et leurs conclusions, enfin par leur histoire et leurs conséquences sociales ». Il demande en somme, comme A. Comte l'avait fait déjà, que l'éducation scientifique soit une éducation philosophique, qu'elle élève l'esprit à certaines idées générales, au lieu de le maintenir dans l'étroite région de la technique.

Ainsi le débat est toujours ouvert et les programmes actuels accentuent cette opposition. On peut même dire qu'ils font aux sciences une place privilégiée.

Quelques arguments qu'on apporte en faveur des études scientifiques, il est impossible de démontrer qu'elles aient plus de valeur éducatrice que les véritables humanités. Celles-ci sont accessibles à tous les esprits, parce qu'elles ne les entraînent pas hors d'eux-mêmes sur des objets plus ou moins aisés à connaître, mais qu'elles les obligent à se replier en soi, de façon à prendre une pleine conscience de ce qu'ils sont, de ce qu'ils peuvent et de ce qu'ils doivent être.

L'étude des sciences, si importante qu'elle soit, et précisément parce qu'elle a plutôt un caractère objectif, n'est pas une véritable éducation.

Elle est évidemment nécessaire, puisqu'elle se rapporte à des objets que nous avons le plus grand intérêt à connaître, la nature et la vie. Chacun de ses progrès nous fait pénétrer les mystères de celles-ci et augmentent notre empire sur elles. Elle est la source des perfectionnements industriels. C'est grâce à elle que certaines régions du globe se couvrent d'usines et que les richesses de l'humanité se décuplent. Son rôle est semblable à celui de ces grands fleuves qui portent dans les plaines la fécondité, dont on admire les sinuosités gracieuses ou le cours impétueux, et qui cachent leur naissance sur les cimes élevées. Les choses pratiques se rattachent à des spéculations pures par lesquelles l'esprit affirme sa puissance et son empire sur la nature.

Cependant, comme on ne commande à la nature qu'en lui obéissant, la culture purement scientifique a ses inconvénients. Elle asservit l'esprit, au lieu de l'émanciper; elle le soumet au déterminisme ; elle l'emprisonne dans d'étroites formules, dans des domaines spéciaux. Elle en fait un simple mécanisme ou un récepteur passif des choses.

Elle n'élève l'âme que lorsque l'âme elle-même s'élève au-dessus d'elle. De quelque utilité qu'elle puisse être, pour le philosophe, la science n'est pas la philosophie. On a beau répéter, avec Berthelot et Arago, que les spectacles et les mystères de la nature élargissent les horizons de la pensée et suggèrent à l'âme de grands et nobles sentiments, seuls, les grands savants sont capables de pénétrer jusque-là ; ces considérations philosophiques ne sont pas à la portée des jeunes intelligences.

Une science limitée et toute de mémoire ne peut que rétrécir l'esprit, précisément parce qu'elle le spécialise. L'étroitesse des idées, la routine, l'inintelligence des choses de l'ordre moral, la prétention à tout ramener à des formules, sont des défauts qu'elle engendre. Pascal, d'Alembert, Cuvier, Biot ont remarqué le danger auquel la méthode mathématique, malgré les avantages qu'elle offre parfois, peut exposer l'esprit, quand elle devient exclusive. Elle le porte à raisonner de tout selon des principes abstraits, car il suffit, dans cet ordre de sciences, qu'il reste d'accord avec lui-même et déduise logiquement les conséquences des principes. Dès lors, on néglige volontiers l'expérience. Or, il ne suffit pas que la pensée soit d'accord avec elle-même, il faut aussi qu'elle soit en conformité avec la nature.

Appliquées aux choses d'ordre moral, les mathématiques ne constituent qu'un ingénieux paradoxe. Il est des éléments moraux qui échappent à toute formule et même à l'expérience. Il est même des vérités qui dépassent la raison pure. Cette méthode exclut le sentiment, qui cependant a bien sa valeur, soit en esthétique, soit en morale. « Les géomètres qui ne sont que géomètres, dit Pascal, ont l'esprit droit, pourvu qu'on leur explique bien toutes choses par principes et par définitions ; autrement ils sont faux et insupportables ; car ils ne sont droits que sur les principes bien éclairés. »

Ces travers résultent de ce que la science ne voit dans l'esprit qu'un mécanisme ou une table rase et non un principe actif. Les mathématiques ne sont-elles pas une création idéale de l'esprit, dont l'expérience n'expliquerait pas le caractère de nécessité ? L'expérience elle-même, l'induction, par laquelle les phénomènes sont rattachés à des lois universelles et constantes, ne supposent-elles point l'idée de loi, l'idée d'un ordre immuable, sans lequel la science manquerait de garantie ? L'esprit apporte plus encore dans la connaissance des choses de ce qu'il tire de son propre fonds, qu'il ne reçoit de la nature. C'est par lui que celle-ci est intelligible, car c'est lui qui en conçoit l'ordre.

Ce qui est vrai de la science l'est plus encore de l'éducation, car ce n'est pas dans l'entassement des connaissances objectives qu'elle consiste, mais dans le développement méthodique et rationnel de l'esprit qui les organise et qui s'organise en même temps.

Ainsi il y a, au-dessus de la science du monde matériel, une science de l'esprit, qui rend raison de la première. Cette science de l'esprit, qui consiste à l'éclairer lui- même sur sa propre nature, ce sont les *Humanités*, par le moyen desquelles tout esprit, selon l'admirable expression de Descartes, converse « avec les plus honnêtes gens des siècles passés », et prend un essor harmonieux et puissant.

***

Ce terme d'*humanités* n'a plus aujourd'hui la même signification qu'autrefois. Les épithètes qu'on lui a jointes sont en contradiction avec lui. N'a-t-on pas parlé d'*humanités modernes ?* Qu'est-ce à dire, sinon que, sous ces dénominations, on entend tout autre chose ? On désigne ainsi soit une culture restreinte au moyen du français accompagné ou non de langues vivantes, soit une culture plus étendue au moyen des littératures anciennes, interprétées surtout dans leur valeur historique ou morale, soit enfin une instruction philosophique. Examinons ces différents points et montrons que l'idéal classique diffère profondément de toutes ces conceptions, que le classicisme ne se confond ni avec l'esprit français, ni avec l'esprit latin, ni avec l'esprit grec, encore moins avec celui des races anglo-saxonnes ou des races germaniques. Si universels que soient l'esprit français, l'esprit latin ou l'esprit grec, ils ne sont que des formes contingentes du génie, car un certain réalisme s'y mêle toujours plus ou moins à l'idée pure. La pensée classique est, avant tout une pensée humaine, universelle, impérissable. Elle n'a pas de patrie. Elle rayonne, au contraire, sur les formes qui passent et leur communique leur beauté éternelle.

La langue et la littérature françaises ont une très grande valeur comme moyens d'éducation, et c'est avec raison que les programmes de 1880, 1885, 1890, leur avaient fait une place particulière. Mais il serait illusoire d'en isoler l'étude de celle des langues anciennes et de croire que cette étude doive suffire par elle-même.

Les germes de cette erreur se découvrent dans les Instructions officielles de 1890 : « Personne ne songe plus à en contester la vertu éducative ni à soutenir que l'étude de notre langue et de notre littérature nationales soit moins propre que celle des langues anciennes à étendre et à fortifier, chez de jeunes Français, la culture intellectuelle et morale (1). » « Tout ce que dit la présente instruction des avantages

(1) Lettre du Ministre de l'Instruction publique, 15 juillet 1890, p. XXVI.

à tirer de l'étude des œuvres grecques et latines s'applique avec la même force à l'étude des chefs-d'œuvre de la littérature française. Le service capital rendu par la réforme de 1880, c'est d'avoir replacé, sous ce rapport, les grands écrivains français à leur véritable rang, à côté des poètes, des orateurs, des philosophes, des historiens d'Athènes et de Rome (1). »

L'explication des auteurs français, depuis la septième jusqu'à la philosophie, était recommandée pour des raisons diverses. La principale, c'était d'unir tous les esprits et tous les enseignements dans le culte et l'admiration des grands écrivains de notre pays. « N'offrent-ils pas le lien que l'on cherchait pour unir entre eux, sur quelques points du moins, des enseignements si dispersés ? Du Lycée à la plus modeste école de village ne peut-il s'établir une sorte de concert entre tous les enfants de la même patrie (2). » Cette fusion des ordres d'enseignement, qu'on réalise aujourd'hui avec tant d'imprudence, on la préconisait alors timidement et on pensait l'obtenir au moyen de la littérature française. Cela n'était pas possible, parce qu'il ne suffit pas d'avoir lu ou appris par cœur des textes français, il faut les avoir compris. Or, l'intelligence des mêmes textes diffère beaucoup selon que les esprits y ont été plus ou moins préparés. En gros, il se peut que les esprits se rapprochent, mais non qu'ils se pénètrent. Encore faudrait-il choisir parmi les auteurs les plus simples et les plus accessibles. La lecture d'un Pascal, d'un Descartes, ou même d'un La Bruyère est au-dessus de certains esprits. On aura beau s'efforcer de niveler les intelligences, il faudra toujours qu'elles s'élèvent à un certain degré pour fraterniser entre elles.

On ne remarque pas assez que notre littérature classique est la littérature d'une société polie, aristocratique et chrétienne ; qu'elle est animée de sentiments et ex-

(1) *Id.*, p. XXIX.
(2) *Id.*, p. XXXIII.

prime des idées qui sont en opposition complète avec les idées et les sentiments des hommes qui, depuis un quart de siècle, s'efforcent d'orienter les esprits vers des horizons nouveaux. Elle n'a rien de populaire. Mme de Staël lui en fait un grief. Ceux qui l'ont fondée avaient, en effet, déclaré qu'ils ne recherchaient rien que ce qui peut déplaire « au simple populaire ».

Le spiritualisme chrétien est la pensée dont s'inspiraient tous ces peintres des passions ou des vices des hommes, ces moralistes, ces philosophes, ces théologiens. A l'exception de quelques Epicuriens, ils rejetaient le naturalisme païen et plaçaient la règle des mœurs dans une raison fortifiée par la foi. Cela est-il encore intelligible à des esprits pour qui le christianisme se résume dans le principe de la fraternité universelle ? Cette contradiction est si gênante que, sous le nom de *classiques français*, ce ne sont plus guère les Bossuet, les Pascal qu'on désigne, mais V. Hugo. Les maîtres « voudront orienter leurs élèves vers le monde moderne et tenir compte des nécessités du temps présent (1) ». Mais alors c'est dénaturer le classicisme.

Il faut reconnaître que l'éducation générale peut retirer un grand profit de cette méditation, dont la lecture des véritables classiques français offre l'occasion à chaque ligne. Si l'étude des grands écrivains français n'avait pas pour effet de provoquer l'essor de la pensée, d'éclairer la conscience, de féconder les sentiments, elle n'aurait qu'un caractère utilitaire. Elle serait sans cesse rabaissée par des esprits impuissants à s'élever au niveau des maîtres qu'on leur aurait donnés. Mais cela suppose que les esprits auxquels on s'adresse sont déjà naturellement sérieux et capables de réfléchir et de s'élever au-dessus de ce qui est vulgaire.

Peut-on affirmer que la moyenne des esprits possède ces qualités ? Que les enfants surtout en soient suscepti-

(1) *Id.*, p. XXXII.

bles ? L'expérience montre assez combien peu de gens y prennent plaisir, à plus forte raison la jeunesse. En réalité, on ne lit pas les auteurs, on en parle par ouï-dire et les écoliers d'après les manuels. L'esprit français est trop léger. Il préfère des lectures moins substantielles. Dès lors, n'est-il pas paradoxal de chercher là exclusivement un moyen de former les esprits? N'est-ce pas supposer ce qui est en question ?

La littérature française, d'ailleurs, n'est vraiment intelligible que pour ceux qui ont été formés par l'étude des langues anciennes. Ceux-là seuls possèdent la clef qui ouvre le trésor. Il faut avoir, au préalable, appris à penser, à analyser la pensée, ses formes, ses finesses, ses délicatesses. Il faut s'y être longtemps exercé par la traduction, qui oblige à préciser la valeur des termes, à en chercher les équivalents, à saisir leurs rapports et celui des idées, à juger de la justesse des images, à saisir les nuances des sentiments, à se rendre compte de la différence des procédés des langues. D'autre part, les œuvres de la littérature elle-même sont le fruit d'une imitation directe des œuvres anciennes. L'imitation a été le dogme fondamental du classicisme. De Ronsard à Fénelon on n'a cherché à « surpasser les anciens que par leur imitation ». Humanistes pour la plupart, nos grands écrivains ont goûté la beauté des formes antiques. Ils ont aimé la pureté et l'harmonie des lignes, la netteté de l'expression, la richesse des images, la noblesse des idées et des sentiments, la profondeur des sentences, l'élégance du style, la distinction des genres. Philosophes et moralistes, ils ont fondu la pensée chrétienne et la pensée païenne dans une synthèse si merveilleuse, qu'ils méritent à peine le reproche que Mme de Staël leur adressait d'avoir exprimé l'idée chrétienne sous une forme païenne. Cette critique, dont la responsabilité remonte à l'Allemand Schlegel, n'empêche pas notre littérature d'être une parfaite alliance de la nature et de l'art. C'est ce que Boileau enseignait à ses contemporains eux-mêmes, qui préféraient parfois, tout antiques qu'ils étaient de goût, le pédantisme ou la préciosité au naturel, à la vérité, à la clarté. Mais précisément cet art échappe à quiconque n'en connaît pas les sources, c'est-à-dire les formes plus élémentaires qu'en fournissent les anciens, les modèles primitifs et simples. S'il suffit d'être homme pour comprendre le langage de la raison, il faut à l'intelligence et au sentiment du beau, à ce qu'on appelle le goût, une initiation, et, s'il est juste de dire qu'une belle œuvre se révèle telle à tout esprit délicat, cependant la technique exige quelqu'apprentissage. Manquer de cette initiation et de ces connaissances techniques, c'est s'exposer à ne comprendre qu'à demi.

La langue et la littérature françaises ne sont déjà plus aussi simples que les langues et les littératures anciennes. La langue est un mélange habile de formes populaires et de formes savantes, d'expressions réalistes et de tours qui généralisent la pensée. Les formes poétiques ont parfoisquelque chose d'artificiel qui ressemble à l'alexandrinisme.

Le conflit des idées, les luttes que soutiennent les défenseurs de la tradition contre le naturalisme naissant, contre le libertinage d'esprit et l'incrédulité, exigent qu'on descende dans l'arène des opinions. Entre Voltaire et Bossuet il faut opter. De telles questions posées à des esprits jeunes, sans qu'ils y aient été préparés, ne sont-elles pas plutôt de nature à les troubler, qu'à les raffermir ? Et cette tradition qu'on propose à leur examen, peuvent-ils la juger, y adhérer, la condamner, sans la connaître ? Tout cela n'est-il pas au-dessus de leur portée ?

Ce défaut est moins grand dans notre littérature que dans les littératures étrangères, car le bon sens n'a jamais cessé d'être la qualité française par excellence et cette qualité se retrouve toujours dans le fond comme dans la forme des écrits. Néanmoins, les temps modernes sont encore trop près de nous, pour que nous puissions nous désintéresser des problèmes qui s'y sont posés, et ils sont trop loin de cette primitive et simple nature, dont parlait Fénelon, et qui distingue les œuvres antiques.

Ainsi, la langue et la littérature françaises ne s'expliquent pas par elles-mêmes, car elles ont leurs origines et ont subi, au cours de leur développement, des influences diverses ; elles ne sont vraiment intelligibles qu'à ceux qui sont capables de les rattacher à ces origines et de faire l'économie de ces influences ; elles ne peuvent pas suffire à remplir le but qu'on se propose, car elles supposent des esprits déjà partiellement formés.

Cependant, cette étude est nécessaire. Quand une fois on y a été préparé, on en retire les plus grands avantages. Les partisans des Modernes, vers la fin du règne de Louis XIV, les ont fait valoir avec un certain orgueil. Perrault admirait la profonde psychologie que nos écrivains devaient à l'influence du christianisme, et Pascal trouvait grâce devant Boileau lui-même. Plus tard, Rivarol célébra l'universalité d'une langue qui avait succédé au latin et qui répandait partout, avec le prestige d'une civilisation supérieure, les principes et la philosophie de la raison. Elle a, en effet, cette valeur. C'est en notre langue que les pensées des hommes acquièrent ce degré de généralité, auquel doivent atteindre toutes celles qui aspirent à l'immortalité. La langue française est impérissable, parce que son génie consiste dans un juste et harmonieux équilibre de toutes les facultés qui constituent l'âme humaine. Par là même elle est éminemment éducatrice.

C'est la supériorité de la langue française sur les langues et les littératures étrangères. Cette supériorité est si évidente que, dans les pays où la culture classique est presque nulle, comme en Angleterre, c'est l'étude de la langue et de la littérature françaises qui la remplace. Tout récemment, un pédagogue anglais, M. Brereton, faisait cet aveu que l'étude de notre langue est préférable à celle de l'allemand pour les Anglais eux-mêmes, et il en préconisait l'étude non seulement dans l'intérêt du commerce, mais à cause de sa valeur même.

Les littératures étrangères manquent de cette valeur classique. Elles n'ont pas, au même degré, cette sérénité dans laquelle l'esprit se complaît et se repose, parce qu'il se sent en possession de vérités universelles. Elles n'offrent pas à la pensée des sujets qui lui permettent de se recueillir, de se replier sur elle-même, de se posséder dans toute sa plénitude. Elles expriment, au contraire, ce qui est susceptible de troubler l'âme, de l'agiter, de la surexciter, d'ébranler l'imagination, de soulever les passions, c'est-à-dire tout ce qui dépasse la raison et entraîne l'individu dans le domaine du lyrisme ou du drame. Elles exaltent les douleurs chimériques du cœur que l'amour dévore, que la soif de l'infini ou le scepticisme tourmentent, que les élans inutiles vers un bonheur qui fuit sans cesse emportent hors de lui. Elles traduisent parfois les raffinements d'une pensée subtile, qui se prend elle-même pour matière et pour objet, qui se contourne, se fait coquette, précieuse et s'admire. Ces défauts sont dangereux pour l'esprit et même pour le cœur. La valeur éducatrice des langues étrangères en est considérablement amoindrie, car elles n'ont qu'une faible valeur esthétique et morale, comme toute la littérature romantique, dont elles sont la forme libre, comme leur génie en est la source. Le fond l'emporte sur la forme, et il conviendrait, au point de vue moral, de faire parmi les œuvres ce choix judicieux qui conserve ce qu'il y a de meilleur.

Les langues méridionales ont, à la vérité, revêtu quelques-unes des qualités classiques, mais ce sont les moins importantes. Elles ont la grâce et la couleur. Mais elles fractionnent la pensée à l'infini. Elles manquent de précision. Elles sont trop riches en synonymes, en diminutifs. Elles recherchent trop les nuances, les finesses du sentiment et de l'idée, vrais diamants qui font briller la lumière en la décomposant. Le clinquant du Tasse, l'emphase de Calderon ou de Lope, ont un instant égaré l'esprit français et il fallut tout le ferme bon sens de Boileau pour l'arracher à ces influences.

Les langues anglo-saxonnes, germaniques ou slaves sont-elles plus parfaites ? Nullement. Les langues slaves sont à peine des langues littéraires. La tentative faite en ces derniers temps pour introduire le russe dans l'enseignement des lycées, a lamentablement échoué. Peut-être serait-il mieux à sa place dans les Universités, car c'est une langue beaucoup plus complexe que le grec et qui n'est guère intelligible que pour des esprits accoutumés aux méthodes classiques. L'anglais n'est une bonne langue qu'en prose. La prose anglaise a de la netteté, de la précision, de la clarté. C'est le langage qui convient à des savants, à des historiens, à des philosophes, à des politiques, à des hommes d'affaires. Mais la littérature anglaise n'exprime que le côté contingent de la vie, le réalisme des mœurs ou de la science. Elle n'est pas assez profonde, assez générale, assez humaine. La poésie est presque toute dans le roman dont le charme disparaît pour quiconque ignore les mœurs anglaises ou les finesses de la langue. Le reste de la poésie, en dehors du drame réaliste ou fantaisiste de Shakespeare, est tout lyrique, et ce lyrisme n'est que l'épanchement d'un moi individuel en proie à une vague et maladive mélancolie. Le sentiment de la nature en est la source principale, car c'est sur les bords brumeux des lacs écossais que l'âme anglaise aime à méditer sur l'infini. C'est là que l'âme et la nature s'unissent comme dans un hymen plein d'ivresse et d'illusion mystérieuse, où l'une et l'autre semblent dire : « *I am not thine ; I am a part of thee* » (1). L'allemand, malgré ses prétentions classiques, n'enferme pas la pensée dans les formules d'une sévère logique. L'expression, quoique très variée, très suggestive, grâce à une grande facilité d'invention verbale, manque de netteté. La phrase est flottante, lourde, surchargée de subordonnées et d'incidentes. C'est une langue touffue, comme une forêt dont on n'a encore rien élagué, telle qu'était le français au

(1) Shelley.

temps de Montaigne. Du moins cet écrivain y introduisait la précision et la clarté. L'allemand y est moins propre. Les façons de penser et de sentir ne sont pas les mêmes que les nôtres. La différence est si profonde que les Allemands ne se contentent pas de l'étude de leur propre langue et que, pour la rendre intelligible, ils ont recours eux-mêmes au latin.

C'est en Allemagne qu'est née la littérature romantique. Cette littérature est entachée de graves défauts : l'excès d'individualisme, l'abus de l'imagination, l'exaltation de la sensibilité, les extravagances d'une pensée affranchie de toute règle, la préciosité, le grotesque, le manque de naturel et de vérité générale. Les beautés du lyrisme et du drame, le pittoresque et la couleur, les profondes émotions ne compensent pas l'absence d'une pensée universellement vraie, puissante à force de clarté et rayonnant dans une forme pure et simple.

Les langues étrangères sont donc inférieures, par la valeur morale et littéraire, à la langue française. Elles le sont davantage encore aux langues anciennes, qu'elles ne sauraient remplacer.

D'ailleurs, quand on nous conseille d'étudier les langues étrangères, ce n'est pas au point de vue de l'éducation générale qu'on se place, mais de l'utilité pratique. Reste à savoir si c'est suffisant ou même nécessaire.

On ne saurait méconnaître l'existence de besoins pratiques. Ils varient même selon les régions. Certains commerçants doivent savoir parler d'autres langues que la leur. Les programmes nouveaux ont été composés dans ce but. C'est donc pour parler ces langues qu'il faut les apprendre, c'est pour en faire un usage qui doit se continuer au delà du lycée.

Remarquons d'abord, avec Bossert, que la conséquence immédiate de ce principe est de faire du thème ou de la conversation les seuls exercices d'étude et que, par là même, le profit intellectuel est bien médiocre. Le thème n'est même plus une méthode, mais une fin, comme la conversation. Dès lors, il suffit que l'élève possède le vocabulaire usuel et les tournures courantes. Il peut s'éviter la peine de méditer les textes et de se former un style. L'enseignement oral acquiert dans ce système une importance capitale. La méthode Berlitz serait, à ce compte, la méthode par excellence, car elle permet d'apprendre une langue sans interposition du français. Ces exercices ne diffèrent pas de ceux d'un enfant qui apprend l'anglais avec une *miss* et l'allemand avec une *fraulein*. Or, l'expérience a depuis longtemps démontré que ces enfants ne les savent pas mieux que ceux qui les ont étudiés par la grammaire. La conversation ne peut guère être le moyen, la méthode. Rien ne peut remplacer l'étude de la grammaire et des textes. La conversation n'est qu'un accessoire, une récréation. Au surplus, parce qu'on sait parler une langue étrangère, il ne s'ensuit pas qu'on soit très cultivé. En France, tout le monde parle français, bien ou mal. Mais tout le monde est-il capable de lire Bossuet ou Pascal ? Tous ces polyglottes cosmopolites, qui parlent cinq ou six langues, sont-ils tous des esprits élevés ? Qui ne voit ce que l'enfant perd à ce système ? C'est sacrifier beaucoup pour de minces avantages.

Il y a, en effet, beaucoup de réserves à faire au sujet de l'utilité elle-même, qui est toute relative. Il faut nécessairement choisir, quoiqu'on puisse avoir besoin d'en connaître un très grand nombre. Un commerçant trafique avec les pays les plus divers. Mais tout le monde n'est pas Pic de la Mirandole. On se heurte là à une impossibilité. Faut-il, pour y échapper, enseigner le Wolapuck ou l'Esperanto?... Quoi qu'on en pense, l'utilité est moins grande pour les Français de connaître les langues étrangères que pour les autres nations, la nôtre. Le commerce français avec l'étranger est assez important, pour que ces nations soient intéressées à en continuer l'étude. Nous-mêmes, nous y sommes intéressés. Si l'étude du français, même en Russie, baisse partout, c'est avec notre complicité plus ou moins consciente. Ce n'est guère que depuis deux ans que l'Angleterre, l'Italie, l'Espagne ont commencé à la relever chez elles. Nous faisons le jeu de l'Impérialisme anglais et du Pangermanisme, en avouant que, pour sortir de chez nous, nous devons parler les langues étrangères, et nous perdons notre prestige aux yeux des peuples. Nous oublions trop que l'influence d'une nation se répand avec sa langue. L'Allemagne serait fière si le français pouvait être réduit à l'état de langue morte. L'Alsace serait peut-être encore française si elle n'avait pas parlé allemand. Les nationalités sont liées à l'unité des langues. « Toute la française doit être à moy », disait Henri IV. Car c'est dans les langues que sont déposés les sentiments et les idées qui composent l'âme d'un peuple. L'anglais s'est imposé à nous par une sorte de nécessité commerciale, l'allemand par des raisons militaires. Il y a une utilité plus grande, c'est de conserver notre propre génie. Les langues sortent de l'âme d'un peuple, comme des tiges puissantes et toujours vivaces. Les façons de parler traduisent les façons de sentir et de penser. Celles de la France sont supérieures, et nous ne devons ni nous laisser intimider par les 100 millions de sujets britanniques qui couvrent 3 millions d'hectares de la superficie du globe, ni nous laisser imposer par la victoire militaire des Allemands. Ce qu'il y a de plus utile pour les Français, c'est de maintenir leur langue, en face de l'invasion des idiomes étrangers, cette langue qu'on doit, disait Ronsard, respecter comme une mère.

On ne peut donc fonder la culture intellectuelle sur l'étude des langues étrangères. Leur utilité ne doit pas être exagérée. Leur valeur morale et littéraire est inférieure. Soumettre l'esprit des jeunes Français à cette discipline, ce serait prolonger dans le plus mauvais sens le mouvement réaliste, faire dévier notre littérature et altérer profondément l'âme française. En réagissant contre un dédain trop réel des langues étrangères, prenons garde de tomber dans un excès plus dangereux encore. Défendons notre patrimoine, et, si nous regardons parfois autour de nous, n'oublions pas qu'il est le plus noble et le plus riche.

⁂

Néanmoins, si universelles que soient les qualités de la langue française, si sérieux qu'en soit le fond, si précise, si claire, si expressive qu'en soit la forme, son étude exclusive ne suffirait pas à maintenir les esprits au-dessus d'eux-mêmes. Elle ne présente pas pour nous, Français, les mêmes avantages que pour les étrangers. L'étude unique de sa propre langue expose l'esprit aux mêmes dangers que le vice de consanguinité, c'est-à-dire la dégénérescence. Le pseudo-classicisme du XVIIIe siècle en est un exemple frappant. A force de s'imiter, de se répéter, les poètes tombèrent dans l'épuisement. A force de rechercher l'expression générale, ils produisirent une langue abstraite, sans relief, sans couleur et sans vie. La langue et la poésie auraient pu, à cette époque, se renouveler en remontant aux sources grecques et latines, ainsi que l'atteste la trop courte tentative d'A. Chénier. On préféra d'autres modèles. Il parut nécessaire d'ouvrir à la pensée française des horizons étrangers. L'esprit, comme la cellule vivante, ne se perpétue qu'en se métamorphosant sans cesse au contact d'autres esprits. Il se rajeunit, pour ainsi dire, et se régénère. La vie n'est qu'une éternelle transformation de l'activité, et il en est de l'esprit, qui est essentiellement un principe d'activité, comme des autres êtres.

La question se pose donc de savoir à quelles langues il convient d'emprunter cet élément de reviviscence. Or, de nombreuses raisons peuvent être données en faveur des langues anciennes. Non seulement elles ont engendré les langues modernes ou exercé sur leur développement littéraire une influence profonde, ce qui permet de les expliquer, mais encore elles sont par elles-mêmes des méthodes de formation intellectuelle et des formes d'expression du beau, dont aucune langue moderne n'approche, et particulièrement le latin.

L'étude du latin est préférable à celle des autres langues anciennes et la plus digne d'être généralisée. C'est une langue moins complexe que le grec, plus facile et aussi belle. Elle est, d'ailleurs, pleine d'hellénisme, car elle a été le moyen de diffusion de la civilisation grecque. Le sanscrit et l'hébreu n'ont pas les qualités classiques. Le latin les possède, sans la subtilité ni la molle souplesse du grec. Il est accessible à tous. Plusieurs langues modernes en sont dérivées et ne sont intelligibles dans leurs origines que par lui. Surtout, il fut la langue des jurisconsultes et il est encore celle de l'Eglise. Longtemps, il fut la langue universelle. Rome avait dominé le monde ancien et unifié les esprits. Elle n'avait pas seulement ouvert un temple à tous les dieux, elle avait fait la synthèse de toutes les idées et de toutes les coutumes. Ce patrimoine, elle l'a légué aux modernes, qui en vivent encore. Nous sommes les héritiers des Romains, car les Gaulois, les Germains et les Francs se sont romanisés. La France est la fille aînée de Rome. Sa tradition est toute romaine, et cette tradition est comme une sorte de sous-sol intellectuel dans lequel nous puisons nos croyances, nos lois, nos goûts, et duquel s'élève, comme une tige vivace et féconde, toute notre civilisation nationale. Que le grec soit réservé aux esprits délicats, amis de l'élégance, de la finesse, de la grâce souple et insinuante, épris des qualités de pure forme ; mais que le latin reste pour les Français la véritable langue maternelle.

La supériorité des langues anciennes résulte de leur caractère synthétique, de la simplicité des idées, de la valeur morale et esthétique des œuvres.

Ces langues sont synthétiques. Toute langue est une sorte de logique, une façon d'exprimer les idées et leurs rapports, un mode sensible de penser. Les esprits jeunes pensent d'une manière synthétique, c'est-à-dire qu'ils unissent dans un même jugement des éléments très divers. Ils sont frappés des aspects variés des choses. Les esprits plus mûrs décomposent leurs idées. Ils les analysent, en séparent les éléments par abstraction et les isolent. Cest pourquoi les langues anciennes, qui sont celles d'un monde jeune, traduisent la pensée au moyen de formes plus complexes et plus riches de signification que les langues modernes, qui sont plutôt des instruments d'analyse. Une forme verbale telle que πεφαινόμεθα, exprime tout ensemble : l'idée d'être vu, l'idée du passé et celles de *moi* et de *toi*. Une telle richesse d'expression permet de peindre vivement les choses et les actions ; mais, de plus, elle est pour la pensée un stimulant, car elle provoque la réflexion. Ce qui arrête d'abord l'esprit de l'enfant, habitué aux pratiques analytiques de nos langues modernes, est précisément ce qui lui donne ensuite la vigueur et l'accoutume à concentrer sa pensée. La traduction d'une langue analytique dans une langue synthétique et réciproquement, exige une certaine réflexion ; mais combien cet effort est fécond ! Tantôt il faut aller des choses aux mots, tantôt des mots aux choses. Ce n'est pas seulement l'imagination qui est frappée, c'est le jugement qui s'exerce, selon les diverses catégories ou manières d'affirmer, et qui s'éclaire en se précisant. L'esprit s'assouplit par cette gymnastique. C'est une erreur de croire que l'enseignement des langues consiste dans l'aspect direct des choses ou par le seul usage. Il est plus encore une œuvre de réflexion, de raisonnement, d'analyse et de synthèse. Par le fait même qu'il rattache les formes du langage aux formes de la pensée, les lois de la grammaire à ses propres lois, l'esprit se connaît et se possède.

Ce progrès de l'esprit est facilité par la simplicité des idées et des sentiments qu'expriment les langues anciennes. On a remarqué qu'ils étaient plus accessibles à l'esprit de l'enfant que les sentiments ou les idées modernes. Ils sont, en effet, plus voisins de la nature, plus naïfs, pour ainsi dire. Fénelon admirait cette « simplicité du monde naissant ». Un seul écrivain moderne a conservé cette qualité : l'Homère français, c'est La Fontaine. Par là même, l'enfant s'accoutume à voir nettement les choses dans leurs caractères essentiels et dans leur aspect pittoresque, à les sentir comme elles doivent être senties. Ce n'est plus seulement la souplesse d'esprit qu'il acquiert, la netteté, la justesse, c'est aussi la sobriété, la mesure dans l'émotion. Il est mis en garde, par l'habitude de penser avec les anciens, contre l'abus de l'imagination, l'exaltation de la sensibilité, les extravagances de la pensée, qui sont trop souvent l'effet de la lecture des écrivains romantiques. N'est-ce pas un immense avantage ?

Mais, ce qui place les œuvres anciennes à un rang supérieur parmi celles qui sont dignes de servir à l'éducation de la jeunesse, ce sont leurs qualités morales et esthétiques. De tout ce qu'avaient écrit les Anciens, la tradition nous a conservé le meilleur. Eux-mêmes, ils avaient fait ce choix, et, comme le gros des hommes ne se trompe pas, selon la remarque de Boileau, on peut être certain que ces œuvres n'ont été si universellement admirées que parce qu'elles sont vraiment belles et conformes à la raison humaine. « Lorsque des écrivains ont été admirés durant un fort grand nombre de siècles,... il y a de la folie à vouloir douter de leur mérite (1). » Une telle unanimité s'explique par la sympathie que les hommes de tous les temps éprouvent les uns pour les autres et parce que « la raison et le bon sens sont les mêmes dans tous les siècles (2) ».

C'est à ce point de vue qu'il convient, avant tout, de considérer les œuvres classiques. Ce qui est classique, c'est ce qu'il y a de profond en chacun de nous et qui se perpétue dans l'humanité tout entière, soit par le fond, soit par la forme des écrits. Les hommes se reconnaissent dans les images qui ont été tracées de leurs ancêtres et ils savent s'émouvoir « des mêmes choses qui ont mis autrefois en larmes le plus savant peuple de la Grèce (3) ». La raison et les passions, si diverses qu'aient été les conditions extérieures de la vie, n'ont point été modifiées dans leur nature. Le langage d'un Erasme ou d'un Vol-

(1) Boileau, Lettre à Perrault.
(2) Racine, Préface d'*Iphygénie*.
(3) Racine, Préface d'*Iphigénie*.

taire, d'un Bossuet ou d'un Leibnitz, n'a pas plus de patrie que celui d'un Sophocle ou d'un Virgile, d'un Horace ou d'un Homère. Comme Socrate, ils sont citoyens du monde.

L'interprétation des œuvres classiques de l'antiquité ne doit faire qu'une part inférieure, quoique suffisante, à l'histoire. La méthode historique, qui est celle des Allemands et qui a été introduite en France par M. Bréal, en 1880, a fait dévier la pédagogie française. Autrefois, et selon la maxime du bon Rollin, les études classiques avaient une autre fin qu'elles-mêmes : elles consistaient à « apprendre à apprendre », à acquérir la méthode de penser, l'art de s'instruire, plutôt que la science proprement dite. On s'attachait à former le jugement et le goût. Depuis, il semble qu'on ait pris pour principe cette formule : *non multum, sed multa.* L'esprit allemand, admirant partout l'évolution de l'Esprit universel, considérant les nations comme des étapes de cette évolution incessante, se considérant lui-même comme son type le plus parfait, n'a compris le classicisme que sous la forme historique ou philologique. C'est une conception fausse. Mais, en Allemagne, cette conception du classicisme n'était enseignée que dans les Universités et non pas dans les Gymnases. En France, on ne s'est pas contenté de l'introduire dans l'enseignement supérieur, mais encore dans l'enseignement secondaire. L'influence de l'Allemagne a faussé notre culture littéraire, en nous habituant à considérer plutôt le côté contingent de la vie que son principe et sa nature, plutôt les conditions extérieures que les caractères rationnels de la beauté. Nous avons fini par prendre à la lettre les critiques de Lessing et de Schlegel à l'endroit de nos classiques qu'ils accusaient de n'avoir point compris les anciens, et nous avons cessé de les interpréter à la manière de Boileau, de Racine, de La Fontaine, de La Bruyère, de Fénelon, pour subir la lourde méthode des Mommsen, des Madwig, des Gow, des Reinach, etc. L'érudition a détruit le goût. Au lieu de rester fidèles à notre propre génie, nous nous sommes attachés à des subtilités de philologues, comme au temps des Alexandrins. Nous nous sommes appliqués à d'hypothétiques restaurations du passé, au détriment des humanités véritables. Nous nous sommes égarés dans des conjectures hasardeuses, pour expliquer la filiation des formes verbales, au détriment du style, qui est l'homme même. L'historien qui se borne à reconstituer le passé, sans se préoccuper des motifs constants des actions des hommes, ni du caractère tragique que ces actions donnent à leurs passions, se livre à une inutile recherche. Le linguiste qui compare des dialectes et reconstitue les types intermédiaires des formes du langage, ne fait pas œuvre utile pour l'esprit. L'histoire n'a de place dans l'art qu'autant qu'elle enveloppe la vérité humaine du prestige des souvenirs ; les recherches philologiques n'intéressent que si elles nous font assister au travail de l'esprit créateur, à ses efforts, à ses erreurs mêmes. Peindre les mœurs, c'est d'abord peindre l'homme. Écrire, c'est manifester les qualités de la pensée et les facultés de l'esprit. Sans doute, les œuvres littéraires tiennent au passé par tous les éléments matériels qui les constituent, puisque tout se détermine dans le temps ou dans l'espace. Mais les conditions de milieu ne sont ni la vérité, ni la beauté.

La vérité dans l'art, c'est la vérité morale ou la vraisemblance, c'est ce que tout le monde comprend et qui est plus vrai que le réel même. Aristote jugeait la poésie plus philosophique que l'histoire; Boileau observait que le *vrai* pouvait n'être pas *vraisemblable*. La réalité n'appartient à l'art qu'à la condition de revêtir un certain caractère d'universalité ou d'humanité. « Le rôle de la littérature, dit excellemment Brunetière, sa fonction propre, est de faire entrer dans le patrimoine commun de l'esprit humain tout ce qui intéresse l'usage de la vie, la direction de la conduite, le problème de la destinée,... de transposer et de traduire ce qui ne devient clair et même peut-être vrai, qu'en devenant général, » de « faire comprendre aux autres hommes les intérêts qu'ils ont dans les questions, dont ceux mêmes qui les traitent ne connaissent pas toute l'importance (1). » L'art est une manifestation de la nature humaine et de la vie, dans leurs rapports avec le monde physique et le monde moral. Il arrache les individus à leur propre *moi* pour les unir dans l'humanité et dans leurs communes aspirations vers l'idéal. Par cela même, l'homme se connaît et s'élève. Il cherche son plaisir dans une vie plus haute. Il se délivre de la réalité, des imperfections, des douleurs. Il se décharge, s'affranchit, se libère, et, selon l'expression d'Aristote, se purifie. Dans la vie, les forces de l'âme se désagrègent et s'isolent ; par l'art, elles rétablissent leur équilibre. L'homme revêt une personnalité supérieure et acquiert une notion plus claire de l'ordre qui doit présider au développement de son être. Ainsi, il ne cherche pas seulement son plaisir en lui-même, mais à la source de la perfection : « L'esprit humain, dit V. Hugo, a une cime, cette cime est l'idéal. Dieu y descend, l'homme y monte (2). » Les rayons de l'idéal viennent donc éclairer la vie et la rendre universellement intelligible.

Les anciens n'ont pas laissé aux modernes beaucoup à découvrir dans le domaine de la vérité morale. La Bruyère le remarquait dès les premières lignes de ses études sur les *caractères* et les *mœurs* de son siècle : « Tout est dit depuis six mille ans qu'il y a des hommes et qui pensent..... Horace et Despréaux l'ont dit avant vous..... » Un tel hommage rendu aux anciens se justifie, en effet, par la profondeur et l'élévation des idées qu'ils nous ont transmises sur l'homme et sur la vie. Les éducateurs modernes le reconnaissent d'ailleurs, car ils leur demandent pour la jeunesse des leçons de sagesse. Mais, à la différence des éducateurs de la Renaissance et du XVIIe siècle, il ne puisent qu'à une seule des deux sources antiques. L'antiquité chrétienne, vers laquelle, pour lutter contre la Réforme avec les mêmes armes, remon-

(1) *Les époques du théâtre français.*
(2) Victor Hugo, *Shakespeare.*

taient les Pascal, les Arnault, les Bossuet, les Leibnitz, ils la négligent, pour n'admettre que les maximes d'une philosophie purement rationnelle ou naturaliste. Et cependant, combien l'homme paraît plus grand et la vie plus noble, considérés du point de vue chrétien !

Les moralistes païens ont décrit les passions et les vices du cœur et enseigné l'art de se rendre heureux par la pratique de certaines vertus raisonnables et nobles. A cet égard, les Romains furent même supérieurs aux Grecs. La morale fut en quelque sorte la dernière foi des Romains, le refuge des âmes élevées. Ils cherchèrent dans la vertu un remède au doute. Ils s'aidèrent à vivre par des *consolations* et des conseils mutuels. Arrachés à la vie publique, courbés sous le joug des Césars, ils s'exhortèrent à supporter leurs maux, plutôt que de mettre fin par le suicide à une vie dégradée. Historiens, orateurs, poètes lyriques, poètes épiques, poètes satiriques collaborent à la même œuvre. Tandis que les moralistes de profession écrivent des *maximes*, des *lettres* de direction, des *consolations*, T. Live transfigure les anciens Romains en des types d'honnêteté et d'héroïsme ; Tacite oppose les mœurs germaniques aux mœurs romaines, flétrit le despotisme et loue les grands caractères ; Sénèque et Quintilien déclament des lieux communs de morale dans les écoles ou dans les salons ; Horace passe de l'épicurisme au stoïcisme, célèbre, dans les *Satires*, le sentiment de la dignité personnelle, la résignation, la bienfaisance, dans ses *Odes* les vertus de l'ancienne Rome, à la manière de Virgile ou de Properce, la tempérance, le courage, la justice, la prudence, le patriotisme, la grandeur d'âme, la résignation à la mort. Ses *Epitres* sont de véritables lettres spirituelles, où il enseigne que le détachement, le renoncement, la paix de la conscience rendent l'homme plus heureux que la gloire. Perse fait la guerre au monde et exagère l'austérité jusqu'à la dureté ; Juvénal écrit de véritables sermons sur l'ambition, le mépris des biens de la vie, la pitié, la charité même ; Lucain glorifie dans Caton le Censeur, l'énergie dans la souffrance ; Sénèque enfin prêche la retraite et la vie intérieure. Ils retournaient à la vérité par la vertu, seule voie qui reste ouverte aux sceptiques. Leur philosophie, si noble et si belle, n'est cependant pas accessible à la moyenne des hommes. C'est la philosophie des âmes fières et énergiques. Les Stoïciens sont les Jansénistes du paganisme. Ce n'est pas la philosophie des hommes d'action ni des cœurs généreux, parce qu'elle est fataliste. Elle ne comprend ni la bonté, ni l'amour, parce qu'elle est pessimiste. Elle fait dériver la charité, non seulement du déterminisme universel, mais du sentiment de notre commune misère. Elle ne corrige ce fatalisme par aucune pensée d'espérance et n'enseigne qu'une aveugle résignation : *volentem fata ducunt nolentem trahunt*. Elle n'attribue à la vie aucun prix, et, tout en exigeant beaucoup de sacrifices inutiles, elle n'ordonne pas d'actions obligatoires. Elle ne renfermait point ce principe de régénération morale, dont toute âme humaine a besoin.

La philosophie chrétienne des Pères de l'Eglise a cette supériorité qu'elle donne à la vie un sens sublime. Elle rattache l'âme à Dieu, explique les rapports de l'infini et du fini, de l'ordre naturel et de l'ordre surnaturel, l'origine et la fin mystérieuses de l'homme. Elle pose le problème religieux. Elle le résout par le dogme de l'Amour et de la Grâce. Elle montre à l'homme à la fois sa grandeur et sa faiblesse, comment il est faible en tant qu'il viole la justice et porte atteinte à la nature divine, comment il est grand en tant qu'il se relève et participe à la vie divine, qui descend en lui et le purifie. Par la foi, par l'espérance, par la charité, l'homme et Dieu communient et les hommes communient en Dieu. Aucune philosophie ne surpasse en grandeur cette doctrine, aucune morale ne fournit un principe d'action plus efficace. Le christianisme est la religion de la perfection, de la justice et de l'amour. Il est le lien des âmes s'oubliant elles-mêmes et aimant ensemble un Etre supérieur, qu'elles regardent comme le Bien par excellence et le Père commun des hommes.

C'est une doctrine sublime. Elle vaut bien un système philosophique, et elle a quelque chose de plus profond assurément. Chez les Pères de l'Eglise, l'humanisme touchait au divin.

L'intelligence humaine n'a cessé de se nourrir du pain de ces doctrines et de puiser à ce double courant d'idées. Pendant dix-huit siècles elles ont guidé la marche de l'humanité et éclairé l'intelligence. Quand, réagissant contre le formalisme scolastique et l'abus de l'autorité, la pensée moderne se replaça sous la discipline des anciens, elle ne sépara point les deux antiquités et c'est de leur union que naquit cette admirable philosophie chrétienne, qui constitue le fond de notre littérature classique. Platon, Sénèque, Plutarque, d'une part, et, d'autre part, saint Paul, saint Augustin, Tertulien, Origène ont été les maîtres de nos plus grands penseurs. Ceux-ci ont fécondé ces enseignements par l'expérience de la vie, autant que par la méditation. Du moins, les anciens ont été leurs guides, et rien ne prouve mieux la supériorité de l'éducation classique que cette vitalité qu'elle a donnée à la pensée française.

La vérité morale, voilà donc le premier fruit que l'on retire de la lecture des chefs-d'œuvre des anciens ; la vérité esthétique est le second. La première éclaire notre raison et notre conscience ; l'autre épure le goût.

Le goût n'est point une faculté spéciale, une sorte de sixième sens, dont les jugements seraient infaillibles. C'était l'opinion de Topffer. Mais il est facile de remarquer qu'il n'existe point en nous un tel oracle. « Le goût n'est rien qu'un bon sens délicat (1). » Il n'est, selon nous, qu'une certaine habitude de juger des choses d'art. C'est une qualité d'esprit, que nous acquérons par la réflexion et par l'expérience. Il y a, à vrai dire, un fondement pour disputer des goûts, une règle, un principe universel. C'est le jugement, la raison, le bon sens. Cela est inné. On ne redresse pas celui qui a le goût de travers, pas plus que

(1) Voltaire.

celui qui a l'esprit faux. Mais il y a dans le goût des éléments personnels, qui viennent de chacun de nous, qui résultent de notre imagination et de notre sensibilité, qui influent sur nos jugements et sur nos préférences. Il importe que ces divers éléments soient parfaitement équilibrés. Chacun doit se former le goût, comme la conscience et le perfectionner sans cesse. C'est une partie de l'éducation.

Rien n'est plus propre à nous aider dans cette tâche que l'étude des anciens. Ils sont les maîtres du bon goût comme les créateurs du grand art. Boileau, répétant le conseil d'Horace, en recommandait jour et nuit la lecture. L'art antique idéalise la nature en universalisant la pensée qui l'interprète, et, d'autre part, il la peint au moyen de formes harmonieuses et expressives. Les anciens ont conçu la beauté comme la manifestation sensible d'une vérité morale au moyen du style ; comme l'expression de l'homme par un homme : « *propriè communia dicere* » ; comme une source de jouissances pures, où le sentiment d'une vie plus haute et parfaite anime la représentation de la vie réelle. Avec ce sens de l'unité et de la mesure, qui les distingue et qui n'est qu'une forme de la raison, ils ont ramené l'objet réel à son idée, sans effacer le détail ni détruire ce qui s'adresse aux regards, à l'imagination, au cœur, sans renverser le rapport qui unit le sensible à l'intelligible. Agamemnon se voilant le visage devant le bourreau de sa fille, Socrate discourant sur l'immortalité de l'âme en attendant la mort, Agrippine criant au soldat cette parole : « *feri ventrem* », ne sont-ils pas plus émouvants que lady Macbeth hallucinée ou Hamlet en délire ? La raison est toujours satisfaite. Toujours une pensée morale ou une vérité générale occupe l'esprit et dirige l'ensemble. Et cependant, le détail conserve tout son relief, toute sa couleur, tout son pittoresque. « Homère et Virgile, écrit La Bruyère, ne sont au-dessus des autres écrivains que par leurs expressions et par leurs images. » Ils ont le sens du style, qui est, après l'harmonie et le mouvement de l'ensemble, l'élément le plus puissant de la beauté. Ils savent émouvoir, comme ils savent peindre. De même qu'ils expriment avec netteté le caractère distinctif d'une chose, de même ils produisent l'impression la plus conforme à sa nature. Ils ont créé des types littéraires et poétiques, des genres, dont ils ont fixé les lois essentielles et qui répondent soit à des besoins de l'esprit, soit à des fins sociales. Ils ont eu à la fois le sens de la convenance et celui de l'unité. Chez les Grecs, le théâtre avait un but religieux et était un élément du culte, le lyrisme prêtait une voix aux foules assemblées et aux sentiments patriotiques, l'histoire glorifiait les héros et les vertus nationales, l'éloquence était une distraction mondaine ou un acte civique. Mais aussi ces genres répondaient au besoin d'apaiser l'âme par l'illusion d'une activité idéale, d'épancher les sentiments impétueux du cœur, de conserver la mémoire du passé, de persuader ses semblables d'une action utile à faire. Apportant dans la création des formes la même netteté de vues que dans l'observation de la nature, les Grecs ont distingué entre les divers modes d'expression du beau et entre les plaisirs différents de l'intelligence ; ils en ont respecté l'ordre naturel ; ils ont donné à chaque type une physionomie propre et composée en vue d'une impression à produire, fondamentale et spéciale. Par ces moyens, ils ne nous causent que des joies sereines et légitimes au regard de la raison et de la conscience. C'est ainsi que le goût se forme en nous par un commerce constant avec ce qu'il y a de plus raisonnable, de plus humain, de plus naturel, de plus simple, de plus élégant, de plus noble, de plus délicat.

A cet égard, on ne saurait distinguer entre les Grecs et les Romains. Le goût latin, si grossier d'abord, s'est à ce point hellénisé que, s'il a produit une poésie peut-être un peu artificielle, on y retrouve, cependant, les scènes épiques d'Homère, la finesse des Alexandrins, l'élégance de Théocrite, la passion de Sapho ou la verve d'Alcée, sinon le souffle de Pindare et le pathétique grandiose d'Eschyle et de Sophocle. Peut-être y a-t-il plus d'art aussi chez les orateurs et les historiens latins que chez les Grecs. L'histoire était pour eux une autre forme de l'éloquence ou de l'épopée. Mais, par cela même que l'art y est plus apparent, les œuvres latines sont plus accessibles à la jeunesse.

Par le fond comme par la forme, la littérature ancienne est donc la plus propre à aider à l'évolution de la conscience et du goût.

Pour en retirer les avantages personnels, que les littératures anciennes peuvent procurer, une condition est nécessaire : il faut une méthode sûre. La seule qui soit vraiment efficace, c'est l'étude directe des textes, c'est le travail de la lecture, de la traduction, de l'imitation. Ces exercices fécondent l'esprit et règlent sa force créatrice.

Ce sont les textes mêmes qu'il faut lire. La lecture des traductions toutes faites n'a pas cette vertu, parce qu'elle n'exige ni la même intensité, ni la même sorte de réflexion.

Il en est de même des commentaires qui ne s'adressent qu'à la mémoire, de ces analyses qu'on n'a pas faites soi-même, de cette littérature de *Manuels* superficielle, abstraite, souvent inintelligible, dont certains maîtres farcissent la tête de leurs disciples, que ceux-ci répètent machinalement dans les examens et qu'ils s'efforcent ensuite d'oublier. Quel profit intellectuel en ont-ils tiré ? Aucun, parce qu'ils n'ont pas mis leur esprit en contact avec la pensée d'autrui.

La lecture est un entretien de sa propre pensée avec la pensée d'un grand penseur. Tantôt elle écoute, attentive et recueillie, et tantôt elle parle et discute. L'analyse mentale, qui décompose les éléments d'une œuvre littéraire, qui cherche la réponse à certaines questions de fond ou de forme, complétée par une synthèse, qui en donne une idée d'ensemble, laisse dans l'esprit des traces profondes. La stérilité de la pensée tient précisément au manque de lecture et de réflexion.

La pensée ensuite prend son essor. Elle devient personnelle et puissante. A son tour, elle s'exprime dans une forme originale et belle, car la composition n'est pas un pastiche, un artifice, une adaptation des procédés observés dans les modèles, mais un élan spontané de l'esprit en possession de ses moyens et faisant de ceux-ci un emploi nouveau pour créer la beauté. Il faut qu'un humaniste ou un rhéteur devienne un penseur, un artiste véritable. Par ces moyens, par l'étude intelligente des modèles, par une imitation qui est une véritable création, le génie parfois se révèle.

Ajoutons encore qu'il importe à l'art et à la conservation de l'esprit français que ces études ne s'affaiblissent point chez nous. Car, si tel individu en particulier n'a pas besoin d'une telle culture, c'est qu'il la reçoit d'une manière indirecte et à son insu par l'influence qu'il subit dans le milieu où il vit et qui s'exerce même sur notre industrie. Mais la masse en a besoin. Autrement, ce serait livrer les esprits à la fantaisie individuelle, l'art au caprice ou à l'utilitarisme, et ruiner l'un des éléments constitutifs de la race, la tradition ; ce serait enfin abaisser les âmes en les détachant du véritable idéal. Il semble que ces vérités aient frappé les réformateurs de l'enseignement secondaire, car ce qu'il y a de meilleur dans les nouveaux programmes, c'est cette invitation qu'ils contiennent à la lecture des textes et à leur explication orale. comme méthode d'enseignement, et aussi à l'exercice personnel de la pensée par des compositions dont les sujets n'exigent plus exclusivement un effort de mémoire.

On nous pardonnera ce long plaidoyer en faveur de la culture classique. Il nous a paru utile de rappeler ces vérités si simples, dans un temps où le préjugé moderne est si puissant qu'il efface toute autre considération. Nous avons répondu à l'objection si fréquente des gens superficiels : « à quoi sert le latin ? » Quand le latin n'aurait que cette utilité de ramener les esprits sur eux-mêmes, bien des gens devraient regretter de ne l'avoir point étudié. N'est-ce donc rien que d'avoir appris à gouverner sa pensée, à la porter dans tous les sens, à la diriger sur tous les objets de connaissance, sur les hommes et sur les choses et même plus haut encore ? N'est-ce donc rien de savoir ramener les choses utiles à leur véritable valeur et de connaître le prix de ce qui les dépasse ? N'est-ce donc rien de pouvoir s'arracher à ce réalisme, qui ne laisse que du dégoût et des blessures dans l'âme, et monter d'un élan de pensée vers ces cimes lumineuses, d'où l'on découvre tous les horizons de la vie ? Et pense-t-on qu'un peuple n'ait aucun intérêt à cette élévation des idées ? Ce serait oublier que les idées mènent le monde, que les grands génies donnent souvent plus à leurs contemporains qu'ils n'en reçoivent, et que les grands progrès sociaux ont là leur source. L'éducation qui rend aux hommes un tel service mérite donc vraiment le beau nom d'*Humanités*. Voilà le sens véritable de ce mot. Mais précisément ce service ne peut être rendu avec la même valeur ni par l'étude des langues étrangères, ni même par celle de la langue française. On a vu pour quelles raisons. Souhaitons donc que le latin demeure la base de toutes les études littéraires, comme il est le tronc vivace qui porte encore comme des rameaux fleuris toutes les langues modernes. Les langues anciennes ne sont point mortes. « Au contraire, disait Lamartine, elles sont immortelles. »

Il se dégage de ces considérations une conclusion dernière : c'est qu'en matière d'éducation le rôle des lettres l'emporte de beaucoup sur celui des sciences. Leur action est plus profonde et plus complète. La science est purement objective, ou, quand elle sort du domaine de la réalité ou de l'expérience, elle rentre dans celui de la philosophie, puisqu'elle n'est plus alors qu'une sorte d'idéalisme. Elle doit beaucoup elle-même à la science de l'esprit. C'est pourquoi la meilleure préparation à l'étude des sciences est encore une formation préliminaire de l'esprit par le moyen des études littéraires. Il ne suffit pas de connaître les choses de la nature et d'exercer sa mémoire ou la faculté d'induire ou de déduire. Il faut se connaître soi-même, dans toutes ses facultés, et celles-ci dans leur nature, dans leurs lois, dans leur portée, dans leur ordre. Il faut aussi connaître les hommes. Or, la connaissance des hommes est plus difficile encore que celle des choses : l'expérience nous la donne trop souvent à nos dépens, mais l'étude des lettres nous y prépare. Les véritables études, ce sont les études *libérales*, c'est-à-dire celles qui embrassent dans leurs rapports les plus généraux ces trois grands objets de connaissance : le vrai, le bien, le beau. Nous ne regardons point comme libérale une éducation exclusivement scientifique ou exclusivement littéraire. Le lettré a un penchant à l'idéalisme, le savant un penchant à l'empirisme. Chacun a besoin du correctif de l'autre. Mais, s'il faut opter, nous dirons que de toutes les sciences la plus nécessaire, la plus importante à connaître, c'est la science de ce que nous sommes, parce qu'elle est le fondement de la science de ce que nous devons faire. Voilà les véritables *humanités*. L'humanisme, qu'est-ce autre chose que la formation de l'âme humaine par le classicisme ? et le classicisme n'embrasse-t-il pas tout ce qui est universel, toutes les aspirations de la pensée dans le double sens du fini et de l'infini ? N'est-il pas la synthèse de tout ce que les hommes ont pensé sur la vie, sur la nature, sur le monde, sur l'homme et sur Dieu ?

Cela est si vrai que, quoi qu'on ait pu tenter pour dénaturer l'enseignement secondaire, sous prétexte de le moderniser, de l'adapter aux milieux divers, aux besoins sociaux, aux goûts individuels, et pour y introduire, avec un esprit nouveau, la souplesse et la variété, le plan d'études de 1902 ne paraît pas satisfaire les familles. Le bon sens public réagit de lui-même. Comme il n'a été que médiocrement tenu compte de l'opinion qui s'était manifestée, lors de l'enquête de 1897, en faveur de la culture classique, les faits montrent combien on a eu tort. Sur 78 rapports, 66 avaient été favorables. Depuis, ce sont les sections, qui comportent l'étude du latin, qui, ainsi que le constatait, il y a quelques jours, M. le Ministre de l'instruction publique, « conservent la faveur des familles ». Remarquons même que, parmi ces sections, deux surtout sont florissantes : ce sont celles qui correspondent aux anciennes études classiques, soit littéraires, soit scientifiques ; les autres n'ont que très peu d'élèves et en auront probablement encore moins dans l'avenir. Mais alors l'opposition des deux sections principales apparaîtra davantage et avec elle les inconvénients d'un système exclusif pour les uns de culture scientifique, pour les autres de culture littéraire, et il faudra forcément en revenir à une conception plus large de l'éducation classique fortement unifiée.

Entre l'éducation générale et l'enseignement secondaire, le rapport à établir est donc ce que l'un et l'autre renferment de libéral. La première pose comme principe le respect dû à la personne morale, le second le développement de cette même personnalité. Se former soi-même selon un type de perfection, dont l'humanisme est la forme réelle et traditionnelle et qui laisse cependant à l'âme le sentiment que quelque chose le dépasse, voilà l'éducation classique, voilà l'éducation secondaire, voilà l'éducation libérale. Ces termes sont presque synonymes : humanisme, classicisme, libéralisme !... « Cette éducation, a dit Villemain, fut toute la liberté d'un autre âge. (1) » Il ne faudrait point qu'elle devint, sous un fallacieux prétexte d'utilité publique, un moyen d'asservir la pensée à un dogmatisme intolérant et sans largeur.

(1) Rapport au roi, 1843.

CHAPITRE V

LES MONOPOLES ET LA LIBERTÉ

Les études libérales sont, par leur nature, indépendantes de toute autorité, car elles sont pour tout homme comme une prise de possession de sa propre pensée. De même que le philosophe, après avoir fait la critique des doctrines de ses devanciers, se recueille et s'interroge, de même le jeune homme essaie les forces de son intelligence en examinant d'une façon générale tous les objets à connaître, avant de les diriger vers des recherches personnelles. Cependant, il est nécessaire qu'il soit guidé dans ce travail de sa pensée, et dès lors il convient de se demander qui possède l'autorité suffisante, qui a qualité pour lui servir de maître ou le conseiller. Est-ce l'Eglise ? Est-ce l'Etat ? Sont-ce les particuliers ? Quels sont les droits de chacun et leurs limites ? Tel est le problème. Nous le discuterons avec toute l'impartialité et toute l'indépendance qu'il réclame. Il est besoin de mettre au point les nombreuses questions qu'il soulève, de rechercher les moyens de les résoudre, dans les conditions d'existence de la société moderne, sans léser aucun droit, et de fonder un véritable régime de liberté.

Deux systèmes se trouvent en présence : le monopole et la liberté.

I

Un monopole est le droit d'exercer une industrie à l'exclusion de toute concurrence. Ce droit peut être reconnu, soit à un individu, soit à une association, soit à une municipalité, soit à l'Etat même.

En matière d'enseignement, le monopole n'est pas seulement l'exercice exclusif de la fonction éducatrice, accompagné ou non de profits matériels, mais une propagande, la prédication d'une doctrine à l'exclusion d'une autre.

Le monopole de l'enseignement a existé en Angleterre à partir d'Henri VIII, au profit de la religion anglicane ; mais, à mesure que la liberté religieuse s'est étendue à côté de la religion d'Etat, il s'est détruit lui-même et les écoles sont devenues confessionnelles.

En Prusse, quoique les écoles soient confessionnelles, toute espèce d'enseignement se donne au nom de l'Etat.

En France, l'enseignement fut longtemps le privilège de l'Eglise, puis une attribution de l'Etat, limitée pourtant dans son exercice, tempérée par un certain libéralisme, qui admettait l'initiative privée. De nos jours, on semble revenir au monopole. On tente de renouer une longue tradition et on invoque des arguments nouveaux.

Longtemps maîtresse exclusive de l'enseignement, l'Eglise n'a jamais cessé de le disputer à l'Etat.

L'Eglise exerça le monopole pendant toute la durée du moyen âge. Elle avait reçu des mains des derniers maîtres païens le dépôt de la science antique. Elle fonda la Scholastique, c'est-à-dire l'enseignement des Ecoles et des Universités, vaste synthèse de toutes les connaissances puisées dans les Livres saints, dans les enseignements des docteurs, dans les écrits des anciens, dans la raison elle-même. C'est sous son autorité que les écoles et les Universités étaient placées. Elles s'étaient fondées autour des monastères et des cathédrales. Les Conciles avaient ordonné ces fondations, les papes en avaient approuvé les constitutions, les rois reconnu les privilèges. Mais les rois n'avaient point placé leur autorité au-dessus de celle de l'Eglise. Les Universités dépendaient du Saint-Siège. Elles étaient, dit Loisel, « vrayement cléricales et ecclésiastiques, sainctes et sacrées, et non pas laïcales et séculières (1). » Les écoles étaient inspectées par les évêques, les maîtres institués par les chantres des églises cathédrales, par les Chapitres, par les curés de paroisse. Ces maîtres étaient quelquefois des laïques, mais ils relevaient de l'Eglise. L'autorité ecclésiastique avait le droit de *censure*. Elle imposa même à ceux-ci l'obligation de se pourvoir de la *licence* d'enseigner. Ils faisaient partie de la hiérarchie, payaient des taxes aux chapitres, par exemple à Lyon et à Paris. L'autorité dont les évêques et les curés jouissaient au moyen âge fut confirmée dans les temps modernes par les ordonnances de 1606, 1695, 1698, 1724. Le curé devint la seule autorité du village. Comme il n'y avait pas de représentant du pouvoir central, il avait à la fois l'autorité civile et l'autorité religieuse. S'il est vrai que les pères de famille conservaient la liberté de choisir les maîtres d'école, puisqu'ils les payaient, ainsi que le reconnaissaient les intendants, leur choix ne pouvait se porter que sur un candidat muni de l'approbation ecclésiastique (2). L'Eglise exerçait donc seule la juridiction, de sa propre autorité d'abord, avec l'approbation du pouvoir temporel ensuite. Longtemps, elle avait été seule en possession de la science.

Cependant, son autorité rencontra des limites, au temps de la Renaissance, non seulement dans l'autorité royale, mais dans la liberté des consciences. Elle avait elle-même proclamé à la face de l'Etat païen la valeur morale de la personne humaine et sa liberté. Un tel principe était une borne aux abus de l'autorité. Cette borne, les Eglises dissidentes la lui opposèrent, et ce fut à l'Etat qu'échut le rôle de maintenir entre toutes la paix et de faire respecter les personnes. Les traités de Westphalie proclamèrent le principe de l'indépendance temporelle des nationalités diverses, et, s'ils maintenaient

(1) *Traité de l'Université de Paris.*

(2) *Cf.* de Charmosse, *Etat de l'instruction primaire.* — *Cf.* A. Babeau, *l'Ecole du Village.*

le principe de l'unité religieuse dans chaque Etat, selon la maxime : *cujus regio ejus religio,* ils laissaient les princes libres d'opter en matière religieuse et de tolérer des dissidences pour conserver leurs sujets.

Ces limites apportées à l'autorité de l'Eglise et les conséquences que de tels principes entraînaient dans l'ordre politique et administratif devaient être la cause d'une lutte longue et douloureuse entre l'Eglise et l'Etat, dont on ne saurait, à l'heure actuelle, prévoir l'issue.

Cette lutte s'est transportée, au XIXe siècle, sur le terrain de l'enseignement, que l'Eglise essaya de conserver ou de ressaisir. Il se produisit alors ce fait que l'Eglise pour continuer sa mission, se plaça dans la dépendance de l'Etat. L'article 1er du Concordat, en reconnaissant le droit de police de l'Etat sur l'exercice du culte, conduisait à cette conséquence. On vit l'Eglise enseignant même la religion au nom de l'Etat. « Toutes les écoles de l'Université impériale, disait Napoléon, doivent prendre pour base de leur enseignement la religion catholique... (1) » Le monopole de l'Eglise s'absorbait dans le monopole de l'Etat. Sous la Restauration, c'est l'Université elle-même qui décide de s'ouvrir à l'Eglise, sans devenir une corporation religieuse. Ses statuts furent remaniés dans ce sens par Fontanes et A. Rendu. Donnant satisfaction au vœu de Murard de Saint-Romain, qui avait proposé de placer l'enseignement sous l'autorité des évêques, le Gouvernement établit un évêque comme grand-maître de l'Université. Le journal *le Catholique* pouvait alors combattre la liberté d'enseignement, parce qu'elle favorisait les « boutiques d'éducation », et réclamer le rappel des congrégations. Même sous la Monarchie de Juillet, ce grand-maître, qui n'est qu'un philosophe, prétend à la direction des consciences. C'est pourquoi Lamartine accusait l'Etat de « trahir sa mission », parce qu'il avait livré l'enseignement à l'Eglise, et de « violenter » tout ensemble l'enseignement reli-

(1) Art. 38 du décret du 17 mars 1808.
(2) *Cf.* avril 1826, août, décembre 1827.

gieux. En ces matières, disait-il, on est dans le faux, parce que Napoléon avait fondé l'Eglise dans l'Etat et l'Etat dans l'Eglise et que leur union n'était pas sincère, mais était l'effet du besoin qu'ils avaient l'un de l'autre. L'Etat, n'ayant pas de foi, asservit son enseignement à l'Eglise, et il disparaît, il trahit sa mission, qui est de propager le mouvement novateur et ascendant de l'esprit humain (1) ». Lamartine reprenait la thèse que Lamennais et Lacordaire avaient soutenue en 1830, au moment où ils fondaient *l'Avenir*. Dès le premier numéro (17 octobre 1830), Lacordaire avait déclaré que l'Eglise était asservie à l'Etat par le Concordat et par l'enseignement, et il avait revendiqué la liberté des cultes. Montalembert lui-même avait épousé ces idées et jugé dangereuse l'alliance entre le Sacerdoce et les rois. En cette matière, la situation respective de l'Eglise et de l'Etat est toujours des plus délicates.

De nombreuses raisons s'opposent, en effet, à ce que l'Eglise demeure la maîtresse exclusive de l'enseignement. La différence des idées et des mœurs est trop grande, par rapport au temps où elle jouissait du monopole.

C'est ce que faisait observer M. de Carné en 1842. Il disait à la Chambre : « Chaque communion a le droit de donner l'enseignement religieux dans la pleine et entière liberté de ses doctrines, sous la surveillance générale de la puissance publique... Je dis que, du jour où il ne peut plus y avoir d'instruction religieuse officielle, je dis que la conséquence de cet état est la liberté d'enseignement (2). »

Tant que l'Eglise fut la seule maîtresse des consciences, aucune limite ne s'opposait à son droit d'enseigner. Toute la vie intellectuelle dépendait de cette source unique. La société entière était chrétienne, ou plutôt catholique. Quand les conditions morales d'existence de la Société se furent transformées, que le libre examen

(1) *L'Etat, l'Eglise et l'Enseignement*, 1844.
(2) Discours du 18 mai 1842.

fut reconnu comme le droit de toute conscience, de tout être raisonnable, que la science prétendit se constituer en dehors de toute autorité et s'émanciper de la théologie, que la société, enfin, se fut organisée d'après les principes de la suprématie de l'Etat dans l'ordre temporel et de la tolérance religieuse, l'enseignement cessa d'être un privilège de l'Eglise et commença à se laïciser. Le monopole de l'Eglise fut atteint par la Réforme. Le droit d'enseigner la science ne lui appartint plus exclusivement. Son rôle changea. Elle reprit la tradition des Pères et engagea la lutte contre l'hérésie, contre la théologie protestante ou janséniste, plus tard contre le rationalisme et le libertinage, ce qui était sa principale mission, mais l'enseignement, peu à peu, lui échappa.

Son rôle dans les temps modernes diffère donc de celui qu'elle a rempli au moyen âge. Elle exerce toujours son action sur les intelligences, mais d'une manière moins exclusive. A elle de définir les rapports de la vérité scientifique et de la vérité religieuse, et d'offrir à tous cette vérité. La science est neutre, mais elle n'est pas tout. La connaissance des vérités de l'ordre moral importe davantage à la vie. Il faut évangéliser les âmes et les faire chrétiennes : *euntes docete*. Voilà l'éternelle mission de l'Eglise. Mais les conditions de son action sont autres. La liberté de la recherche scientifique et celle des consciences limitent le champ de cette action. Les recherches scientifiques sont plus étendues qu'autrefois. Elles exigent une suffisante compétence et la liberté de l'esprit. L'instruction se distingue de plus en plus de l'éducation. D'autre part, la foi ne se décrète pas. Elle est une vertu, qui est tout ensemble une prière de l'âme et un don divin. La religion même est devenue plus intérieure et moins formelle. Sans dégénérer en ce christianisme romantique, dont Mme de Staël et Chateaubriand ont fait une religion nouvelle, religion de beauté plutôt que de vérité, le catholicisme moderne fait la part plus grande à l'élément personnel. Ces limites n'amoindrissent pas son autorité, mais elles circonscrivent le domaine sur lequel son action est admise à s'étendre.

Quoique le catholicisme soit la religion de l'immense majorité des Français, le monopole de l'Eglise, avec ou sans le concours du pouvoir, est une impossibilité et serait une contradiction dans un Etat fondé sur les principes de liberté, dans un temps où l'erreur scientifique est souvent la condition de la découverte et où l'on ne saurait imposer de bornes à la recherche dans cet ordre de vérités.

Mais ce n'est pas ainsi que la question du monopole se pose de nos jours. Il s'agit d'un monopole de l'Etat séparé de l'Eglise et professant à son tour une doctrine.

On a vu plus haut comment l'Etat établit, dès les premiers temps de la monarchie absolue, son contrôle sur les Universités et sur les Ecoles, tout en laissant à l'Eglise la direction de l'enseignement et de quelle manière cette tradition se perpétua à travers la Révolution et l'Empire, jusque sous les monarchies restaurées. Les Gouvernements s'étaient appuyés sur des raisons multiples. La royauté avait regardé l'éducation comme un devoir attaché à la souveraineté et elle avait envoyé auprès des Universités ses commisaires, ses enquêteurs, ses intendants. Les Gouvernements issus de la Révolution professèrent la même doctrine et pratiquèrent, en les aggravant, les mêmes mesures. Une Université unique, centralisée, remplaça les anciennes Universités régionales. La théorie de l'Etat enseignant fut soutenue par les plus illustres universitaires et par les jurisconsultes. L'illégalité des décrets de 1808 fut avouée, mais non reconnue. On craignit de tout bouleverser et les Tribunaux validèrent des décrets qui étaient contraires au droit public. Ambroise Rendu (1), Taillefer, proviseur de Louis-le-Grand, Royer Collard (2), Guizot (3),

(1) Observations et suppléments aux débats de la Chambre.
(2) 25 février 1817.
(3) *Essai sur l'histoire de l'Instruction publique.*

Saint-Marc Girardin (1), Salvandy (2), Villemain, V. Cousin défendirent tour à tour le monopole. Ils voyaient dans la liberté un danger pour l'enseignement, exposé à tomber dans le charlatanisme, pour les instituteurs communaux, menacés par la concurrence, pour la liberté publique, que détruisaient les Congrégations. Ils voyaient dans le monopole une sauvegarde pour la liberté et pour la paix. « Au sortir d'une révolution comme la nôtre, disait Guizot, il y a tant d'intérêts opposés, d'opinions et de passions ennemies, que le Gouvernement qui les contient, pour les concilier ou les étouffer, doit nécessairement se charger de l'éducation en commun... dans l'intérêt de sa force et de sa stabilité. » Il appartient à un Gouvernement de choisir les idées qui peuvent devenir le fondement des doctrines publiques. V. Cousin, reprenant les paroles de Colbert, disait : « L'éducation est un pouvoir de la puissance publique. L'Etat peut le déléguer, jamais il ne l'aliène. » Il appartenait donc à l'Etat, parce qu'il était l'Etat, de conférer le droit d'enseigner. La presse officielle ou ministérielle développa ces raisons. Le *Moniteur* (18 octobre 1829) montrait la nécessité d'un contrôle, d'une garantie de capacité : « Avec la liberté illimitée, il y aurait bientôt autant de boutiques que d'écoles. » On voulait aussi des garanties de civisme. L'article 8 du projet de 1831 prévoyait la nécessité d'une autorisation par le Conseil d'Etat pour les associations scolaires. Cet article fut repris, sous forme d'amendement, lors de la discussion de la loi de 1833, et repoussé. L'auteur de cet amendement, le député Vatout, proposa d'exiger de tout chef d'institution le serment qu'il n'appartenait à aucune association ou corporation non autorisée (1837). *Le Temps* allait jusqu'à demander qu'on déclarât, « par une loi, l'incompatibilité des fonctions de prêtre avec celles de professeur ou de directeur »

(1) Rapport sur le projet de 1836.
(2) Circulaire du 12 octobre 1838.

(1841). Le monopole s'appuyait donc de motifs qui tous déguisaient plus ou moins la raison d'Etat. Ces mêmes raisons sont invoquées aujourd'hui et elles se fortifient d'autres encore.

Il s'agit donc de savoir sur quoi se fonde ce droit de l'Etat : sur quelle base juridique et sur quelle base philosophique. D'une part, le monopole fut l'effet de la législation de Napoléon Ier ; d'autre part, il est soutenu par des arguments anciens, rajeunis au moyen des doctrines socialistes.

La législation qui a établi le monopole était illégale et contraire aux principes fondamentaux de la Révolution. Nous verrons plus loin que, à l'exception de Robespierre, tous les hommes d'Etat qui s'étaient occupés de l'organisation de l'enseignement, avant l'avènement du premier Consul, s'étaient trouvés d'accord pour admettre le principe d'une liberté réglée par la loi. Nous avons vu plus haut que la loi de 1806 avait été arrachée par surprise au Corps législatif. Les décrets des 17 mars et 17 septembre 1808 et du 15 novembre 1811, qui ont formé le droit universitaire jusqu'en 1850, n'avaient pas, quoique la Cour de Cassation, et, plus tard, la Cour des Pairs, les eussent consacrés par des arrêts complaisants ou intéressés, toute la légalité nécessaire. Ces décrets ne s'appuyaient que sur la raison d'Etat, mais ils n'avaient point été rendus dans la forme légale, car ils n'avaient point été, comme le voulait la Constitution de l'an VIII, ni proposés au Corps législatif, ni votés par lui, ni discutés par le Tribunat. Le Chef du Gouvernement, violant l'article 3 de la loi de 1806, d'après lequel « l'organisation du corps enseignant serait présentée en forme de loi au Corps législatif à la session de 1810 » s'attribua seul le droit d'établir cette organisation. Il avait imposé silence aux réclamations des Assemblées et cet acte d'autorité était une usurpation. Il avait même brisé le Tribunat sept mois auparavant. De tels coups de force ne sauraient constituer une légalité. Cependant, ces actes furent acceptés dans la suite par les Gouvernements de la Restauration, comme une mesure de convenance. On se fondait, pour les transformer en des *décrets-lois*, sur ce que leur illégalité n'avait jamais été proclamée par le Sénat, ainsi que l'exigeait l'article 21 de la Constitution de l'an VIII, et sur ce que le silence des citoyens, qui jouissaient du droit de pétition, équivalait à une ratification par l'opinion publique. « Des raisons d'utilité publique et d'ordre public, disait Portalis en 1823, ont fait conserver au rang des lois dont la Charte a ordonné le maintien, certains actes dans lesquels le Chef du dernier Gouvernement s'est arrogé l'exercice de la puissance législative. » Aussi Dupin prétendait-il que, même acceptés, ces décrets n'étaient pas applicables dans leurs dispositions pénales, et Lamennais a pu écrire que « le monopole de l'instruction, qui ferme inexorablement les sources du savoir à l'immense majorité de la population, était un genre de tyrannie inconnu au monde avant Bonaparte. » En 1815, on publiait un pamphlet sous ce titre : *La Fille légitime de Bonaparte.* Le monopole s'était donc illégalement établi au moyen d'un abus de pouvoir et contrairement à tous les principes de liberté annoncés jusqu'alors.

Serait-ce là une raison suffisante pour y revenir ? Ne faudrait-il pas une autre législation ? Celle-ci est-elle possible ?

Quoi qu'il en soit, de nos jours, tous les arguments par lesquels on a tenté de le justifier ont été repris et développés par des raisons nouvelles. Ces arguments sont : la suprématie de l'Etat sur les individus, l'intérêt général de la collectivité, la nécessité de l'unité morale, le droit de l'enfant.

L'argument de la suprématie de l'Etat est le plus ancien. L'Etat, d'après ce système, est regardé comme une fin en soi et tous ses organes tendent à en devenir d'autres aussi. Il est souverain, il est prince. Du moins, il s'attribue la souveraineté, qui réside, en réalité, dans la nation, et non pas dans ses représentants. L'éducation du peuple relève donc de lui, au même titre que le droit de légiférer ou de punir. Le droit d'élever les enfants n'appartient pas au père de famille, car celui-ci ne possède d'autre droit que celui que lui reconnaît l'Etat. « Le droit paternel apparaît, non comme une manifestation du droit de l'individu, mais comme une émanation du droit de l'Etat (1). Le père ne peut faire obstacle à un droit que l'Etat tient de sa fonction politique et sociale ; c'est à celui-ci de protéger les personnes dans leur intelligence comme dans leur existence, puis de promouvoir le progrès et, pour ce faire, de favoriser la sélection des individus et leur adaptation aux fonctions sociales. L'Etat a donc le droit de former le futur citoyen, de le préparer à la vie nationale, et même de l'y contraindre, de décréter l'instruction obligatoire, de frapper d'amende le père de famille qui se montre réfractaire. Il y a dans ces pouvoirs un mélange de raison et de despotisme qui fait illusion, mais où l'on reconnaît l'influence du socialisme sur la vieille théorie de la souveraineté, que le droit romain avait fondée et que les juristes modernes avaient appliquée à l'éducation.

Cet argument se fortifie d'un autre, qui est l'intérêt général de la société, considéré encore comme une réalité et une fin en soi. Le droit de l'Etat ne dérive pas seulement du principe de la souveraineté qu'il représente, il se fonde encore sur la nécessité d'assurer le progrès. Cette nécessité réelle ajoute quelque chose à l'obligation du souverain et la précise. La société a intérêt à ce qu'on forme pour elle des hommes capables de la soutenir elle-même et de la faire avancer. V. Cousin disait : « Sa la raison de l'utilité publique suffit au législateur pour toucher à la propriété, pourquoi la raison d'une utilité bien supérieure ne lui suffirait-elle pas pour faire moins, pour exiger que des enfants reçoivent l'instruction indispensable à toute existence humaine afin qu'elle ne devienne pas nuisible à elle-même ou à la société tout entière ? (2) » Les membres de la société

(1) Foubert, *Revue Socialiste*.
(2) Discours 1836.

sont solidaires les uns des autres. Tous profitent des progrès de chacun et personne n'est rien qu'en tant qu'il est incorporé à l'ensemble. L'intérêt de l'individu se confond avec l'intérêt de la masse. Il doit donc être utile. Il a donc l'obligation de s'instruire, et de s'instruire dans le sens de l'utilité sociale. « La collectivité a un intérêt capital à donner à tous ses membres une idée précise de la transformation qui s'est opérée depuis un demi-siècle dans la condition intellectuelle, politique et sociale des hommes, et à marquer nettement les rapports nouveaux qui se sont établis entre l'individu, l'association et l'Etat (1). » Il appartient, par conséquent, à la société de diriger l'éducation de ses membres dans le sens de ses intérêts, et à l'Etat de connaître ces intérêts et de les servir en organisant un enseignement conforme. L'Etat est plus apte que le père de famille à discerner ce qui, dans l'intérêt général, convient à l'enfant.

Par là même, l'éducation nationale sera pénétrée d'un même esprit et moralement unifiée. L'unité morale est nécessaire à une nation. Il importe que tous ses membres pensent de même sur les points essentiels, sans quoi il ne peut y avoir ni unité, ni énergie dans l'action. Cet argument, formulé déjà par les régimes despotiques, monarchie absolue, impérialisme, s'appuie de nos jours sur une prétendue loi sociologique. Stuart Mill considère l'unité morale comme une loi de *statique sociale*, comme un principe dont la mise en question répétée entraîne la guerre civile. La santé du corps social exige cette unité. H. Spencer remarque que cette unité, cette cohésion, ne se produit pas d'une manière spontanée, quoique tous les individus y aspirent, mais d'une manière consciente. L'organe de cette conscience est l'Etat. Par conséquent, il est de l'intérêt de tous et du devoir de l'Etat de préparer l'ordre et l'unité morale par un système d'éducation qui mette les esprits en harmonie

(1) Leygues, *op. cit.* p. 257.

les uns avec les autres. Ce système d'éducation repose aujourd'hui, non plus sur l'unité religieuse, non plus même sur la philosophie rationaliste, qui fut la source de la Révolution, mais sur la science et la morale prétendue scientifique, ainsi que nous l'avons indiqué plus haut.

Le droit de l'enfant se déduit des principes précédents. Il résulte notamment de l'obligation où il est de s'instruire pour être utile à la société et s'adapter au milieu dans lequel il est appelé à vivre. L'enfant est l'avenir de la société, il en est la fleur qui doit donner des fruits. M. de Lacrételle, dans son projet de loi, exprimait cette pensée que l'avenir de la République devait se préparer dès le berceau de l'enfant. Danton avait déjà dit : « Les enfants appartiennent à la République avant d'appartenir à la famille. » Cette même société à laquelle il est destiné lui doit d'abord l'instruction, puisque c'est elle qui en profitera et qu'elle compte trouver en lui un organe utile. Il a donc le droit de la réclamer d'abord, comme de réclamer qu'elle protège sa vie, car c'est sa vie, en quelque sorte, que le développement de son inintelligence et de toutes ses facultés. Par conséquent, l'Etat a le droit de s'emparer de l'enfant pour le former et l'instruire. Il doit même, dans ces conditions, distribuer l'instruction gratuitement à tous. Le père de famille n'a pas à s'opposer à cette intervention de l'Etat au nom du droit de l'enfant, car ce droit s'oppose à celui du père, comme il s'y oppose dans certains cas définis par le Code, la tutelle par exemple, et c'est la fonction de l'Etat de protéger tous les droits et de concilier les intérêts contraires. Quand l'Etat ne lui inculquerait pas une doctrine d'Etat, il aurait le devoir de protéger sa liberté, d'empêcher qu'on ne lui imprime aucune autre doctrine et qu'on ne l'asservisse à aucun dogmatisme, jusqu'à ce qu'il soit capable de choisir sa croyance. Rousseau avait exclu de son système d'éducation toute notion religieuse pour l'enfant âgé de moins de dix-huit ans. Jusqu'alors, l'enfant ne doit apprendre qu'à développer sa raison avec méthode et indépendance. Voilà comment l'Etat protège son droit.

L'éducation des enfants appartient en somme à l'Etat, parce qu'il exerce la souveraineté dans l'intérêt général, parce qu'il doit assurer le progrès social et l'ordre, protéger l'enfant même contre son propre père, répandre partout les doctrines que seul il juge bonnes. L'enseignement est une fonction gouvernementale, comme l'exécution des lois, comme le soin du bien-être, de la richesse, de l'hygiène publique.

C'est donc pour l'Etat un devoir de définir les programmes d'enseignement, d'approuver ou d'interdire les livres, de régler les méthodes, de choisir les maîtres et de leur conférer des grades, de créer les établissements d'instruction, d'autoriser l'ouverture des établissements privés, de les inspecter, de les fermer, parce qu'il lui appartient de diriger l'éducation du pays, de faire prévaloir, sinon une religion, du moins une morale d'Etat, de répandre partout la science et d'émanciper la raison.

Le monopole de l'enseignement ne consiste donc pas seulement dans le privilège exclusif de donner l'enseignement, d'ouvrir soi-même des écoles et d'y autoriser les autres ; mais, comme ce privilège est subordonné lui-même à la nécessité de propager une doctrine, le monopole consiste surtout dans le rapport qui existe entre ces institutions et cette doctrine ; c'est l'unité morale du pays et l'unité des esprits par la science.

La théorie du monopole de l'Etat est un paradoxe. Tous les arguments sur lesquels elle est établie ne sont qu'une déduction de la conception despotique et socialiste de l'Etat, qui a été exposée dans la troisième partie de cette étude, déduction illogique, qui dépasse l'idée qu'on doit se faire des fonctions de l'Etat et qui se réfute même par les conséquences qu'elle entraîne, soit pour l'éducation, soit pour le personnel enseignant.

Nous avons vu que l'Etat, n'étant par lui-même qu'une abstraction, une fiction, a pour fonction essentielle de garantir l'ordre général et la liberté des citoyens au moyen de lois équitables. L'Etat n'est pas le souverain, mais son organe. Il n'a qu'une autorité déléguée. A moins que, dans un pays, l'Etat ne soit une théocratie, il n'a pas mission d'enseigner. B. Constant écrivait, en 1817, que le despotisme courbe les esprits, qu'un Gouvernement n'a pas de doctrine et qu'il ne lui appartient pas de *diriger* l'instruction, car il n'a qu'un pouvoir répressif et doit respecter les *droits individuels* (1). J. Simon remarque finement que l'Etat « enseigne avec l'argent du pays et avec une autorité qu'il tient du pays. Du moment qu'il émet une doctrine, il faut qu'il prenne son parti de ne blesser aucune Eglise, et tout particulièrement la religion catholique, puisqu'elle est la religion de l'immense majorité des pères de famille (2). » Si l'Etat agissait autrement, il porterait atteinte à la famille, il la diviserait, car il enseignerait à l'enfant le mépris des convictions du père ou des croyances de la mère comme étant antiscientifiques, il affaiblirait le respect dû à l'autorité paternelle. Lacordaire le remarquait en ces termes : « Sans aucun doute, depuis trente ans, les familles ont perdu la paix domestique par la tyrannie de l'Université (3). » Bien plus, l'Etat violerait les droits individuels. C'est au nom de ces droits, solennellement reconnus dans les Chartes constitutionnelles, que les libéraux de la Monarchie de Juillet protestaient contre le monopole, aussi bien que les catholiques, ou même certains démocrates, comme Ledru-Rollin. Violant les droits de la conscience, de la famille, des individus, l'Etat irait donc contre sa propre fin. C'est pourquoi il est permis de lui contester en principe le droit d'enseigner.

C'est justement la prétention de l'Etat à faire prévaloir une doctrine qui divise le pays. Sous prétexte d'unité morale, on viole le droit du père de famille. Or, l'unité

(1) Cf. *Mercure de France*, octobre 1817.
(2) J. Simon, V. Cousin, p. 125.
(3) *L'Avenir*, octobre 1830.

morale est une illusion, si l'on prétend à l'uniformité. Jamais la vérité ne se fixe. La diversité des opinions n'est pas seulement un droit, mais un fait contre lequel on ne peut rien. Le nivellement des esprits est impossible, car la vie de l'esprit est un conflit perpétuel de doctrines, une incessante évolution de la pensée. Nul ne peut se flatter de posséder la vérité, car celle-ci n'appartient à personne. Elle n'est qu'un rapport incessamment variable entre l'être et la pensée humaine. « C'est d'ailleurs un pauvre savant que celui qui s'imagine tenir la vérité tout entière ; la science se renouvelle tous les vingt ans ; c'est d'erreurs en erreurs que nous approchons d'une lumière qui fuit toujours (1). » Il faudrait admettre que l'Etat possède une doctrine supérieure et immuable et qu'il est lui-même infaillible. Précisément, il nous offre tous les jours le spectacle contraire. Rien n'est plus changeant que les opinions des hommes qui représentent l'Etat. Aujourd'hui, l'Etat, c'est un tel, demain ce sera un autre. Comment les citoyens pourraient-ils être contraints d'épouser successivement toutes les opinions officielles ? Comment imposer les doctrines d'Etat autrement que par la persécution, la violence ? On ne réduit pas par ces moyens les consciences : on peut faire des victimes, non des esclaves. Même l'erreur est libre, car la personne morale est responsable de ses propres pensées devant sa conscience, et, quand elle est de bonne foi, toujours susceptible de la reconnaître. Sous le vocable d'unité morale, l'Etat professe le plus intolérant dogmatisme.

Un tel dogmatisme ne se justifie pas par la nécessité d'assurer l'intérêt général. Nous avons remarqué déjà que l'intérêt général n'est ni une réalité ni une fin en soi. Ce qui est une réalité, ce sont les intérêts communs aux membres de la société, ce sont les droits de chacun, c'est la vie de l'enfant, c'est sa liberté, c'est sa personnalité. L'intérêt général sera mieux servi quand

(1) E. Laboulaye, *Des Libertés Sociales*, p. 76.

l'éducation de l'enfant aura été faite en vue de lui-même, c'est-à-dire quand on aura formé en lui ce qu'il doit être d'abord, un homme à l'esprit juste et à la conscience droite. L'éducation en vue de certaines fins sociales n'est propre qu'à éveiller des ambitions et non à faire des hommes de devoir. Est-ce l'intérêt général ? D'ailleurs, l'éducation est-elle complète quand elle répond aux divers besoins sociaux ? Rien ne montre mieux les limites du droit de l'Etat que l'insuffisance des fins qu'il propose, car la personne morale lui échappe. L'individu borne son pouvoir et cela ne met pas en péril la communauté. Il ne va pas du salut public que l'Etat fasse l'éducation, mais seulement de l'intérêt de l'Etat, qui lui est par définition subordonné. L'intérêt général peut exiger que certaines carrières soient préparées avec un soin particulier et même que la culture intellectuelle de ceux qui s'y destinent n'ait pas exclusivement un caractère technique. Un magistrat, un médecin, un professeur exercent une action sociale qui peut devenir directrice. L'Etat peut exiger que leur culture intellectuelle soit générale, mais il abuserait de son droit s'il allait au delà. « Récompenser les innovateurs de méthodes nouvelles, répandre ces méthodes, former au besoin des maîtres dans les Ecoles normales, mais sans s'emparer des méthodes, voilà, écrivait *le Globe* en 1822, des encouragements qu'il convient de donner à l'instruction populaire... (1) » L'intérêt général peut exiger que des *garanties personnelles et réelles* soient demandées aux candidats à l'enseignement, et c'est ce que tous les projets de loi ont nettement posé en principe. Il en est de même du droit de surveillance. Mais le devoir d'intervention de l'Etat n'implique pas le droit exclusif d'enseigner, ni celui de diriger l'enseignement.

L'Etat peut reconnaître, mais non pas donner des droits à l'enfant, en matière d'éducation. La théorie socialiste des droits de l'enfant est une doctrine fausse,

(1) *Globe*, 21 juin 1828.

déduite d'un principe faux et appuyée sur une fausse analogie.

Les droits de l'enfant sont des droits naturels, moraux, non des droits sociaux. Il a le droit comme il a le devoir de vivre, puisqu'il existe ; encore ce devoir ne lui incombe-t-il à lui-même que du jour où il est mis en possession de sa personne. Jusqu'alors, c'est au père qu'est imposé le devoir d'assurer son existence. Il a le droit d'être élevé, comme il a le devoir de développer ses facultés, puisqu'il n'existe pas seulement en tant qu'animal, mais en tant qu'animal raisonnable. Encore ce devoir ne lui incombe-t-il à lui-même que du jour où il est en possession de sa raison et de son libre arbitre. Jusqu'alors, c'est au père qu'est imposé le devoir d'assurer son éducation. C'est l'obligation du père qui engendre le droit de l'enfant, et cette obligation est naturelle et morale. Elle ne vient pas de la société, elle n'a pas pour objet la société, mais l'enfant, et ce n'est pas parce que celui-ci doit être un jour citoyen, mais parce qu'il est une personne morale.

L'enfant, dit-on, a des droits civils. L'Etat protège sa vie contre les sévices corporels. Ses parents, tuteurs lui doivent compte de leur gestion. Il naît libre, et quelquefois propriétaire. Cela est vrai ; mais il faut remarquer que l'Etat n'aurait pas l'obligation de protéger sa vie, s'il n'existait pas d'abord ; que, s'il le protège dans ses biens, comme dans sa personne, non seulement il est dans son rôle, mais qu'il garantit un droit qui a été transmis à l'enfant héritier, en vertu d'une filiation naturelle, et que ce droit ne s'opposerait pas à celui du légataire. La liberté lui est-elle vraiment due ? Nullement, car il ne saurait l'exercer raisonnablement et utilement, jusqu'à ce qu'il soit capable de se procurer les moyens de vivre ou de diriger sa propre conduite. La loi même suppose « l'incapacité intellectuelle », quand elle prescrit la tutelle et l'interdiction.

Pour que l'enfant puisse jouir d'un droit quelconque, il faut donc qu'il soit d'abord une personne. Il n'est une personne que quand l'éducation l'a formé. Jusque-là, il n'appartient pas à l'Etat, mais au père. L'Etat ne peut lui conférer des droits. Il ne jouit que des droits naturels qui résultent de la constitution de la famille. Il n'est mis en possession de ses droits et, en même temps, chargé d'obligation que par l'émancipation ou la majorité.

L'enfant n'est pour la société qu'une vie à protéger, une âme à respecter. « L'Etat, dit fort bien V. de Laprade, n'a le droit de prendre que celui qui aurait le droit de se donner, celui qui a déjà une personnalité. Il faut que l'homme s'appartienne entièrement à lui-même avant d'appartenir à l'Etat (1). »

C'est pourquoi l'Etat n'est fondé à se substituer au père de famille que dans les cas où celui-ci ne remplit pas ses obligations, par exemple en cas d'indignité du père ou dans le cas d'abandon des enfants. Le vagabondage des enfants est notamment l'objet de mesures préventives contre le danger où ils sont exposés de tomber dans le crime. En Angleterre, depuis 1857, il existe des *Ecoles industrielles* destinées à les recevoir. La charité publique en a, depuis, élevé d'autres, notamment en Belgique et en France. Mais il est évident que l'intervention de l'Etat s'impose, dans ce cas, à titre de tutelle et de protection naturelle.

Le droit de l'enfant ne justifie l'intervention de l'Etat que d'une manière relative, en tant que l'enfant est membre de la société ou tombe sous sa tutelle en l'absence de sa famille.

Les arguments par lesquels on s'efforce de prouver la suprématie des droits de l'Etat ne soutiennent donc pas l'examen. Les partisans de cette doctrine sont dupes d'une abstraction réalisée. Ils s'appuient sur une idée fausse de l'Etat. La notion de l'Etat ne renferme rien de plus que ce qui est à la base de l'Etat, la société, c'est-à-dire l'ensemble des familles et des individus.

(1) *Op. cit.* p. 345.

Cela seul est réel. On n'en peut tirer par analyse que ce que cette notion contient : protéger les droits et les intérêts, promouvoir le progrès. Cela est vrai en matière d'enseignement comme pour toute autre chose.

La nécessité de promouvoir le progrès ne justifie aucune espèce de monopole. On ne s'aviserait pas de dire que l'Etat a le droit d'être unique agriculteur ou chimiste. Guizot admettait, « à côté de la liberté de l'industrie individuelle, l'action directe de l'Etat, son intervention dans une foule de cas, en concurrence avec les individus..., surtout en matière de grandes entreprises et de travaux publics ». Sans doute, le progrès peut exiger que l'Etat entreprenne ce que les particuliers ne peuvent faire, mais il ne faut pas qu'il efface les initiatives. Son rôle, au contraire, est de les soutenir en les récompensant et en leur fournissant au besoin des ressources, comme font la Belgique et l'Angleterre. Soutenir les efforts, n'est-ce pas assurer la marche en avant ? Il peut être nécessaire que l'Etat impose des Ecoles pour la préparation aux fonctions publiques, car il est intéressé directement dans le résultat de cette préparation. Mais l'éducation générale ne lui appartient pas. Il peut être utile qu'il propose des réformes scolaires, qu'il organise même des Ecoles, qu'il offre des maîtres de choix, qu'il fixe l'ordre des examens et garantisse les grades. Les diplômes n'auraient bientôt plus de valeur si chaque Ecole pouvait les conférer. Il importe surtout à une démocratie que les citoyens soient instruits, puisqu'ils sont appelés à prendre part aux affaires publiques. Le progrès ou l'intérêt général peuvent justifier des mesures en conséquence.

Cependant, sur une foule de points, la fonction de l'Etat se borne à protéger les citoyens, à garantir à tous les mêmes droits. Neutre en matière de doctrine, il doit exercer sur l'Ecole une certaine police et un certain contrôle. Il doit veiller à l'exécution des lois. L'Ecole consiste dans la vie en commun d'enfants étrangers les uns aux autres et confiés aux soins d'un maître.

Elle est une institution civile. Elle est quelque chose d'intermédiaire entre la famille et l'association. Elle n'est plus entièrement l'une et n'est pas encore l'autre. Dans certains cas, le maître est civilement responsable, dans d'autres il ne l'est que moralement. Voilà pourquoi l'Etat, s'il n'a pas le droit de s'approprier entièrement l'Ecole, pas plus que de pénétrer dans le sanctuaire de la famille, a cependant celui de surveiller le maître et de protéger l'enfant. Par là même, il protège la famille. S'il va au delà de ces mesures de protection ou de prévoyance, il cesse de vouloir le bien public pour ne chercher que son propre avantage, il se prend lui-même pour fin et multiplie les services publics, étend la centralisation, se fortifie. Il abuse de ses droits, impose l'obligation, offre la gratuité ; il se substitue à la famille et aux maîtres pour qui l'enseignement est une industrie. De la sorte, il rabaisse ceux-ci et limite le champ de leurs entreprises. Il exproprie le père de son droit, le décharge de toute responsabilité, lui ôte toute autorité et toute dignité. L'oppression qui s'exerce sur l'enfant retombe sur le père, car, ainsi que le remarquait Ledru-Rollin, « c'est le père seul qui souffre dans ce qu'il y a de plus intime, dans ses plus tendres affections, dans ses plus chères espérances. » Telles sont les conséquences du droit social et de l'abus qu'on en fait, quand il n'est pas limité par le droit naturel.

L'obligation de promouvoir le progrès est subordonnée à celle de protéger les citoyens : *primo vivere*. Cette obligation est secondaire et elle ne doit pas faire oublier ce pourquoi, la société, qui n'est, après tout, qu'un contrat d'assurance mutuelle dont l'exécution est remise aux soins de l'Etat, existe d'abord. Avant tout, elle doit garantir à chacun sa vie et sa liberté, ordonner les volontés entre elles, empêcher le préjudice. La loi civile ne peut régler que les actions des citoyens, elle ne peut atteindre leur esprit. Il y a même des actes immoraux qu'elle ne saurait frapper ; à plus forte raison, ce qu'il y a de plus intime en nous lui échappe.

L'Etat ne peut user de la contrainte que pour empêcher les membres de la société de faire des actes nuisibles aux autres, non pour agir lui-même sur la pensée des citoyens, encore moins sur celle de leurs enfants. Quand il entreprend sur ce domaine, il rencontre la protestation des consciences violées.

Ainsi, le monopole de l'Etat en matière d'enseignement est une atteinte portée aux droits des citoyens et aux principes fondamentaux de la vie sociale, un abus de pouvoir.

Cet abus conduit nécessairement l'Etat à faire de l'éducation un moyen d'action politique, c'est-à-dire à la fausser, et du personnel enseignant un instrument de domination. De telles conséquences sont une suffisante réfutation du système.

Voilà pourquoi l'Université a été, depuis un siècle, l'objet de tant d'attaques. Quoiqu'elle n'ait joui de son monopole que dans un esprit de large libéralisme, elle a été trop étroitement associée à l'action des pouvoirs politiques, soit qu'elle fût aux mains du clergé, soit qu'elle fût aux mains des laïques de toute croyance et de toute opinion.

L'Université française, telle qu'elle subsiste, est encore l'Université napoléonienne. Elle est un vaste corps dont l'Etat, depuis 1802, s'est servi pour agir sur les esprits et dominer l'opinion, et les critiques qu'on formulait en 1829 n'ont rien perdu de leur valeur. « Aucune conviction libre ne peut vivre dans un corps comme celui de l'Université, sans cesse exposé à démentir le lendemain ce qu'il professait la veille... Ceux qui acceptent d'y enseigner acceptent sa domination et la précarité des divers ministères (1) » Elle a successivement obéi aux directions morales qui lui étaient imprimées. Vaguement religieuse avant 1815, époque où elle enseignait le catéchisme de Fleury, presque entièrement aux mains du clergé sous la Restauration, voltairienne sous la Monarchie de Juillet, quoique officiellement catholi-

(1) *Le Globe*, 22 septembre 1829.

que, sincèrement libérale sous le second Empire, parce que suspecte, républicaine dans les premières années de la République, elle subit, à l'heure actuelle, des influences nouvelles. Le solidarisme et le psychisme sont à l'ordre du jour. Cependant, elle a toujours présenté tous les contrastes. Diverses générations de maîtres s'y sont succédé ou même y ont coexisté. Ils y ont vécu en bonne harmonie, malgré la diversité des opinions, les catholiques sincères, à côté des protestants, des spiritualistes, des voltairiens, des panthéistes ou des positivistes. L'esprit de corps y fut toujours très puissant. Mais vraiment, n'est-ce pas une anomalie qu'elle soit contrainte à subir de telles évolutions? Ce n'est pas la variété des opinions qui est extraordinaire, c'est l'appui qu'elles cherchent auprès d'un pouvoir qui peut, tantôt favoriser l'une, tantôt la persécuter : c'est ce spectacle étrange de professeurs qui obtiennent l'agrément de l'autorité quand ils soutiennent ses principes politiques, ou qui subissent des disgrâces quand ils les combattent. La politique, ici, se mêle encore trop à l'enseignement universitaire. L'Université n'a jamais été indépendante, et elle tend à la domination. Elle a englobé tous les degrés de l'enseignement officiel sur tout le territoire du pays, à ce point que V. Cousin se demandait un jour ce que c'était que « l'Université de France en général », et jugeait qu'on avait imposé à cette expression « une signification nouvelle et bizarre ». Elle n'a plus le monopole de l'enseignement, mais elle fonctionne encore comme si elle l'avait. Les réformes qui y ont été introduites n'ont pas atteint son principe. La loi de 1850 l'a amoindrie sans la briser. Les décrets qui ont modifié l'organisation de l'enseignement supérieur n'ont été que des demi-mesures. Les lois sur l'enseignement primaire lui ont donné une base plus large. Les réformes secondaires et les projets de loi tendent à la fortifier encore. On croit l'améliorer en modifiant les programmes, l'organisation des études, la discipline, l'hygiène, l'éducation. C'est au principe même qu'il faudrait toucher, au principe napoléonien, sur lequel elle repose. Tout est subordonné à un plan de défense politique ou d'attaque. Au lieu d'une marche en avant vers un régime de liberté, nous retournons par des voies détournées au monopole, qu'il est de l'essence de l'Etat socialiste de relever et de fortifier, car il est de son essence d'utiliser à son profit tout ce qu'a produit le césarisme.

Le monopole d'Etat n'est donc qu'un abus d'autorité, commencé par une illégalité, sous l'influence d'une tradition monarchique qu'aucun argument politique ne suffit à justifier, et qui se condamne lui-même par ses propres effets.

Sur quelque doctrine qu'ils reposent, les monopoles sont donc des abus de pouvoir, puisqu'ils sont avant tout des moyens d'action politique pour l'autorité centrale et font par là même dévier l'éducation. L'Eglise n'échappa pas plus que l'Etat a ce danger. Ils sont en contradiction avec la notion moderne de l'Etat, qui est une notion libérale. Lacordaire disait avec raison : « C'est une énorme contradiction dans les termes et dans les choses que d'appeler libre un pays où la tribune et la chaire sont ouvertes, mais où l'école est fermée (1). » Du moment que ni l'unité religieuse, ni l'unité morale d'un pays ne sont possibles, en vertu même du principe fondamental auquel se rattachent les constitutions et les lois, on ne peut, sans le renier, prétendre au monopole. Ce serait une moquerie. On ne peut échapper à ces considérations. Aucune raison n'a assez de force pour faire prévaloir contre elles ni un monopole d'Eglise, ni un monopole d'Etat.

II

La liberté d'enseignement est le régime qui confère ou reconnaît à tout citoyen, présentant certaines garanties

(1) *L'Avenir*, 18 octobre 1830.

de moralité et de capacité, le droit d'entretenir une école privée, sous la surveillance de l'Etat, et au père de famille celui de choisir les maîtres de ses enfants. L'expression a un sens actif et un sens passif. C'est à la fois le droit d'instruire et d'être instruit. Dans ce système, une sorte de commerce ou d'industrie s'ajoute à la fonction d'éducateur, qui s'accomplit au nom du père. Par liberté d'enseignement, il faut donc entendre tout ensemble la liberté des pères de famille et celle des maîtres s'exerçant dans les formes déterminées par la loi.

Ce régime, qui existe d'une manière plus ou moins organique dans tous les pays de l'Europe et de l'Amérique, et qui a été institué en France sous le Gouvernement de Juillet et la seconde République, se fonde sur les droits de la pensée, de la conscience, de l'intelligence, droits naturels du père, de l'enfant, du maître, consacrés par le droit positif et posés constitutionnellement par la Déclaration de 1789. Il se fonde aussi sur le devoir qui incombe à l'Etat de protéger ces droits. Des raisons juridiques et philosophiques lui servent de base.

Mais l'application des principes a donné lieu à des difficultés considérables, soulevé les plus ardentes polémiques et provoqué, entre la société civile et la société religieuse, séparées depuis 1789, les conflits les plus graves.

Nous devons donc examiner des questions de droit, des questions de principe, des questions de fait mêlées entre elles, et rechercher : le fondement législatif et historique de cette liberté ; son fondement moral en tant qu'elle résulte des obligations du père de famille ; son fondement intellectuel, en tant qu'il appartient aux maîtres d'enseigner, à l'enfant d'être instruit ; si enfin elle est un régime de libre concurrence.

*
**

Le premier argument en faveur de la liberté d'enseignement est un principe de droit naturel, la liberté, devenu un principe de droit constitutionnel et de droit civil, par la Déclaration de 1789, par les Constitutions ultérieures, par les lois. C'est un argument général, à la fois juridique et historique, car le développement du principe a fait l'objet, pendant plus d'un demi-siècle, des revendications des libéraux de toute nuance.

La liberté d'enseignement est une conséquence de la Déclaration des Droits. Si les constituants ne l'avaient pas inscrite au nombre des libertés naturelles de l'homme et du citoyen, comme celle de disposer de soi-même, de penser et d'exprimer sa pensée, elle y était virtuellement renfermée, car, dans certains cas, le droit d'enseigner dérive du droit de parler et d'écrire, du droit d'exprimer ses opinions. Condorcet en tirait le premier cette déduction. Il proclamait « l'indépendance absolue des opinions en tout ce qui s'élève au-dessus de l'instruction élémentaire », et il ajoutait que cette indépendance faisait « en quelque sorte partie des droits de l'espèce humaine (1). » C'est dans ce sens que Lacordaire disait que toute liberté est une liberté d'enseignement, car la liberté est le triomphe de la pensée sur la force (2).

Les Constitutions révolutionnaires formulèrent plus ou moins nettement le principe.

Celle de 1791 disait que le droit commun consistait dans le pouvoir « de faire tout ce qui n'était pas défendu par la loi », comme la Déclaration « tout ce qui ne nuit pas à autrui ». Talleyrand en conclut qu' « il sera libre à tout particulier, en se soumettant aux lois générales sur l'enseignement public, de former des établissements d'instruction (3). » « Si chacun a le droit de recevoir les bienfaits de l'instruction, chacun a réciproquement le droit de concourir à la répandre. »

La Constitution de l'an III reconnaissait le même principe : « Les citoyens ont le droit de former des établis-

(1) Rapport, 1792.
(2) Cf. *L'Avenir*, 18 octobre 1830.
(3) Rapport, 1791.

sements particuliers d'éducation et d'instruction, ainsi que des sociétés libres pour concourir aux progrès des sciences, des lettres et des arts. » (art. 300.) Le rapport de Daunou sur la loi du 3 brumaire an IV, qui formait le complément de la Constitution, déclarait encore que le droit de l'Etat avait pour limites « les droits individuels que la Constitution nous ordonnait de respecter ; nous nous sommes dit : liberté de l'éducation domestique, liberté des établissements particuliers d'instruction ; nous y avons ajouté : liberté des méthodes. »

La même doctrine passait des Constitutions dans les projets de lois scolaires, comme celui de Lakanal ou la loi du 29 frimaire an II.

La Restauration proclama, dès les premiers jours, le droit du père de famille. « Les formes et la direction de l'éducation des enfants seront rendues à l'autorité des pères et mères, tuteurs et familles (1). » Elle promit la décentralisation de l'Université impériale (2), mais elle revint sur cette concession, qui avait été conseillée par Guizot et R. Collard, préférant unir l'Eglise et l'Université centralisée.

Néanmoins, si l'application déviait, le principe subsistait, et l'incompatibilité d'humeur se déclara bientôt entre deux autorités qui essayèrent réciproquement de se dominer. Les uns dénoncèrent la tyrannie universitaire, les autres l'intolérance religieuse. On réclama la liberté. Les journalistes, les pamphlétaires, les hommes politiques, même les économistes, l'épiscopat, les instituteurs et les maîtres de pension se firent les défenseurs de la liberté. Catholiques et libéraux s'unissent dans la même pensée. Lamennais et B. Constant soutiennent la même cause : *les droits individuels* (3), les droits du père de famille (4), les droits des instituteurs privés : « On

(1) Arrêté du 8 avril 1814.

(2) Ordonnance du 17 février 1815.

(3) Cf. *De la Juridiction du Gouvernement sur l'Education*, 1817.

(4) *Cf.* Lamennais, *De la Juridiction du Gouvernement sur l'Education ; De l'Université Impériale.*

a plongé dans l'indigence des milliers de pères de famille qui avaient blanchi sous le harnois... (1) » Les journaux, *le Censeur européen*, *le Conservateur*, *le Globe* (17 mai, 7, 21 juin 1828), *les Débats* (27 juin 1828), *l'Ami de la Religion* (27 septembre 1828) soutiennent les mêmes thèses. A la Chambre, Fitz James, La Fare, de Bonald, en 1827, de Conny, de Sainte-Marie, Montbel, Loupin, en 1828, défendent, soit la liberté absolue, soit les Jésuites, par les mêmes arguments. Les évêques protestaient ensemble (2) ou individuellement (3) contre les ordonnances de 1828, relatives aux petits séminaires. Lamennais s'irrite contre Léon XII, parce qu'il les approuve. Il redouble de violence dans ses revendications et dans ses attaques (4). En 1829, les chefs d'institution commençaient aussi à s'associer pour revendiquer leur indépendance. Le mouvement de l'opinion, dirigé par *le Globe*, journal essentiellement libéral, aboutit à la Révolution de 1830. Elle se fit autant sur la question de la liberté d'enseignement que sur les autres.

La Charte de 1830 s'inspira des principes de liberté et promit de donner celle de l'enseignement, comme elle affirmait la liberté religieuse, la liberté de la presse. L'article 69, § 8, disait qu'il serait « pourvu dans le plus court délai possible à l'instruction publique et à la liberté d'enseignement ». C'était tellement un objet de préoccupation, à cette époque, que Lafayette, dans sa proclamation aux Parisiens, le 31 juillet, l'avait inscrite positivement au nombre des garanties à réclamer du nouveau pouvoir. On ne discutait point de la légitimité d'un droit qu'on considérait comme acquis, mais on demandait instamment de le définir, de le *garantir*. Lous-Philippe fit lui-même cette déclaration, le 3 août : « Tous les droits doivent être solidairement garantis. » La Charte ne

(1) Cf. *La Fille légitime de Bonaparte.*

(2) Cf. *Mémoire présenté au nom de l'Episcopat*, 1828.

(3) Mgrs de Metz, du Puy, de Chartres.

(4) Cf. *Du Progrès de la Révolution et de la Guerre contre l'Eglise*, 1828.

voulait pas paraître « octroyer aux Français des droits qui leur appartiennent essentiellement ».

Le Gouvernement suspendit l'exécution de ses engagements. Ce fut la cause d'une lutte fameuse qui, par l'ardeur généreuse et la jeunesse de ceux qui l'entreprirent, sent son romantisme. Lamennais, Lacordaire et Montalembert fondèrent aussitôt un journal, *l'Avenir* (16 octobre 1830), et, quelques jours après, une *Agence* pour la défense de la liberté des cultes et de l'enseignement. Ils se proposaient d'exiger l'exécution des promesses de la Charte, d'ouvrir des écoles libres, sans attendre la loi, afin de forcer le Gouvernement à se prononcer, d'organiser des pétitions et de soutenir des procès. Lacordaire écrivait dans le premier numéro de *l'Avenir :* « C'est une partie du pacte qui attache les Français à la nouvelle couronne, c'est la conviction de nos serments, c'est le prix du sang... (1) » ; et Lamennais disait que, depuis six mois, le souverain régnait « en vertu du choix national, sous la garantie des serments qu'il a prêtés de respecter nos droits à tous, de maintenir la liberté religieuse et de donner la liberté d'enseignement... S'il ne veut pas, il rompt le contrat qui nous lie à lui (2). » Traduits en Cour d'assises, ils furent acquittés par le jury. Ils s'enhardirent, organisèrent des pétitions, demandèrent que, en attendant la loi promise, le Gouverement n'entravât « en aucune manière et sous aucun prétexte le droit qu'a tout citoyen français de se consacrer à l'enseignement et d'ouvrir des maisons d'éducation. » On les engagea à prendre patience et on leur promit d'étudier la question d'urgence (février 1831). Quelques jours après, comme les choses n'allaient pas au gré de leur impatience, ils résolurent de fonder une école libre dans trois grands diocèses. De nombreuses écoles s'ouvraient. Montalivet les fit fermer. Le 29 avril, *l'Avenir* annonça l'ouverture, au nom de la Charte, d'un externat primaire gratuit, à Paris, ainsi

(1) 18 octobre 1830.
(2) 26 novembre 1830.

que le programme des cours et les noms des professeurs. Le 9 mai, après un discours de Lacordaire, les cours commencèrent, mais furent interrompus par l'intervention du commissaire de police, qui apposa les scellés. Le procès qui suivit, devant la Cour des Pairs, à cause de la qualité de Montalembert, gagna la cause de l'Ecole libre devant l'opinion, mais fit triompher la loi. L'arrêt, rendu par un corps politique, donna une force nouvelle aux décrets de 1808 et de 1811, qui consacraient le monopole. Il ne suffisait pas que la liberté fût un principe, même constitutionnel, il fallait qu'une loi la définît.

C'est cette loi qu'on ne cessa de réclamer, en dépit des timidités du pouvoir ou du mauvais vouloir des ministres. Après que l'Encyclique *Mirari vos* eut imposé silence aux hardiesses de *l'Avenir* et séparé Lamennais de ses amis, Montalembert s'occupa d'organiser un parti catholique, capable d'accomplir une action efficace. Il y réussit, avec le concours des évêques et des laïques qui s'étaient éloignés de Lamennais et avaient été séduits par la noblesse de sa propre soumission. Grandi par l'épreuve, il fut plus fort. Il ne manqua aucune occasion de revendiquer la liberté, intervenant dans les débats de la Chambre à propos des pétitions (23 mai et 2 août 1839), à propos de l'adresse (1842), à propos de la pétition de l'abbé Genson pour refus d'autorisation (1842), à propos des plaintes des évêques sur l'enseignement universitaire (6 juin 1842), publiant à cette occasion *le Devoir des Catholiques* (1843), intervenant dans la discussion du projet Villemain (20 avril 1844), organisant, avec Dupanloup et Lenormand, un Comité d'action catholique (1844), posant la question électorale sur le terrain de la liberté de l'enseignement et obtenant l'élection de 140 candidats favorables (1846), reprochant à Salvandy de n'avoir rien fait pour la liberté (1847), enfin, luttant avec une patiente énergie, d'accord avec Mgr Affre et Dupanloup, contre les violents, comme L. Veuillot, pour obtenir le triomphe de sa cause.

D'une manière parallèle, les évêques agissaient auprès des pouvoirs ou sur l'opinion, les uns avec plus de modération, les autres avec plus d'impétuosité. La presse prend part aux débats, *l'Univers*, *l'Ami de la Religion*, *le Correspondant*, *le Journal des Economistes*, *le Mercure de France*, *les Débats*. Les pamphlets mêmes se multiplient, surtout entre les années 1840 et 1844. Les abbés Garot, Desgarest, Popys, Combalot précèdent ou suivent L. Veuillot et haussent le ton de la polémique. Les chefs d'institution réclament de leur côté et font des pétitions. Les économistes de l'école de A. Smith font valoir les avantages de la concurrence. Les démocrates, enfin, comme Lamartine et Ledru-Rollin, joignent leurs revendications à celles du clergé et des catholiques. La gauche et la droite se coalisent, et Mgr Parisis réclame les promesses de la Charte en tant que citoyen (1).

Impuissants sur le terrain constitutionnel et juridique, comprenant qu'on ne leur accorderait pas la liberté au nom des seuls principes, ils avaient fait valoir des arguments d'une autre nature. Ils s'étaient fondés d'abord sur la liberté de la presse et sur la liberté individuelle. On assimila la liberté d'enseignement à celle de la presse. « Reconnaître que la presse doit être libre, c'est reconnaître que les doctrines publiques doivent se former par le concours de toutes les opinions (2). » Lacordaire écrivait : « Les Français ont le droit de publier et de faire imprimer leurs opinions, dit la Charte (art. 7), par conséquent, ils ont le droit d'avoir leurs opinions à eux, autrement le droit de publier ses idées emporterait la défense d'en avoir en propre, ce serait une moquerie... Ces Français, qui ont le droit d'être publicistes dans les langes, ne peuvent apprendre les choses divines et humaines qu'avec le consentement d'un coterie présidée par un ministre... (3) ». La liberté individuelle était l'ar-

(1) *Examen de la Question*, 1844.
(2) Cf. *Le Concert Européen*, 1818.
(3) Cf. *L'Avenir*, 25 octobre, 1830.

gument de B. Constant, de Lamartine et de Ledru-Rollin. D'autres revendiquaient le libre choix des méthodes pour le père de famille, seul juge, selon eux, de ce qui convient le mieux. C'était l'opinion de de Sainte-Marie. de Montbel, de Dupin. Ils protestèrent, en 1828, au nom de ce principe. Mais l'argument le plus solide fut le droit du père de famille. Tous y ont fait appel, et nous devrons en examiner spécialement la valeur, de même que l'argument que les chefs d'institution et les maîtres de pension opposaient au monopole, le sentiment de leur propre dignité.

Ces arguments ne sont pas ceux qui firent triompher la liberté. Les lois de 1833 et 1850 ne devaient pas être des lois de principe, mais des lois de salut public. Les considérations d'utilité sociale devaient l'emporter, dans la pensée des législateurs, sur celle du droit. Ces mêmes considérations avaient arrêté les concessions du pouvoir et tenu en échec, pendant trente-cinq ans, tous les projets de liberté. Le péril social arracha aux ministres ce que la raison n'avait pu obtenir. Guizot n'obtint le vote de la loi de 1833 qu'en représentant le grand avantage que la société bourgeoise trouverait à l'apaisement moral des classes laborieuses au moyen de l'éducation religieuse. Thiers ne se rangea à l'avis de Montalembert qu'en présence du péril révolutionnaire. L. Veuillot n'avait pas tous les torts de critiquer ces combinaisons politiques, qui faisaient perdre de vue les principes constitutionnels et le droit naturel.

Néanmoins, il est évident qu'on était fondé à réclamer la liberté au nom des principes politiques formulés dans les Chartes et posés par la Révolution. Cette raison subsiste encore et nous pouvons l'opposer aux promoteurs du droit social, puisque la Déclaration de 1789 n'a pas encore été déchirée.

***

L'argument sur lequel on se fonde le plus souvent,

car il est le plus simple et le plus facilement intelligible, c'est le droit du père de famille, qu'on est porté à considérer comme absolu et qui, pourtant a des limites, car la liberté du père de famille n'est pas la liberté de l'enseignement à proprement parler, mais celle de l'éducation.

Les droits de la famille sont des droits naturels, comme la famille elle-même. Ils dérivent des obligations naturelles du père, que la loi définit positivement, et ils se rapportent, soit au père, soit à l'enfant. Ils s'exercent au sein même de la famille, qui est la forme primitive et élémentaire de la société, et qu'aucune autorité ne peut remplacer, ni les maîtres, ni la religion, ni l'Etat. La loi ne peut être, sur ce point, que l'expression du droit naturel. Mais le droit d'être enseigné conformément à ses propres convictions n'implique pas celui d'enseigner au sens propre du mot, c'est-à-dire publiquement.

La famille est de constitution naturelle, et la nature est la source des premiers droits, parce qu'elle crée les premières obligations, ceux du père et ceux de l'enfant.

Il existe entre les parents et les enfants deux sortes de liens naturels : les liens du sang et les liens moraux, liens mystérieux, plus forts peut-être du côté maternel, car une mère ne cesse jamais d'aimer, et jamais elle ne se sépare de son fils sans un grand déchirement. La vie du père et de la mère se perpétue dans les enfants, et, avec elle, les aptitudes, les qualités physiques et morales, quelquefois aussi les défauts, les vices, les tares. La famille résulte non seulement de l'instinct, mais des sentiments les plus profonds de l'âme.

Au point de vue social, « la famille présente cette circonstance unique et remarquable que son chef se trouve investi d'un pouvoir qui lui est propre, étranger à toute délégation (1). » Cela la différencie essentiellement de la société politique. Tandis que l'Etat résulte de la délégation de l'exercice d'un pouvoir souverain par le peu-

(1) Huc, *Commentaires du Code Civil*, II, p. 6.

ple à des mandataires, la famille est naturellement instituée par le besoin que l'enfant a du père et de la mère, par l'amour qui est au cœur de ceux-ci. Elle ne tient donc pas son existence de l'Etat. Elle est antérieure à l'Etat qui, pour subsister lui-même, est obligé d'en reconnaître l'existence. L'autorité du père est donc un droit naturel.

Cette autorité implique pour le père des obligations, et pour l'enfant des droits naturels. C'est la nature qui fait au père l'obligation de l'éducation. L'enfant ne s'élève pas de lui-même, comme les animaux. L'instinct pourvoit ici à l'élevage. S'ils périssent, comme leur vie n'a aucune valeur morale, la nature reste indifférente. Il n'est pas indifférent, au regard de la conscience, que l'enfant ne s'élève point. Créature raisonnable, l'homme doit prendre soin de ses enfants, créatures faibles, mais appelées à de hautes destinées. L'obligation que l'enfant aurait, s'il était en possession de son libre arbitre, dès les débuts de son existence, de soutenir sa propre vie et de développer sa personne morale, incombe au père, responsable de ce dépôt sacré. L'enfant a donc, en tant que personne morale, et du fait même de son existence, un droit naturel, primordial, imprescriptible, celui de vivre et d'être élevé. Le respect lui est dû, comme à toute personne morale. Ainsi, le droit de l'enfant dérive de sa propre nature et de l'obligation du père. Ce droit et cette obligation sont antérieurs à toute loi.

L'autorité du père de famille est donc faite d'obligation et de bonté. Elle lui communique une certaine dignité. La loi romaine lui reconnaît une sorte de majesté religieuse. La christianisme voit en lui un représentant de Dieu, investi d'un véritable sacerdoce. C'est le sentiment de sa responsabilité qui sauvegarde son droit et sa liberté et lui donne la puissance véritable.

Les lois civiles ont défini ces droits et ces obligations naturelles, traduit en règles sociales les principes de la conscience et de la raison. C'est la *puissance paternelle*. On peut la définir l'ensemble des droits civils que la loi reconnaît comme dérivant naturellement de l'autorité paternelle et des obligations qui en résultent, soit par rapport à l'enfant, soit par rapport à la société. L'enfant est compris dans les obligations du père. Il est dans une sorte d'*indépendance juridique*. Il ne possède que virtuellement la personnalité, tant que l'émancipation ne l'a pas mis en possession de lui-même. Ses actes sont considérés comme venant du père, en tant qu'ils sont susceptibles de nuire. C'est pourquoi la loi fait au père une obligation d'élever, de garder, de surveiller ses enfants ; mais, d'autre part, elle limite sa force, dans l'intérêt de l'enfant, et ne lui laisse que celle qui lui est nécessaire pour réprimer les écarts de la jeunesse. Chez les Anciens, où la famille était fondée dans l'intérêt du père et dans l'intérêt de la cité, la puissance paternelle n'avait pas de limites. Partout, dans le monde grécoromain et dans l'Orient, le père est maître de la personne de ses enfants, comme de sa femme et de ses esclaves. Les lois romaines, adoucies par l'influence morale du stoïcisme et du christianisme, ont modifié leurs dispositions. L'intérêt de l'enfant fut reconnu et garanti par le droit coutumier. La loi civile, issue de la Révolution, distingue davantage encore la personnalité morale et la personnalité juridique de l'enfant. Elle limita l'autorité naturelle du père en étendue et en durée, mais sans la détruire. Rien ne montre mieux l'influence que les doctrines spiritualistes, dont étaient nourris les jurisconsultes du XVIIIe siècle, ont exercée sur le droit civil.

La loi française définit la puissance paternelle « le droit de gouverner la personne et les biens de ses enfants jusqu'à ce qu'ils soient en âge de se gouverner eux-mêmes. » Elle présume chez les mineurs « l'incapacité intellectuelle ». Elle déclare nulle toute clause contractuelle qui pourrait porter atteinte à l'autorité du père, et la jurisprudence écarte toute substitution de la mère, ou même de l'autorité judiciaire, sauf les cas de déchéance, à la puissance du père. Elle admet que son autorité ne peut être détruite et qu'elle subsiste pendant la vie entière, par delà l'émancipation ou la majorité : « L'enfant doit *à tout âge* honneur et respect à ses père et mère. »

C'est donc sur la nature que la loi civile se fonde. Elle ne tire pas sa force de l'autorité sociale. La société ne pourrait ordonner qu'au nom de l'intérêt général. En ce cas, l'enfant n'aurait le droit de vivre qu'autant que cela ne serait pas contraire à l'intérêt général, comme il arrive lorsqu'il y a excès de population. Les Anciens massacraient les enfants au nom de ce principe. Platon le recommande. Cela se passe encore en Chine et chez les Turcs. Où est la garantie du droit de l'enfant dans ce système ? On ne remarque pas que le droit de l'enfant résulte précisément de l'obligation du père et que l'obligation du père résulte du caractère moral de l'enfant.

Le droit social ne peut opposer l'enfant au père, car il serait absurde d'attribuer au père des obligations sociales sans lui reconnaître aucun droit. Ses obligations viennent de la nature.

La loi les précise. Elle ordonne ce qu'ordonne la nature, c'est-à-dire d'élever les enfants, et, par suite, elle reconnaît au père un droit de garde, de surveillance, de correction. Elle retient même la responsabilité des parents à l'égard des victimes d'un dommage causé par les enfants (art. 1384). Thiers constatait, en 1844, que cette responsabilité impliquait le droit de les élever.

Le droit civil n'est donc que l'expression précise du droit naturel. Il ne détruit ni les liens du sang, ni la hiérarchie des membres de la famille, ni les prescriptions de la conscience.

Bien plus, l'éducation même ne peut se faire véritablement qu'au sein de la famille. Cette œuvre, qui est imposée au père par la conscience et par la loi, ne peut être accomplie d'une manière aussi efficace, ni par des maîtres étrangers, ni par l'État, ni même par l'autorité religieuse.

L'enfant, qui doit être un homme, avant d'entrer dans la cité, ne peut vraiment le devenir qu'au sein de la famille. C'est sous la surveillance et par les conseils des parents qu'il naît à la vie morale, comme il naît à la vie physique réchauffé dans le sein maternel. Rousseau rappelait autrefois aux mères l'obligation d'allaiter leurs enfants. Depuis, les médecins se sont joints aux philosophes pour en démontrer la nécessité hygiénique. Il y a une nécessité encore plus grande à ce que l'âme de l'enfant se forme dans le milieu familial, dont rien ne peut remplacer l'influence. Il s'y épanouit comme l'arbre dans le sol où il est enraciné. Il y vit, enveloppé d'une atmosphère spéciale de bons conseils, de bons exemples, d'honnêteté, qui peut donner parfois au jugement, à la volonté, au caractère, une vigueur extraordinaire. Le cœur n'a pas de meilleur guide que les avertissements du père, de meilleur préservatif que les pressentiments de la mère, de meilleur confident que celui d'une sœur. Il faut vivre dans l'intimité de l'enfant pour le comprendre ; il faut, pour le connaître et le diriger, lui fournir des occasions de penser personnellement et d'agir. Dans la famille, ces conditions sont plus favorables et plus constantes. Est-il une autorité sociale capable de remplacer ces grandes leçons qu'on trouve au foyer et qui nous touchent d'autant plus profondément qu'elles nous atteignent nous-mêmes, quand elles ont les nôtres pour objet : les épreuves, les revers, les séparations, la maladie, les deuils, les larmes ou les joies du foyer ? C'est de ces grandes leçons que l'enfant a besoin. Voilà ce qui est capable de féconder sa nature morale, de la faire éclore et mûrir.

Certes, la famille n'offre pas toujours un milieu aussi favorable, et cela suppose que les parents comprennent et font leur devoir. Mais, dans le cas contraire, précisément, les effets sont déplorables.

Observez ces hommes, à qui l'éducation de la famille a manqué. De quels sentiments sont-ils capables ? Aigris pour la plupart, pleins d'orgueil et de mépris pour les autres, égoïstes, jouisseurs, ils n'ont ni sens moral ni intelligence de ce qui est noble et bon. Leur cœur sec n'a jamais tressailli d'un sentiment délicat. « L'homme qui n'a pas connu ces tendresses du premier âge ne connaîtra jamais les grands enthousiasmes de l'âge mûr ; il ne saurait aimer avec l'énergie du sacrifice son Dieu, sa patrie, son devoir (1). »

Rien ne peut remplacer cette éducation première de la famille. Elle ne peut pas se faire par délégation de l'autorité paternelle d'une manière aussi complète. Aucun maître n'en est capable.

En général, les maîtres sont pour l'enfant des étrangers. Quelle influence peuvent-ils exercer sur lui si la famille elle-même n'intervient pas et ne fortifie pas leur autorité ? Si dévoués qu'ils soient, ils sont impuissants. Trop de parents, absorbés par leurs affaires ou par leurs plaisirs, se désintéressent de l'éducation de leurs enfants. Ils s'imaginent qu'ils ont fait tout leur devoir quand ils les ont confiés à un maître, dont le talent doit suffire à remplir la tâche. Ils sont convaincus que ce maître doit leur rendre des enfants parfaitement élevés. Leur illusion est grande, et plus grand encore leur étonnement, quand ils constatent l'ingratitude ou l'indifférence de leurs enfants. Il est rare que l'enfant ait pour ses maîtres la reconnaissance qu'ils méritent. Or, ce sentiment seul serait fécond. Où il manque, l'action du maître n'a pas été profonde. Plus tard seulement, ce sentiment s'éveille. Il ne faudrait point qu'il fût si tardif. Il n'en est pas de même dans la famille, car les sentiments de famille sont naturels et puissants. Voilà pourquoi il est important que le père de famille choisisse lui-même les maîtres, les soutienne, les défende, les impose.

Le meilleur auxiliaire de la famille est assurément la religion, et, de toutes les religions, le christianisme. C'est lui qui enseigne au père de famille la valeur morale de l'enfant, valeur infinie, égale au sang d'un Dieu ; la source de sa propre autorité, qui est la loi morale ; la fin dernière de toute vie, qui est le suprême bien. La

(1) V. de Laprade, *L'Education Libérale*, p. 148.

religion montre au père comme à l'enfant leur commune nature, leur commune destinée et leur commune loi. Elle élève leurs esprits, leurs cœurs et leurs volontés vers le Père commun des hommes. Elle est une merveilleuse discipline intellectuelle et une sublime morale pratique. Elle oblige la raison à chercher par delà les apparences et les lois de la nature l'explication de tout ce qui est ; elle apprend à chacun à sortir de son égoïsme, à aimer tout ce qui est l'image de Dieu. Mais, précisément, si l'on veut que l'éducation religieuse soit efficace, c'est encore par la famille qu'il faut qu'elle se fasse. Seules, les familles chrétiennes font des enfants chrétiens. C'est la sanction du devoir des parents que l'influence qu'ils exercent sur le caractère des enfants. « Le fils de la chrétienne retournera au Dieu de son berceau, dût-il attendre jusqu'au bord de la tombe (1). » Quand éclate dans l'âme du jeune homme cette crise à laquelle bien peu échappent celui-là seul en triomphe qui se rappelle la foi de sa mère. Pourquoi ? Parce que l'éducation familiale est profonde ; parce qu'elle vient du cœur, et non pas seulement d'un maître. Le prêtre même ne peut pas remplacer la famille. Il a auprès d'elle une haute mission à remplir. Revêtu de l'autorité religieuse, il lui appartient de rappeler aux parents leurs obligations, ainsi que le faisaient les papes et les Conciles, de les éclairer, d'instruire les enfants des vérités de la foi et des principes de la morale. Le père de famille acquiert ainsi l'autorité qui lui vient de la religion, une force morale plus grande et plus efficace. Mais il faut qu'il exerce lui-même cette autorité.

A plus forte raison, l'Etat est moins qualifié encore pour se charger de l'éducation. Il ne pourrait, à moins de placer l'intérêt social au-dessus de l'intérêt de l'enfant, remplir une telle mission qu'au nom de la famille elle-même. Mais à qui commettrait-il ce soin ? Certes ! il se rencontre, parmi les membres de l'Université, des

(1) V. de Laprade, *Ibid.*, p. 185.

hommes d'élite, des pères de famille, capables d'une telle sollicitude et d'un tel dévouement. Pourtant, qu'est-ce que peut faire, pour remplacer la famille, un jeune maître, sans expérience de la vie, nourri seulement des maximes creuses de la morale indépendante ? La considération de l'intérêt social ne saurait faire éclore ces vertus sublimes par lesquelles on touche le cœur et vivifie l'âme entière. De plus en plus, la pensée de ce qui est utile à la société dirige la conscience des éducateurs de la démocratie, et l'enfant apparaît moins comme une âme à former que comme une intelligence à instruire. L'instruction efface l'éducation ou l'élimine. L'intervention de l'Etat sur ce point serait donc abusive. Sa fonction, on l'a vu, est différente.

Ainsi, rien ne peut ici remplacer la famille. C'est à elle qu'il appartient avant tout d'achever par l'éducation cette œuvre d'amour commencée auprès du berceau. L'éducation est une œuvre d'amour.

Le choix du maître est un droit qui se déduit de ces considérations. Il est le corollaire logique de la responsabilité paternelle, ainsi que le constatait Thiers en 1844. V. Cousin, considérant la grandeur de ces obligations, allait jusqu'à prétendre que le droit du père était incommunicable et que, seul, il pouvait l'exercer. Une telle exagération ne se soutient pas, car il est des circonstances où l'exercice de ce droit est impossible autrement que par l'intermédiaire d'autrui, où la délégation devient une nécessité. Mais alors, il n'appartient pas à l'Etat d'imposer au père de famille un enseignement officiel. Guizot le reconnaissait lui-même en 1846. Il répondait à M. de Gasparin que, « de la manière dont l'Université était conçue, il y avait excès, car tous les droits, en matière d'instruction publique, n'appartiennent pas à l'Etat ; il y en a qui sont, non pas supérieurs, mais antérieurs, et qui coexistent avec les siens. Les premiers sont les droits des familles. Les enfants appartiennent aux familles avant d'appartenir à l'Etat... Il n'a pas le droit de l'imposer arbitrairement et exclusivement à toutes les familles, et contre leurs vœux (1) ». Il serait étrange que le père fût dépossédé de ce droit, alors qu'il jouirait de celui de choisir ses propres représentants, ceux-là mêmes qui imposeraient des maîtres à ses enfants. En leur conférant des pouvoirs politiques, il ne se dépouille pas lui-même de son autorité paternelle. L'autorité sociale ne saurait violer sans crime le sanctuaire de la famille et priver le père de ses droits naturels, alors qu'elle lui imposerait par ailleurs des obligations sans compensation aucune. La loi ne peut prescrire autrement que la raison : *jus dicit, non facit.* Le choix du maître, qui est un droit naturel, doit être également une liberté civile.

Ce droit n'a guère été contesté, même au temps de notre monarchie.

Nous avons déjà remarqué que l'édit de Nantes le reconnaissait aux protestants. Les articles 18 et 38 défendaient d'enlever les enfants aux pères pour les faire changer de religion « par force ou induction » et autorisaient ceux-ci à les pourvoir d'éducateurs selon leur croyance et même à le faire par testament ou par acte notariés. Les arrêts du Conseil, en 1663 et 1669, et la jurisprudence des Parlements avaient confirmé ce principe.

Louis XIV revint sur cette législation, mais le droit du père de famille continua à être reconnu au XVIIe siècle par les intendants, quoique l'organisation de l'enseignement y apportât certaines limites.

Forts de ce droit naturel, les pères de famille du XIXe siècle, comme autrefois les protestants, réclamèrent l'exécution des promesses de la Charte de 1830. Ce droit du père de famille ne cessa de s'affirmer avec une force toujours plus grande. Le nombre des pétitions fut considérable, après celle de Lamennais, de Lacordaire et de Montalembert, en 1831. Ce fut surtout entre les années 1839 et 1845 qu'elles se multiplièrent, pendant

(1) Discours, 30 janvier 1846.

la période la plus agitée, et des rapports suivis de discussions passionnées, furent présentés, au nom des habitants de quelques villes de province (Dijon, Nantes, Angers, Nancy, Saint-Brieuc, Marseille, etc.), soit à la Chambre des députés, soit à la Chambre des pairs, par le marquis de Cordoue (1839), par le comte Tarcher (1840), par M. de Mérilhou (1843), par M. de Ladoucette (1843). Elles étaient soutenues par des hommes comme Montalembert, de Brézé, de La Rochejaquelein, etc... Elles arguaient du droit naturel du père de famille. Mais elles transportaient aussi le débat sur le terrain politique, car elles invoquaient l'article 69 de la Charte et réclamaient en faveur des Congrégations enseignantes, en même temps qu'elles reproduisaient les attaques des pamplétaires contre l'Université. Comme il est facile de donner à de telles revendications un caractère politique, puisque le père de famille ne se sépare guère du citoyen, il se trouva des habiles qui exploitèrent cette situation au profit de leur parti et organisèrent cette lutte opiniâtre, qui, au moyen de pamphlets et de *pétitions*, se poursuivit pendant vingt années, sans parvenir à triompher, puisque ce fut un motif d'intérêt général qui dicta la loi de 1850. Il semblait alors que la puissance paternelle fût un argument insuffisant par lui-même, car le père de famille, ainsi que le remarquaient Villemain et Mérilhou, en 1843, n'était nullement privé du droit de choisir les maîtres de ses enfants, puisqu'il y avait à cette époque 102 institutions et 914 pensions, dont 19 n'envoyaient pas leurs élèves aux cours des collèges royaux ou communaux, dont 23 jouissaient du plein exercice et dont 160 étaient dirigées par des ecclésiastiques. Villemain prétendait même que la liberté d'enseignement existait sous cette forme et que les réclamations des familles n'étaient pas justifiées, mais qu'elles étaient inspirées par des motifs politiques, ce qui était aussi l'opinion de Dupin. Il est trop facile de dénaturer le droit du père de famille et de dire qu'il est rendu « illusoire si une autorité s'interpose entre le père et l'enfant » ; il est plus facile encore de l'exercer dans un but autre que la seule éducation, ou même avec les meilleures intentions, de s'égarer soi-même.

Nous assistons depuis deux ans à une action du même genre. L'idée d'interposer, entre l'autorité ecclésiastique et l'autorité des directeurs d'écoles, des associations de pères de famille ne s'explique que par l'ambition de créer une action collective, analogue à celle que dirigea Montalembert, dans un but que dissimulent l'objet de l'école et le droit du père de famille. S'il n'en était pas ainsi, on ne voit pas pourquoi celui-ci ne laisserait pas à l'instituteur son indépendance, se contentant de s'assurer de sa valeur, au lieu d'exagérer son propre droit et de se considérer comme le véritable maître de l'école qu'il a choisie. Nous reviendrons sur cette question.

Ce droit, en effet, n'est pas absolu. Il rencontre des limites, d'abord en lui-même, puisque le père de famille ne peut pas toujours l'exercer personnellement, puis hors de lui, dès que, sortant du domaine de l'éducation proprement dite, il prétend s'affirmer sur celui de l'instruction. Il se heurte alors au droit des enfants, au droit des maîtres et aux obligations de l'Etat. La liberté du père de famille, sans être diminuée, se précise par les conditions de son exercice, par l'opposition qu'elle rencontre dans l'existence d'autres droits, ainsi qu'on va le voir.

***

La liberté d'enseignement repose sur un troisième argument, dont on n'a peut-être pas montré jusqu'ici toute l'importance ou qu'on paraît trop négliger. Elle ne se confond pas tout entière avec le droit du père de famille par rapport à l'éducation de ses enfants, elle est aussi la liberté naturelle de ceux-ci et celle des maîtres par rapport à l'instruction et à l'enseignement, c'est-à-dire le droit de l'intelligence à être formée et à se communiquer. Entre le maître et le disciple, il s'établit une relation intellectuelle. C'est une action d'une nature spéciale, une pénétration mystérieuse des intelligences, qui communient dans la vérité. Cette action ne s'accomplit pas toujours dans l'enceinte de la famille. Dès lors, elle prend un caractère public, ou plutôt civil. La liberté d'enseignement, dans ce cas, doit revêtir une forme légale, qui la définisse une seconde fois et donne à tous des garanties : à l'enfant, aux maîtres, aux parents, à la société. C'est la liberté d'enseignement proprement dite, qui complète, quoiqu'elle s'en distingue, la liberté de l'éducation.

Le libre développelment de l'intelligence est un droit pour chacun, parce que, c'est d'abord pour chacun un devoir de former son esprit. La fin de l'intelligence n'est-elle pas de connaître la vérité ? Par suite, son devoir n'est-il pas de la rechercher ? Certes ! sa puissance est limitée. Elle trouve des bornes en elle-même et dans les choses, mais c'est en essayant de les reculer qu'elle crée la science et étend sans cesse son empire sur la nature. Si l'absolu la dépasse, le contingent est son domaine. Elle s'y meut à l'aise, s'avançant de découverte en découverte, à travers les mystérieux secrets de la matière et de la vie, faisant servir celles-là aux besoins de l'homme, pliant le monde à ses desseins tout en se soumettant à ses lois, enfantant les plus admirables chefs-d'œuvre, introduisant partout l'ordre et l'unité, imprimant à chaque chose la marque de son génie. Dans la science comme dans l'art, l'esprit est créateur, parce qu'il est une force libre et féconde, une puissance d'organisation, qui conçoit les lois de l'Univers et engendre d'autres êtres en les appliquant. Les progrès de la science et de l'art en sont les effets. Mais précisément ces progrès se réalisent parce que l'esprit est libre. La science est avant tout la recherche de la vérité connaissable, indépendamment de toute autorité ou avec ses conseils pour guide, par la raison, par l'observation, par l'analyse, par la synthèse, par une marche progressive ou régressive de la pensée obéissant à ses propres principes d'intelligibilité. L'art n'est aussi qu'une manifestation de l'esprit ou de ses pensées les plus universelles dans des formes, qu'il produit incessamment, aussi variées que les milieux, dans lesquels il se déploie. Jamais cependant il ne se laisse enfermer dans ses propres formules. Toujours il les renouvelle et s'en affranchit quand elles deviennent dogmatiques et pédantesques. Aucune autorité n'est assez forte, aucune protection n'est assez efficace pour réprimer l'élan spontané du génie ou pour lui ordonner de naître et de produire. Il est libre, comme l'esprit même. La loi à laquelle il obéit, c'est l'obligation de se développer dans le sens même de sa propre nature, d'où il suit qu'il jouit de deux sortes de droits, suivant qu'il commence à s'affirmer ou qu'il est en pleine possession de lui-même.

Les droits de l'intelligence sont l'instruction et l'enseignement. L'instruction est l'effet de l'enseignement. Elle résulte du double effort que font le maître et l'enfant pour unir leurs esprits dans la science et dans la vérité. Elle est l'organisation de l'intelligence. L'enseignement est l'action d'une intelligence sur l'intelligence d'autrui, pour la fortifier, la développer, l'éclairer, l'instruire, l'armer. L'instruction est pour toute intelligence un devoir moral, comme l'enseignement est le droit de communiquer sa pensée. La même vérité attire à elle les esprits curieux et excite ceux qui la possèdent à la répandre. L'ignorant est avide de la connaître, le savant désireux de la produire au dehors. Cette puissance d'expansion de la vérité est telle qu'elle engendre dans les intelligences les besoins les plus divers. Sa recherche est un devoir et sa communication un droit égal à la liberté des consciences. Condorcet affirmait ce droit et la Déclaration de 1789 le reconnaissait formellement, en posant comme un principe que « nul ne peut être inquiété pour ses opinions », ce qui implique même la liberté de l'erreur. C'est de ces besoins, de ces obligations, de ces droits solidaires que naissent l'enseignement et l'instruction. « Ceux qui apprendront à lire, disait Charlemagne à Alcuin, brilleront dans le firmament et ceux qui enseigneront brilleront comme une étoile dans l'éternité. »

L'enfant a droit à l'instruction dans la mesure où il en est capable. S'il n'a pas de droits civils, il a des droits moraux, qui résultent de ses obligations morales et même de celles de son père. C'est un devoir de former son esprit. C'est un droit d'exiger qu'on n'empêche pas cette formation et qu'on la dirige. Mais ce droit est relatif. L'obligation de s'instruire ne s'impose pas à lui avec la même rigueur que l'éducation, car elle n'a pas la même valeur, ni par elle-même, ni pour tout le monde. L'éducation s'adresse à l'homme tout entier. L'instruction n'est qu'une culture de l'intelligence. Si elle n'était pas accompagnée de la formation du caractère, l'émancipation de l'esprit ne serait qu'un dangereux présent. L'instruction a un caractère moins obligatoire, moins universel, moins moral que l'éducation. Elle est plus personnelle, plus variable. Rien n'est plus libre que les esprits, pour qui « l'ignorance et l'incuriosité » sont parfois « un doux oreiller », quand elles ne sont pas une partie de la sagesse. Néanmoins, l'enfant doit être instruit et mis en possession de ses facultés intellectuelles. Mais il ne faut pas oublier que l'esprit de l'enfant jouit d'une certaine liberté, que son développement original dépend de sa liberté naturelle. Chaque esprit est individuel. Il a sa physionomie particulière. Les esprits diffèrent les uns des autres comme les visages. Le *moi personnel* se forme en chacun de nous par une lente évolution, ou plutôt par une constante intégration d'idées, de souvenirs, de besoins, d'habitudes, de goûts. Si nous subissons l'action d'autrui, ce n'est pas au point d'aliéner notre spontanéité. Nous nous formons beaucoup plus nous-mêmes qu'on ne nous forme. Chacun est une sorte d'artiste qui sculpte son âme. Le père de famille le reconnaît lui-même, quand il s'attache à découvrir les aptitudes de son enfant, à deviner sa vocation, quand il l'interroge sur ce qu'il veut faire et lui dit : *Travaille.*

La même liberté de pensée, qui est naturelle à l'enfant et que l'instruction a pour but de guider et d'éclairer, s'accroît chez le maître en proportion de son instruction. Portée à un certain degré de puissance, la pensée tend d'elle-même à se communiquer, à se répandre autour, à se produire. Elle engendre la parole qui, animée par les passions ou colorée par les images, devient la poésie ou l'éloquence. L'éloquence est le fruit d'une pensée féconde qui se donne et se multiplie. Toujours, elle est l'effet d'une conviction sincère et l'acte d'une conscience droite. Enseigner, c'est se servir de la parole pour dire ce que l'on tient pour vrai. Ceci est une liberté naturelle, un droit naturel, comme la liberté des opinions. Ce peut être parfois un devoir. N'est-ce pas un devoir pour le savant d'annoncer ses découvertes? Chez lui, la liberté de la pensée peut aller jusqu'au génie. Non pas que le génie soit un don naturel, une sorte de divination, puisqu'il ne se révèle, selon la parole de Buffon, qu'après un long effort de patience, mais il est une pensée plus forte et plus heureuse, et tous les hommes ont intérêt à connaître ses inventions. Enfin, il est des esprits pour lesquels c'est une sorte de vocation naturelle de se livrer à la recherche et à la communication de la science. Les vocations naissent d'elles-mêmes. Elles ont un caractère sublime. Elles sont comme un appel de la vérité à l'intelligence. Il faut au maître des qualités si diverses que, seul, le sentiment profond d'une grande mission à remplir peut soutenir en lui l'effort nécessaire. Mais il faut que le germe de ces qualités soit en lui, qu'il soit capable de devenir ce qu'il doit être. Les dons de l'esprit et du cœur, le génie, l'éloquence, la culture supérieure de l'intelligence, tout cela n'est-il pas respectable et ne caractérise-t-il pas une puissante individualité?

Les droits du maître et ceux de l'enfant sont donc d'abord les droits naturels de l'intelligence.

Ces droits sont aussi inviolables que la personne morale elle-même, puisque l'intelligence est son principal attribut, et ni le père de famille, ni l'Etat ne sauraient les méconnaître, soit chez l'enfant, soit chez le maître. Ils limitent d'abord ceux du père de famille, qui n'est pas toujours capable de juger, ni de la valeur intellectuelle de son enfant, ni du mérite des maîtres. Ils les limitent avec précision quand ils deviennent positifs, c'est-à-dire quand il s'agit de faire instruire l'enfant et de s'adresser à un maître, ou quand on fait profession d'enseigner. Ils limitent ensuite ceux de l'Etat, qui n'a pas qualité pour arrêter le développement naturel des esprits et les orienter vers d'autres fins qu'eux-mêmes. Ils postulent de sa part des garanties positives, une protection effective. Mais, d'un autre côté, comme l'instruction et l'enseignement ont, partiellement, un caractère d'utilité sociale, comme l'instruction des citoyens profite à tous et comme l'enseignement est un acte qui s'accomplit le plus souvent en public, il incombe à l'Etat de donner aussi à la société des garanties sous ce double rapport, et c'est l'intérêt même du père de famille, puisque la société n'est que l'ensemble des pères de famille. De la sorte, c'est à la loi qu'il appartient de reconnaître les droits de l'intelligence, de les définir, comme elle définit celui du père de famille, de les régler, sans les détruire ni les amoindrir.

L'instruction de l'enfant ne relève qu'à demi de l'autorité du père de famille. Celui-ci n'est pas toujours en mesure de la donner. L'enfant devra-t-il en être privé ? S'il est bien doué par la nature, devra-t-il laisser incultes des facultés supérieures ? S'il est apathique, le laissera-t-on dans une crasse ignorance, *in pingui Minervâ ?* Il appartient évidemment au père de famille de savoir ce qu'il doit ou peut faire à cet égard. Cependant, la société a un intérêt politique et économique à ce que les futurs citoyens reçoivent un *minimum* d'instruction nécessaire et à ce que les intelligences d'élite n'avortent point. C'est pourquoi, presque partout, elle impose l'obligation de l'instruction primaire et intervient pour aider les enfants pauvres. Cela est aussi dans l'intérêt de l'enfant. Mais là se borne le droit d'intervention de l'Etat. Il suffit qu'il stimule et secoue l'indifférence, qu'il prenne soin des enfants moralement abandonnés. Il n'a aucune autorité sur l'intelligence, et il doit se contenter d'exiger que l'enfant s'instruise. Il ne saurait le diriger. C'est à l'enfant à s'orienter lui-même dans le sens de ses goûts et de ses aptitudes. On ne peut imposer à tous une instruction uniforme. S'il est permis de les stimuler et de les guider, il ne l'est pas de s'emparer des esprits et de les contraindre. Nul n'a ce droit, nul même n'a ce pouvoir, ni le père de famille, ni l'Etat ; ils doivent à l'enfant la protection, et cela ne supprime pas, mais fortifie sa liberté.

La liberté d'enseigner n'est un droit naturel qu'au sein de la famille, du moment où l'enseignement est donné dans la demi-publicité de l'école, ce droit naturel doit être défini dans l'intérêt même de tous. « La profession d'instituteur est, sous un certain rapport, une industrie, et, à ce titre, doit être pleinement libre », mais c'est une fonction délicate, et il faut des garanties. C'est ce qui motiva le projet de1833. Dès qu'il existe une action qui n'est pas un simple contrat ou un simple commerce, mais qui s'exerce sur des personnes, c'est le devoir de l'Etat de surveiller si cette action n'est pas de nature à nuire. Il se produit souvent d'étranges abus. La postérité de Trissotin et de Vadius n'est pas éteinte. Là, comme dans la poésie, il faut se garder de « s'ignorer soi-même » et de « méconnaître son génie ». Un tel se fait professeur après avoir échoué dans tous les métiers. Tel autre enseigne *de omni re scibili*. Celui-ci manque de méthode et marche au hasard. Celui-là manque de tenue. Parfois, certains maîtres d'hôtel se chargent de l'éducation. En général, l'instruction professionnelle des maîtres est meilleure depuis quelques années. Si bien douée, si instruite que soit une personne, si digne et si respectable que soit son caractère, ses qualités ne lui confèrent pas le droit positif d'enseigner. Toute personne ne peut s'ériger en docteur. Le père de famille n'est pas toujours le meilleur des maîtres. G. Sand, après s'y être essayée, convint qu'elle était incapable de faire l'instruction de sa fille. La faiblesse paternelle, ou même l'orgueil illusionne les uns, ôte aux autres la vue nette du mal. Souvent la patience manque, ou la mesure, quand ce n'est pas la méthode. Comme le médecin ou l'avocat, le professeur doit avoir été préparé à exercer sa profession avec compétence. Un officier, un ingénieur, un financier ne sont pas nécessairement des pédagogues. Il y a un art d'enseigner et une technique de l'enseignement. Tout le monde est intéressé à ce que celui qui se livre à l'enseignement possède la science suffisante et les méthodes propres à la transmettre On a donc le droit de s'assurer des garanties personnelles, d'exiger des preuves de capacité. Le professeur est souvent le médecin des intelligences, il ne faudrait pas qu'il en fût le rebouteur. La société jouit encore à son égard d'un droit de contrôle et de surveillance. Ces droits sont le corrélatif de son devoir de protection à l'égard de l'enfant et du père de famille. « La puissance paternelle, disait Guizot, a besoin d'être avertie, soutenue, dirigée par la puissance publique, plus éclairée et plus ferme.» V. Cousin voyait dans le droit d'enseigner « un pouvoir si grand » que « la capacité la plus éprouvée » devait trembler devant lui. Le droit de communiquer sa pensée a donc des limites. La liberté de la chaire est réglée comme celle de la presse. Le maître acquiert par là même plus de dignité, plus d'autorité, sans rien perdre de sa liberté.

La liberté du maître, ainsi que celle de l'enfant, en se réglant, en se définissant, ne s'affaiblissent donc point. Elles se fortifient, au contraire, et ce qui est naturel devient légal. Par la *licence* d'enseigner, l'intelligence se trouve placée à son rang, établie dans sa fonction propre.

⁂

Le rôle de protecteur que l'Etat remplit à l'égard du

père de famille se change donc en un droit de surveillance et de contrôle à l'égard du maître. Est-ce à dire que celui-ci soit sous sa pleine et entière dépendance? En aucune façon. En dehors des garanties nécessaires, l'Etat n'a rien autre à exiger des maîtres. Il ne peut les tenir à sa discrétion. Ce serait les humilier, leur ôter toute indépendance d'esprit et violer les droits mêmes de l'intelligence.

Il ne faut donc pas s'étonner que, pendant la Monarchie de Juillet, sous le régime du monopole, les maîtres privés aient défendu leur propre cause et, sous la forme de leurs intérêts professionnels, la liberté d'enseignement ; qu'ils aient, au nom de leur propre dignité, protesté contre les taxes qui, en vertu de la Constitution napoléonienne, les plaçaient dans une sorte de servitude, contre un état de choses qu'ils considéraient comme dégradant pour des hommes exerçant une profession libérale, contre une loi qui ordonnait « que la pensée, dans sa transmission, devînt matière imposable (1) », contre la tendance de l'opinion et même du pouvoir à assimiler les établissements privés à des « boutiques », et ce service gratuit qu'est l'éducation, à un commerce, à une entreprise simplement lucrative et sans caractère généreux. Il ne faut pas s'étonner qu'ils aient revendiqué des droits électoraux, qui étaient un privilège pour la bourgeoisie, au profit de ceux qu'on appelait alors les *capacités*, et notamment pour eux-mêmes. On n'a peut-être pas assez remarqué le rôle important que jouèrent à cette époque les chefs d'institutions privées et les maîtres de pension. A leur manière, ils réclamaient une liberté qui devait se retourner contre eux.

Cette histoire est mal connue. C'est celle d'un long effort, par lequel les professionnels de l'enseignement tentèrent de se constituer en corporation et d'arracher au pouvoir la reconnaissance de leurs droits et de leur égalité par rapport aux universitaires.

(1) *Protestation à la Chambre en 1835.*

Leur action paraît avoir été spontanée et distincte, quoique parallèle, du mouvement créé par Lamennais et par Montalembert. Elle n'avait pas un caractère politique. Ils restèrent étrangers aux questions qui se débattaient entre l'Etat et l'Eglise, déplorant une loi qui confondait le chrétien et le citoyen et qui leur apparaissait comme étant de nature à préparer des regrets à la génération future. Ils agissaient en dehors de la fameuse Agence et en vue de la défense de leurs intérêts professionnels, qu'ils ne séparaient pas de la grande cause de l'éducation.

Leur condition leur semblait alors humiliante, et ils considéraient qu'on ne leur faisait pas la place qui leur était due, qu'on ne leur accordait pas la considération à laquelle, en raison même des services qu'ils rendaient, ils prétendaient avoir droit. Ils ne pouvaient ouvrir leurs établissements sans autorisation préalable ; ils devaient être pourvus d'un certificat d'aptitude, payer la taxe universitaire, car, si elle frappait directement les familles, ils en étaient responsables, même pour les élèves qu'ils recevaient gratuitement (1) ; ils furent même, par la loi du 24 mars 1834 et le règlement du 27 novembre, qui fondait le budget de l'instruction publique dans celui des finances, placés sous le contrôle des percepteurs. Cette taxe ne frappait d'ailleurs que les établissements secondaires et même les collèges royaux, tandis que les établissements primaires, ecclésiastiques, c'est-à-dire les petits séminaires et les établissements d'enseignement industriel ou commercial en étaient exempts. Les maîtres de pension étaient obligés de conduire leurs élèves dans les collèges royaux, en vertu d'une mesure que Napoléon avait renouvelée de Louis XV ; ce n'était que par un privilège que quelques-uns en étaient dispensés et jouissaient de la faveur du *plein exercice ;* enfin,

(1) *Cf.* Rapport de M. Champavert à la *Société d'Education*, en 1845.

(2) *Cf.* la pétition de Dumouchel, maître de pension à Paris, le 18 février 1835.

ils n'étaient représentés ni au Conseil royal, ni dans les Conseils académiques, et ils étaient à la merci de l'autorité, quoique le chiffre de leurs élèves, qui se maintenait dans une moyenne de 40.000 (1), leur donnât une autorité incontestable. Cette situation était la source de nombreux abus de la part des inspecteurs, qui joignaient le contrôle financier à l'autorité académique, et, par suite, celle de nombreux conflits.

Néanmoins, en réclamant les droits qu'ils regardaient comme essentiels à leur profession, ils protestaient de leur dévouement à la cause de l'éducation générale et ils ne songeaient point à se séparer de l'Université, qu'ils considéraient comme une *mère commune* (2). Ils voulaient la liberté au sein même de l'Université, dont quelques-uns regrettaient seulement l'étroite centralisation. Ils désiraient des réformes telles qu'elles rapprochassent les membres de l'enseignement public et ceux de l'enseignement privé. Les uns et les autres étaient animés du même libéralisme, avec un caractère plus religieux chez les maîtres privés de toute confession. En 1841, lorsque le « Comité des chefs d'institution » qui siégeait à Lyon, décida de généraliser la formation de « Sociétés d'éducation », le Secrétaire insista pour que la circulaire « ne fût pas faite dans un esprit d'opposition qui jetterait un faux jour sur la Société », et pour qu'il fût « appuyé sur l'utilité de ces Sociétés pour la cause de l'éducation (3). » Ces dispositions devaient se maintenir pendant tout le règne de Louis-Philippe. On vit les recteurs et les proviseurs fraterniser avec les chefs d'institution, collaborer avec eux, s'associer à eux, examiner ensemble les mêmes problèmes. Cette communauté de vues faisait d'autant mieux ressortir la supériorité de la condition des uns et l'injuste dépendance des autres.

(1) *Cf.* Rapport de Villemain au roi.

(2) *Cf.* Adresse de la Société d'Education au Ministre de l'Instruction publique, 1845.

(3) Procès-verbaux des séances de la Société nationale d'Education. 9 décembre 1841.

Les chefs d'institution poursuivirent respectueusement, mais fermement leurs revendications, exprimèrent leurs doléances, sous forme de pétitions, d'adresses, de protestations, et portèrent leurs vœux aux pieds des pouvoirs publics. Ils devaient réussir à obtenir une demi-liberté, à se faire reconnaître comme une sorte de corporation enseignante et à faire prévaloir dans la loi qui se préparait l'idée d'un stage nécessaire pour les maîtres, dans l'intérêt général de l'enseignement.

Le mouvement se dessina à partir de 1820. Sans être régulièrement constituée, la Société d'Education de Lyon, qui fut la première créée, existait virtuellement, quand un incident, qui n'était probablement pas isolé, en provoqua la constitution régulière et, à son exemple ou sur son initiative, celle de plusieurs autres Sociétés similaires. En 1830, il s'éleva, entre un maître de pension de Lyon et l'inspecteur, un conflit à propos du registre d'inscription des élèves d'après lequel devait être établie la taxe. Ce maître était soupçonné de dissimuler le tiers du nombre de ses élèves. Il protesta contre le droit de l'inspecteur et s'entendit avec ses collègues pour aviser à ce qu'il convenait de faire. Le recteur apaisa le conflit, mais la Société, au lieu de cesser ses réunions, se constitua et se donna pour but d'étudier les questions économiques, pédagogiques et administratives qui intéressaient les chefs d'établissements privés. On créa un capital par acte notarié et l'on continua la résistance.

Dès 1831, une pétition était adressée à la Chambre des députés, au sujet de la taxe, en même temps que les étudiants en droit de Paris protestaient contre les droits à payer à la Faculté. « Si vous n'êtes riches, disaient ceux-ci, n'attendez aucune fonction... » M. de Tracy fit une réponse presque favorable : « Vous ne voudrez pas, disait-il aux députés, que, lorsqu'on sent la nécessité de relever et de propager l'instruction, une véritable amende soit imposée au désir et au besoin de s'instruire... que le fisc, comme une plante parasite, continue à s'attacher aux palmes de la science pour la flétrir... » Bizion du Lézard ajouta : « Exiger que les collèges particuliers, les institutions et pensions soudoient les pédants du ministère, c'est faire injure à la dignité de l'homme, c'est dire aux Français : Soyez ignorants, n'apprenez que ce que je veux bien que vous sachiez, ou payez rançon (1). » Quelques jours après, Louis-Philippe signait une ordonnance déclarant d'utilité publique la Société fondée à Lyon en 1818 pour l'instruction élémentaire, « l'établissement des écoles, le placement des maîtres, la publication des livres, les récompenses aux maîtres distingués (2) ». La taxe subsista néanmoins.

Un nouvel effort fut fait à la suite de la loi du 24 mai 1834. Les chefs d'établissements de Paris se plaignaient « de ce qu'on les obligeait de faire connaître des secrets, des conventions faites entre eux et leur clientèle », et que l'application de la taxe les empêchait de vivre (3). La Société de Lyon prêta son concours à une Société qui s'était formée à Paris, en 1831, et qui lui proposa, en mars 1835, de s'unir à elle pour réclamer du Gouvernement le remplacement de la taxe par un impôt annuel, proportionnel à l'importance des localités, par un droit de patente proportionnel au loyer et par l'élévation de la rétribution dans les collèges royaux pour ceux des élèves des établissements privés qui en suivraient les cours. Ce système délivrerait ceux-ci du contrôle fiscal, ne frapperait que la partie industrielle de la profession et conférerait aux chefs d'institutions des droits politiques.

Cette initiative provoqua dans un grand nombre de villes la formation de Sociétés diverses entre les chefs d'institution, à Bordeaux, à Toulouse, à Rouen, à Nan-

(1) Discours, 18 avril 1831.
(2) 28 avril 1831.
(3) *Cf.* pétition du sieur Dumonchel, maître de pension à Paris, en 1835.

tes, à Marseille, dont les réclamations furent recueillies par un Comité central constitué à Paris. Une Assemblée générale eut lieu, le 3 janvier 1835, rue Taranne, 12, che M. Cassin. Il fut résolu par les quatre-vingt-dix membres présents qu'on adresserait une réclamation au Ministre de l'instruction publique, une pétition à la Chambre, au sujet de l'article 8 de la loi du 24 mars 1834, un mémoire au Ministre des finances, que, jusqu'à nouvel ordre, on se refuserait à l'envoi des états trimestriels aux agents du fisc et on fermerait l'entrée des établissements à ces agents et aux autorités municipales. La Société de Lyon tint séance en novembre. Elle décida de se refuser à l'exécution du nouveau règlement, en motivant le refus sur ce qu'on était en instance auprès des Chambres pour en obtenir la rectification, « de protester contre une fausse interprétation donnée à la loi par le Ministre », d'engager le recteur « à ajourner toute démarche à cet égard jusqu'à la décision de la Chambre », de faire connaître au Directeur des Contributions que « les maîtres de pension n'ont point l'intention d'agir avec aigreur », mais de « réclamer plus d'égards ».

L'action des chefs d'institution se concentra dans le sein de cette Société, qui multiplia les revendications auprès des pouvoirs publics. Le besoin d'un tel centre d'action se manifesta spontanément, et c'est de Marseille que vint la proposition (1). Elle fut acceptée par les chefs d'institution de l'Isère. La Société portait, en 1835, le titre de « Société d'Education de Lyon et des Départements limitrophes ». Soutenue par les sympathies de la majorité des membres de l'enseignement privé dans la France entière, elle se fit l'écho de leurs doléances et intervint auprès des hommes politiques.

M. de Lamartine avait promis d'appuyer leurs réclamations. Démocrate et ami du progrès, il comprenait

(1) *Cf.* Procès-verbal, 5 mars 1836.
(2) *Cf.* 9 février 1837.

la valeur de ces hommes dont le dévouement était à la hauteur de l'esprit. Déjà, en 1834, il avait élevé la voix en faveur des droits de l'intelligence. « L'intelligence, disait-il, n'a pas sa place, sa part, sa propriété parmi nous, elle est déshéritée... C'est ce vide qu'il faut combler. Il faut créer un emploi, une propriété sociale à l'intelligence... » Elle doit avoir « sa part dans une société bien faite pour lui rendre par là même des intérêts conservateurs et une solidarité nécessaire avec la propriété, avec l'ordre social... (1) » Plus tard, il invoqua un autre argument ; mais il s'appuyait, à cette époque, sur la valeur et les droits de l'intelligence, et plaidait ainsi la cause de ceux qui travaillaient à la former. Le 11 juin 1835, M. de Garnon, se basant sur les pétitions, fit ressortir le caractère vexatoire de la loi du 24 mai et proposa un amendement qui remettait à l'Administration de l'instruction publique « l'assiette des rétributions universitaires et du droit annuel », tout en laissant aux « agents du Trésor » le recouvrement des rôles. L'amendement fut rejeté, malgré l'intervention de Lamartine. « Qu'est-ce que cet impôt, dit-il ?... C'est un impôt sur l'instruction, un vingtième du prix de l'instruction, une dîme sur l'élément vital de l'intelligence... Elle écrase le maître et l'élève, elle force à économiser sur l'instruction : c'est la plus meurtrière des économies... Il n'y a de remède que dans la liberté d'enseignement... L'instruction populaire sera mutilée tant qu'il y aura un impôt sur l'instruction... Qui nous répond que le même esprit de bienveillance du Ministre animera ses successeurs et que le premier intérêt ne tombera pas entre les mains d'un de ces hommes de mesquine intelligence et de fanatique réaction, qui ne voudra d'instruction, de religion et de liberté qu'à sa mesure ? » Il compara aux sauvages, qui coupent l'arbre pour avoir le fruit, un Gouvernement qui, non content de faire payer l'air et la lumière, faisait « payer l'introduction de la vérité

(1) Discours de Mâcon, 8 mars 1834.

dans l'âme des enfants », bien différent de « la Providence, qui donne gratis l'intelligence et le soleil ». Ces arguments impliquaient le principe de la liberté des esprits et de la suprématie des intelligences, qui lui dictait plus tard ces paroles : « La démocratie a passé, aux applaudissements certains de la postérité, du matérialisme des démocraties antérieures dans le spiritualisme des démocraties futures... Elle a dit à tout Français en âge de raison, en condition d'intelligence et de moralité appréciables : « Tu participeras au droit, à « l'exercice du droit, non parce que tu possèdes, mais « parceque tu es ! » La nature humaine a été réhabilitée, non par l'or, mais par l'esprit (1). »

L'action des chefs d'établissement, malgré l'échec subi au Parlement, aboutit à des mesures de conciliation au point de vue financier et à la reconnaissance officielle de la Société d'Education par arrêté ministériel en novembre 1838 (2).

Ceux de Paris continuèrent leurs revendications et ils furent soutenus par ceux de Rouen. C'est en 1839 qu'un nouveau débat eut lieu devant les Chambres, au sujet des pétitions présentées en 1836, 1838, 1839. Le rapporteur, M. Mermilliod, soutint la réclamation. Il reprit l'argument de Lamartine. Il déclara que la taxe était un « impôt mis sur le droit de se faire instruire », et « contraire aux idées du progrès qui sont le caractère de notre époque ». Il remarqua qu'elle favorisait la *concurrence* que les petits séminaires, qui en étaient exempts, faisaient non seulement aux établissements privés, mais aux collèges royaux. M. de Salvandy reconnut la justesse de ces observations et ajouta que cet impôt pesait, en effet, d'une manière trop lourde « sur une portion de l'emseignement qui aurait besoin d'encouragements à part », et qu'il convenait de le soutenir dans un but d'utilité publique, car « l'instruction classique était en

(1) *Le Passé, le Présent, l'Avenir de la République*, 1848, p. 194.
(2) *Cf.* Rapport du 10 décembre 1835.

souffrance », et il importait de le ramener au niveau de ce qu'elle était sous l'ancien régime, où il y avait quatre ou cinq fois plus de jeunes gens destinés aux professions libérales.

Peu à peu, les pouvoirs se pénétraient de la nécessité d'un enseignement privé pour les progrès mêmes de la culture générale et de l'esprit public, et ils reconnaissaient l'existence des intérêts spéciaux d'une corporation, qui s'affirmait de plus en plus puissante et dont l'activité tendait à briser les obstacles que, par crainte d'une politique hostile, on opposait à son affranchissement.

Cette corporation ne bornait pas, d'ailleurs, son ambition à obtenir des allègements financiers. Ses revendications visaient plus loin. Elle portait son activité sur toutes les questions qui intéressaient l'enseignement. Elle examinait les divers projets de loi, rédigeait des mémoires, formulait des vœux.

La Société d'éducation de Lyon se signalait particulièrement dans cet ordre d'idées. Dès 1836, elle avait adressé des mémoires au ministre, à la demande même du recteur (1). L'un des vœux émis était « que les professeurs des établissements particuliers eussent autant de droits à l'agrégation que les professeurs des collèges royaux ». Une seconde pétition fut envoyée à M. Sauzet, député (2) de Lyon, et ancien Garde des sceaux, qui l'accueillit mal. MM. de Montlaville et Prunelle s'en chargèrent, et Saint-Marc Girardin l'examina. Elle lui fut adressée le 27 février 1837, sous ce motif que les demandes étaient « aussi importantes pour l'éducation publique que pour nos propres intérêts ». Elle renfermait ce vœu que « les sommes versées par les chefs d'institution à titre de droit annuel et de rétribution universitaire fussent affectées à des retraites dont ils jouiraient après un certain nombre d'années ».

(1) Décembre 1836.

(2) *Cf.* Mémoire de M. Guillard, 1836.
Cf. Procès-verbal de la Séance du 6 août 1836.

Ces vœux tendaient à établir une certaine égalité de situation et de droits entre les maîtres privés et les Universitaires.

Ils furent écoutés et reçurent une sorte de satisfaction dans les projets que présentèrent Guizot et Saint-Marc-Girardin, et qui admettaient le principe de la *concurrence*, mais au sein même de l'Université à laquelle ces projets prétendaient rattacher aussi les petits séminaires affranchis désormais des ordonnances de 1828. Cette question compliquait le problème. Les projets de 1836 et de 1837 échouèrent.

Le gouvernement s'irrita. Les difficultés qu'il rencontrait chaque fois qu'il présentait un projet de loi le poussèrent à prendre le parti même de l'Université, qu'on ne cessa d'attaquer, à la défendre, à la réformer afin de la rendre très digne de sa tâche et de faire des lycées des établissements modèles. Ce fut la pensée qui dicta à V. Cousin et à M. de Salvandy les mesures restrictives qu'il prescrivit, en 1838.

Le Conseil royal imposa des livres officiels, des livres scolaires, refusa le certificat d'études aux maîtres ayant fait les leurs dans une autre Académie, rappela l'obligation de conduire les élèves au collège royal.

La Société d'Education protesta contre ces mesures.

Elle n'eut à s'occuper d'un nouveau projet de loi qu'en 1841, où Villemain se vit forcé d'accorder quelque chose à l'opinion irritée par dix années d'attente, et excitée encore par les pamphlets et les lettres publiés par les evêques en 1840. Elle examina les conditions du certificat d'aptitude et insista sur la nécessité d'un stage de quatre ans pour être chef d'institution. L'absence de stage diminue, en effet, les garanties de compétence, et un certificat d'aptitude ne saurait en tenir lieu (3). Elle considérait comme équitable la proposition faite par A. Rendu de rattacher les petits séminaires à l'Université, dans un esprit d'union intellectuelle et morale. Elle ré-

(3) *Cf.* Mémoire de M. Hoffet, pasteur.

clamait la suppression de « tout établissement clandestin » et celle de « ces maisons dont le chef réel n'est pas celui qui est reconnu aux yeux de l'Académie » (1). Elle nomma une Commission chargée de se mettre en rapport avec les députés du Rhône et de discuter avec eux les questions posées dans le projet Villemain. M. Sauzet se montra plus accueillant qu'en 1836.

La Société était devenue une force. Elle prenait part à des Congrès scientifiques et publiait des journaux d'éducation et de renseignements (2). Elle s'occupait de questions pédagogiques, de questions de principes, de questions de méthodes, examinait les livres nouveaux, entretenait des rapports avec les recteurs, les proviseurs, les personnalités les plus remarquables de l'enseignement public, même à l'étranger. Tandis que les pamphlets se multipliaient sous l'inspiration du parti de Montalembert, elle se recueillait. Elle se livrait à des études professionnelles, auxquelles prenaient part Pasquier, Deborne, Hoffet, Sénac, Clermont, Lacroix, Michaud, Champavert, Moriau, proviseur du Lycée, Guillard, inspecteur d'Académie, Thiaffait, Gérard, Jourdan, l'abbé Pavy, Jurie, conseiller à la Cour, Bryon, premier président, etc... Elle s'occupait de constituer un jury d'examen pour les professeurs des institutions, d'une méthode d'enseignement de l'histoire, de l'organisation de l'éducation à l'étranger. Elle publiait des journaux pédagogiques, que rédigeaient non seulement les maîtres de pension de Lyon, mais ceux de Bordeaux, de Rennes et de Nantes. Elle instituait des prix et des récompenses, créait une bibliothèque. La confiance publique lui était acquise et elle recueillait de précieuses collaborations.

Elle poursuivait, d'ailleurs, ses travaux avec une certaine unité de vues et sans s'en laisser détourner par des préoccupations étrangères. C'est un fait remarquable que les procès-verbaux de ses séances ne contien-

(1) *Cf.* Lettre de M. Crolas, 16 mars 1841.
(2) M. Michel, *L'Education*.

nent aucun allusion aux agitations du dehors. C'était le moment de la grande bataille. Montalembert et L. Veuillot l'avaient engagée au nom d'un autre principe. On tenta vainement de la lancer elle-même dans la mêlée. Mgr de Bonald, qui en faisait partie, témoignait d'une certaine irritation, et M. Sauzet tâcha de se servir d'elle pour former une coalition des chefs d'institution de toutes les Académies. Elle adressa bien à tous les maîtres de pension de France une circulaire, mais cette circulaire n'avait aucun caractère politique. Elle voulait demeurer étrangère au débat soulevé entre l'Université et le Sacerdoce (1). Elle n'avait qu'une pensée : perfectionner l'éducation nationale et défendre les intérêts des maîtres privés, assurer à ceux-ci un rang dans l'Université, sans que leur initiative fût supprimée et faire de leur corporation comme une seconde branche moins rigide attachée au même tronc.

Elle traversa ainsi les années 1842 et 1843, qui comptent pour les plus fécondes, car c'est de cette époque que date la publication régulière de ses travaux. Elle était officiellement reconnue. Elle avait acquis l'autorité morale. Elle jouissait d'un crédit considérable, étendait partout son influence et se faisait écouter même des princes. Elle fut reçue, en 1843, par le duc de Nemours, en 1844 par le duc d'Aumale, au même titre que l'Académie de Lyon elle-même.

Telles étaient les dispositions des maîtres privés à cette époque.

Le Gouvernement paraissait favorablement impressionné. Il relâcha un peu de sa sévérité.

Leurs établissements en bénéficièrent. Le nombre des autorisations augmenta. Chaque année, le cinquième du nombre total des maisons se renouvelait. Il y avait, en 1843, 102 institutions et 914 pensions, dont 160 étaient dirigées par des ecclésiastiques. Celui des établissements lyonnais était passé de 24 (1839) à 40,

(1) *Cf.* le rapport fait à la Société en 1845, par M. Champavert.

dont 3 jouissaient du plein exercice. Les institutions renfermaient 8.859 élèves et occupaient 926 maîtres, plus 395 surveillants, les pensions 34.336 élèves, 3.335 maîtres. Une assez grande liberté était laissée à la direction. L'arrêté du 1er mars 1842 portait que l'inspection des écoles privées devait surtout avoir pour objet « d'appliquer à ces établissements les règles essentielles à la tenue de toute école, en laissant, d'ailleurs, une *entière liberté pour le choix des méthodes et la direction de l'enseignement* ». La même circulaire semblait déjà limiter le droit des inspecteurs. « Ce qu'il importe de faire partout observer, y disait encore Villemain, ce sont certaines dispositions d'ordre, de bienséance, de discipline et de travail, qui ne peuvent être négligées sans dommage pour l'enfance et sans infractions aux devoirs de l'instituteur. »

En outre, les maîtres de pension de Paris obtinrent que le règlement du 24 janvier 1843, qui affranchissait de la taxe universitaire les élèves des classes primaires, dans les collèges royaux, fût appliquée aux établissements privés. Le règlement du 27 novembre affranchit ainsi de la taxe les trois quarts des élèves, c'est-à-dire tous ceux qui ne faisaient pas les études latines. Le rapporteur, M. Delacroix, avait soutenu que ces établissements rendaient de grands services, en « propageant une instruction intermédiaire, qu'il est nécessaire de mettre à la portée des classes industrielles ».

Enfin, de nouveaux projets de loi furent préparés, en vue de supprimer le régime de l'autorisation et de le remplacer par d'autres conditions relatives à l'ouverture des établissements privés, lesquelles laisseraient intacts les droits de l'Etat. C'était la pensée de Salvandy en 1840 (1), celle de Villemain en 1841 ; ce fut celle qui devait inspirer le projet de 1844.

La grande préoccupation du Gouvernement était de ne pas livrer l'enseignement à des mains inhabiles ou à

(1) *Cf.* Rapport au roi.

des influences hostiles. Salvandy considérait que la liberté n'était « praticable qu'à l'aide du corps universitaire et grâce à un régime assez fortement constitué pour donner à l'Etat les moyens de conserver, en présence des concurrents les plus actifs et les plus dévoués son ascendant nécessaire ». Elle ne devait pas consister à « permettre que, sans précaution et sans règle, toute espèce de chose soit enseignée par toute espèce de personnes (1) ». A. Rendu observait, de son côté, qu'une liberté sans contrôle serait elle-même victime de ses propres abus, qu'elle aurait pour effet de constituer deux sociétés ennemies, et qu'il importait de ne pas séparer l'enseignement privé de l'Université (2). « Rattacher les écoles privées aux écoles de l'Etat, disait Villemain, c'était relever le niveau de la discipline et de l'enseignement. » Ce n'était que par la fixation de conditions scientifiques plus élevées, auxquelles s'attacherait pour les établissements particuliers la pleine jouissance de la liberté d'enseignement », que l'on pourrait réussir à « créer l'enseignement libre sans l'affaiblir (3) ». Les défiances du pouvoir étaient alors excitées par l'action du parti qui organisait les pétitions. Les ministres hésitaient. Ils cherchaient une formule capable de tout concilier, sans rien risquer. Villemain répondait à l'opinion irritée qu'il importait de n'apporter qu'une loi longtemps méditée, préparée avec prudence, que c'était une question très difficile à résoudre et qu'il fallait bien donner à l'Université le temps de faire ses preuves (4). Telles étaient les raisons qu'on opposait aux réclamations des pères de familles et des évêques. Le gouvernement voulait la liberté par l'Université.

Le projet de 1844 s'inspirait de ces idées.

Il ne satisfaisait pas le parti réactionnaire. Les légitimistes faisaient une opposition systématique et le clergé

(1) Discours de Salvandy, 8 août 1849,
(2) *Cf.* de l'Instruction secondaire, 1842.
(3) Rapport de 1843.
(4) *Cf.* Discours du 15 mars 1843.

faisait cause commune avec lui. Une caricature fut publiée qui représentait Saint Michel précipitant du trône Louis-Philippe et l'Université, et l'Archevêque de Reims couronnant Henri V. Les pétitions se multiplièrent. La presse fit campagne. Ce fut un soulèvement d'opinion.

Cette loi avait, en effet, surtout pour but de régler la condition des maîtres privés, plutôt que de satisfaire certaines ambitions.

Les chefs d'institution furent entraînés dans le mouvement ; mais ils restèrent fidèles à leurs opinions, convaincus que leur cause était liée à celle de l'Université. Pour la première fois, la Société demanda la liberté d'enseignement, mais elle se plaçait à un point de vue spécial. Ce vœu fut inspiré par l'examen des programmes universitaires. M. Clermont examina la question du *plein exercice* et les méthodes usitées. Au nom de la liberté des méthodes, il revendiqua l'indépendance des maîtres privés par rapport aux universitaires (1). En outre, la Société réclamait la création de chaires pédagogiques dans les Facultés et des retraites pour les maîtres privés. Elle insista sur ce dernier vœu dans une adresse au Ministre. Les professeurs libres qui passaient dans l'enseignement public ne bénéficiaient que de la moitié du temps passé dans l'enseignement privé pour la retraite. C'était une cause de désertion qui nuisait aux établissements libres. Les maîtres partaient dès qu'ils étaient formés. Le remède était dans l'égalité. « Nous demandons que l'on compte dans leur intégrité les années consacrées à des services aussi pénibles qu'honorables. » Enfin, on faisait remarquer qu'un enseignement qui s'adressait à plus de 40.000 élèves et était donné par plus de 1.000 pensions avait des intérêts assez graves à défendre pour mériter d'être représenté dans les Conseils académiques et au Conseil royal.

On émettait le vœu que les chefs d'institution fussent placés officiellement au même rang que les proviseurs des

(1) Séance du 8 août 1844.

collèges royaux, comme ils partageaient avec eux la confiance des familles. Ils souhaitaient qu'on leur fît une « position plus honorable et plus indépendante ». La Société d'éducation affirmait énergiquement la valeur des hommes qui la composaient et qui leur méritait la collaboration des recteurs de Lyon, de Clermont, de Grenoble et d'Aix.

L'attitude des maîtres privés était de nature à attirer l'attention du pouvoir.

Elle reçut une approbation indirecte de la part de Montalembert lui-même, au cours de l'année 1845, à propos de la pétition que quelques habitants de Marseille avaient adressée à la Chambre des pairs, pour protester contre l'enseignement d'E. Quinet et de Michelet au collège de France. Soutenue par le comte de Tascher et par le marquis de Barthélemy, la plainte fut combattue par Montalembert, qui, en cette occasion, appuya l'opinion de Dupin. Le défenseur de la foi et des pères de familles parla en faveur de la liberté des maîtres et de la liberté de l'erreur. « S'il est vrai, disait-il, que le Collège de France est une institution libre, loin de m'en plaindre, je m'en félicite... Je suis heureux qu'il y ait au moins un coin de la France où l'on échappe à ce monopole que je combattrai sous toutes les formes, et j'espère qu'un jour la liberté pourra s'élancer de ce réduit pour reconquérir ce qu'on lui a enlevé... Je dis que dans un pays libre, il faut savoir supporter ce qui fait horreur... La liberté de l'aggression est la sauvegarde de la liberté de la défense... Ce qu'il faut éviter, c'est que ces grandes controverses, les plus grandes polémiques qui puissent s'agiter dans le monde, soient supprimées... confisquées au profit de la politique... (1) ». Un tel langage était l'affirmation de la liberté des maîtres.

Le gouvernement se décida à relâcher le lien qui rattachait à lui l'Université. C'est en 1845 que Salvandy rendit les ordonnances par lesquelles l'ancien Conseil

(1) Discussion du 14 avril 1845.

royal devait faire place à un corps de trente membres. Les Conseils académiques furent institués.

Les progrès de l'enseignement privés furent tels, pendant le années 1845, 1846, 1847, et l'activité des chefs d'institution se déploya si bien, que ceux-ci finirent par composer un véritable corps, sinon indépendant de l'Université, du moins déjà considéré.

Le gouvernement donna son approbation officielle aux Sociétés qu'ils composaient. On a vu que celle de Lyon avait été reconnue en 1838. En 1847, un arrêté du Grand Maître de l'Université institua le *Comité des maîtres de pension et chefs d'institution de la Seine.* Ceux-ci furent autorisés à se réunir en Assemblée générale pour élaborer des statuts. Sur le vu des statuts, le Ministre reconnut l'existence du Comité. C'était une sorte de Conseil de l'ordre, dont les membres étaient élus et qui avait pour attribution « de s'occuper de tous les intérêts moraux des établissements secondaires ; de prévenir ou concilier, par amiable intervention ou par arbitrage, tous différents entre chefs d'institutions » ; de s'interposer amiablement, dans tous les cas de plaintes ou réclamations de la part des tiers... ; de délivrer des certificats de moralité et d'aptitude... ; d'intervenir auprès de tous les chefs d'institution pour régulariser la position des maîtres, répétiteurs, maîtres d'étude dans les établissements privés, de manière à donner à l'Université et aux familles toutes les garanties... ; de représenter le *corps* des chefs d'institution et maîtres de pension auprès de l'autorité...» Ce Conseil pouvait prononcer des peines disciplinaires et même l'exclusion du tableau. Ces mesures, sans affranchir absolument les maîtres privés, faisaient d'eux une véritable corporation autonome.

L'enseignement libre existait donc de fait, ainsi que le remarquait Villemain, au moins sous une certaine forme, au sens actif du mot.

L'activité de cette corporation se déployait, en effet, dans tous les sens. Elle ne cessait de poursuivre l'accomplissement de nouveaux progrès.

En 1848, la Société d'éducation constatait que, « en cinq occasions différentes. », elle avait adressé au Ministre des propositions de réformes ; le président ajoutait : « Chaque fois, les projets de loi qui ont suivi avaient admis et reproduisaient quelques-unes de nos idées, de nos dispositions les plus importantes (1). » Elle jugea plus utile « de prévenir la présentation du nouveau projet du Gouvernement que de tenter de le reprendre plus tard, en sous-œuvre, par des amendements ». Une Commission de sept membres fut chargée d'élaborer un *avant-projet*. Elle se posa la question d'un enseignement d'Etat et se prononça pour son maintien, « à cause de la puissante impulsion qu'il peut imprimer aux études et des moyens nombreux de récompense dont il dispose ». Elle admit ensuite le principe de la liberté d'enseignement, mais aussi la nécessité « de l'organiser régulièrement, et non point de laisser grandir au hasard et dans l'isolement les établissements libres (2). » Cet avant-projet conservait, parmi ses dispositions, les conditions antérieures : certificat de moralité et diplômes ; mais *il introduisait l'idée d'un stage préalable de quatre ans*, qu'aucun projet de loi n'avait jamais émise jusqu'alors. Ce projet fut accompagné d'une *pétition* dont « le but était de réclamer la bienveillante protection du Ministre en faveur des professeurs des institutions libres, d'obtenir la plus grande amélioration possible dans leur sort et une retraite convenable ». Il fut présenté, avant la lecture du rapport sur le projet de loi dans les Chambres, au Président de la République, qui répondit par « une lettre conçue dans les termes les plus bienveillants et les plus honorables », et « donna l'assurance qu'il appuierait lui-même cette pétition auprès du Ministre de l'instruction publique et de la Commission de l'enseignement secondaire (3) ». Enfin, comme complément de

(1) *Cf.* Rapport du 13 juillet.
(2) 10 août 1848.
(3) *Cf.* Procès-verbal, 9 août 1849.

la liberté d'enseignement, la Société, après s'être mise d'accord avec le recteur de Lyon, l'abbé Vincent, joignait une pétition en vue de la « création dans le Midi de la France d'une Ecole normale destinée à fournir des professeurs aux établissements libres (1). »

L'action de la Société d'Education et des chefs d'institution devait avoir pour effet définitif de faire prévaloir dans la loi Falloux l'idée du *stage* préalable. Cette idée avait été formulée deux fois : en 1841 et en 1848. Aucun des projets de loi n'en avait jusqu'alors fait mention. L'expérience est la meilleure des disciplines pour un maître. Il faut reconnaître ce mérite à la Société d'éducation de l'avoir fait comprendre.

Elle agissait en dehors de tout esprit de parti, guidée par un sentiment profond de la nécessité de la règle, non moins que de la liberté professionnelle, « acceptant plutôt la tutelle universitaire et convaincue que les collèges et les pensions ne doivent pas former deux corps ennemis (2) ». Son président, le proviseur Moriau, la félicitait, le 24 mars 1850, « de la manière si satisfaisante » avec laquelle elle venait de « traverser des circonstances bien difficiles » et de l'influence heureuse qu'avait exercée « sur toutes les maisons d'éducation de notre ville, pour y maintenir la bonne discipline, pour conserver au milieu d'eux une entente cordiale et éloigner cet antagonisme fâcheux qui se montre trop souvent ailleurs », « ce seul fait de réunions habituelles d'hommes qui se sont toujours entendus pour maintenir les bonnes traditions de l'enseignement (3). »

Elle avait défendu l'indépendance du Corps enseignant, la liberté des méthodes, celle des esprits, affirmé des droits incontestables. Elle avait enfin témoigné d'une grande largeur de vues, quand elle rappelait que l'éducation devait être libérale et enseigner aux hommes, appelés

(1) 14 novembre 1850.
(2) Lettre de M. Crolas, maître de pension, à Beaujeu. 16 mars 1841.
(3) Procès-verbal.

à vivre plus tard de la même vie, à se connaître, à se tolérer, à se comprendre. Elle avait affirmé la liberté en se fondant sur un motif de dignité personnelle et sur un sentiment profond de la mission des maîtres à l'égard des intelligences et de la jeunesse.

Elle se préparait à de nouvelles conquêtes, lorsque la loi de 1850 vint modifier gravement les conditions d'existence de l'enseignement privé lui-même.

Ainsi, la Société d'éducation avait joué un rôle prépondérant dans ce mouvement de revendications libérales, qui avait pris naissance dans un sentiment de dignité et dans la conscience que les maîtres avaient de leur valeur, de leurs obligations et de leurs droits.

De telles revendications n'ont rien qui doive nous étonner. Après tout, un véritable maître compte bien pour quelque chose, et sa condition civile présente pour le moins autant d'intérêt que celle de tout autre. On ne voit pas pourquoi il ne jouirait point de la même considération qu'un commerçant, un industriel, un ingénieur, un avocat, un médecin. Lamartine avait raison, en affirmant qu'on ne le plaçait pas à son rang. Certes, « le mérite console de tout », néanmoins la justice exige qu'on le reconnaisse.

Il faut se faire une idée juste du maître. S'il est vrai qu'il tient de la société le droit d'exercer publiquement sa profession, s'il tient du père de famille celui de l'exercer en particulier sur tel enfant, s'il est à la fois le représentant de l'autorité paternelle et de l'autorité sociale, si, en droit, puis en fait, il enseigne en leur nom, il n'est pas moins vrai que la plus grande partie de son autorité lui vient de lui-même, de sa valeur personnelle, de son mérite propre, de sa dignité morale, de sa supériorité intellectuelle, de l'excellence de son caractère et de la bonté de son cœur.

Il y a donc une façon de concevoir la liberté de l'enseignement qui repose sur d'autres droits que ceux du père de famille, et que vingt années de réclamations aussi fermes que respectueuses avaient affirmés. Ce sont les droits de l'intelligence considérée soit dans l'enfant, soit dans le maître, et auxquels la Société doit une certaine protection. L'instruction de l'enfant et l'enseignement du maître s'effectuent sous un contrôle social, que l'ordre public et le progrès nécessitent, mais ce contrôle a une limite, qui est l'intelligence même et sa liberté. Cet esprit de mesure, l'Etat a une tendance à le perdre. Il appartient aux maîtres privés de s'y opposer, comme il leur appartient de traiter sur le pied de l'égalité avec le père de famille.

***

La liberté d'enseignement est donc tout ensemble un droit naturel et un droit positif. Le droit positif n'est ici que l'expression du droit naturel. Ces droits varient selon qu'on considère les pères de famille, les enfants ou les maîtres, le besoin d'être instruit ou la capacité d'instruire. Leur fondement est le droit commun, l'autorité et la puissance paternelles, la liberté de l'intelligence. Le droit commun enveloppe d'une manière générale celui du père de famille, celui de l'enfant et celui du maître. Ceux-ci se formulent et se concilient sous la garantie de l'Etat et sous la protection de la loi. Leurs rapports et leur spécialité apparaissent surtout si l'on distingue l'instruction de l'éducation, et dans l'instruction le droit de la recevoir et celui de la donner.

La liberté de l'enseignement consiste, en somme, comme toutes les autres libertés, dans l'harmonie et dans le juste équilibre des droits divers et réciproques de l'enfant, du père de famille, des maîtres, de la société, de l'autorité religieuse. On peut les préciser et les définir. L'enfant a droit à la vie, à la protection de sa personne, à l'éducation de son âme, en vue d'elle-même, en vue de sa fin sociale et de sa fin dernière. La nature et la loi font au père de famille l'obligation de rendre ces services à son enfant ; par là même, elles lui en confèrent le droit, ainsi que celui de choisir ses auxiliaires. Les maîtres tiennent de leur vocation et de leur capacité, du père de famille et de la société, la double mission d'élever et d'instruire. La société protège à la fois les enfants, les parents et les maîtres. Elle doit à l'enfant des facilités pour exercer son droit naturel, au père des garanties de liberté et des sûretés à l'égard des maîtres, au maître la protection de son indépendance intellectuelle et de son autorité. Elle se protège elle-même en stimulant l'initiative des enfants et des parents, en s'assurant de la valeur des maîtres, en orientant l'instruction vers certaines fins. Elle ne doit ni s'emparer de l'enfant, ni se substituer au père de famille, ni asservir les maîtres, ni professer une doctrine. La religion exerce son autorité sur la famille, dont elle est le soutien moral, sur les maîtres, dans la mesure où ils se chargent de l'éducation religieuse. De ces rapports entre les obligations et les droits, résulte la liberté.

Cette doctrine était celle de Thiers et de Ledru-Rollin en 1850. Ils la formulaient autrement, se contentant d'opposer l'enfant ou l'individu et la société. C'est trop simplifier le problème, car c'est en éliminer certaines données et en détruire la liaison.

« L'enfant qui naît, disait Thiers en 1844, appartient à deux autorités à la fois : au père qui lui a donné le jour et qui voit en lui sa propre postérité, le continuateur de sa famille, et à l'Etat, qui voit en lui le futur citoyen, le continuateur de la nation. Les droits de ces deux autorités sont divers, mais également sacrés... Le père a le droit d'élever cet enfant d'une manière conforme à sa sollicitude paternelle ; l'Etat a le droit de le faire élever d'une manière conforme à la Constitution du pays... La liberté d'enseignement consiste à fournir à tous les pères les moyens de satisfaire leurs penchants divers et de les satisfaire non seulement dans l'asile sacré de la famille, asile fermé à toute autorité extérieure, mais aussi dans les établissements publics, régulièrement constitués, toujours ouverts. Mais là s'arrête le droit du père de famille, et là commence le droit de l'Etat... La vérité en cette matière est dans la reconnaissance de ces deux autorités, également sacrées, et dans la conciliation de leur action bienfaisante. Elles doivent se soutenir l'une l'autre, quelquefois se limiter, jamais se combattre (1). »

« La loi de la société, disait Ledru-Rollin, est d'agir pour tous et au moyen de tous ; son principe d'action est l'autorité. La loi de l'individu est d'agir pour lui-même ; son principe d'action est la liberté. L'autorité est la garantie de tous ; la liberté est la garantie de chacun. Le droit social repose sur l'autorité, le droit individuel sur la liberté. Nier l'un serait nier la société ; nier l'autre serait nier l'individu. »

On voit comment ces droits se limitent les uns les autres, comment s'établit leur hiérarchie. Cette harmonie est l'essence même de la liberté. La loi seule peut la réaliser. La liberté, c'est la protection d'une loi équitable.

***

Le problème serait donc très simple, si aucune considération étrangère ne venait s'y ajouter, si aucun autre facteur ne s'interposait pour en fausser les données, ou plutôt les déductions qu'elles impliquent, ainsi qu'il nous reste à le montrer ; car il y a, en faveur de la liberté d'enseignement, un quatrième argument dont la valeur nous semble très contestable.

Le problème de la liberté d'enseignement se présente sous une autre face, qui regarde moins les principes, les droits de la famille, ceux de la pensée, que les intérêts de l'Ecole et des éducateurs. Quand, des principes, on passe à l'application, une foule de difficultés surgissent, de toute nature, et d'autant plus complexes que les intérêts se mêlent aux questions de principe et se donnent l'excuse du bien général et de l'utilité sociale. Ces difficultés rendent raison de l'échec du libéralisme en France. Car, en fait, la liberté d'enseignement, quoi-

(1) Rapport sur le projet Villemaire, 1845.

qu'elle fût une conséquence des droits naturels affirmés dans la Déclaration de 1789, n'a pas été ce qu'elle prétendait et aurait dû être, c'est-à-dire un régime d'égalité, de jouissance pacifique du droit, de libre émulation, mais un régime de lutte entre de grands corps privilégiés, dans lequel l'un des adversaires devait écraser l'autre, au détriment de la paix sociale.

Ces difficultés sont de deux sortes : d'ordre économique et d'ordre politique. On pense les dissimuler, en les désignant par un terme équivoque, celui de libre *concurrence*, sous le couvert duquel des intérêts étrangers à l'éducation et à l'enseignement trouvent crédit.

La nécessité et les avantages de la concurrence ont fourni des arguments à quelques-uns des défenseurs de la liberté, au temps du monopole universitaire. Tous ne la comprenaient pas de la même manière. Il y avait au moins trois manières de l'entendre: rivalité économique, rivalité dans les méthodes, lutte des Congrégations et de l'Université. Les doctrines d'A. Smith exercèrent sur ce point une certaine influence. B. Constant et Dunoyer (1) prétendaient que la concurrence féconde toute chose et que l'éducation n'échappait pas à cette loi. Le comte de Sade disait, en 1829 : « Ce n'est qu'à l'aide d'une heureuse rivalité que l'Université pourra espérer de perfectionner sa méthode et sa discipline, qu'elle pourra se garantir des effets inévitables de l'esprit de corporation (2). » Le projet Barthe était motivé par la même pensée. Le rapporteur disait que la concurrence « provoque le progrès, affaiblit la routine, vérifie l'utilité des procédés, l'exactitude des méthodes ». En 1836, Guizot soumettait un projet aux Chambres, destiné à substituer « aux maximes du monopole... celles de la concurrence..,. » En 1841, Mgr de Bonald écrivait au Recteur de Lyon que les catholiques désiraient le maintien de l'Université, dont la concurrence ne pourrait leur porter ombrage. En 1848, M. de Falloux proposait

(1) Cf. *Journal des Economistes.*
(2) Discours, 11 juin 1829.

un amendement à l'article 8 de la Constitution, en vue d'y introduire le droit d'enseigner : « Si l'Université disait-il, a besoin de relever le niveau de l'éducation, comme je le crois, c'est la liberté seule qui le lui apprendra, ce seront les maisons qui seront à côté... » J. Ferry devait dire, d'une manière analogue : « Il faut, à côté de l'Université, des établissements libres qui aillent de l'avant, qui courent les aventures, parce que l'Etat ne peut pas courir d'aventures : il faut que quelqu'un fasse des expériences pour lui et dans son intérêt. » Enfin, d'autres voyaient là un avantage financier. La liberté, disait le député Pétou, en 1830, « en établissant la concurrence, offrirait aux pères de famille le choix de l'institution et, par conséquent, un prix plus modique. » Le mot de concurrence signifiait donc, pour les uns et pour les autres, des choses très diverses.

Il y avait certainement un équivoque, car, pour un grand nombre, la concurrence n'était que la lutte contre l'Université, son enseignement jugé démoralisateur, sa philosophie, sa force et son influence. L. Veuillot réclamait sa ruine. On a vu que tout un parti s'était constitué pour l'attaquer. L'un des présidents de la *Société Nationale d'Education*, M. Champavert, se faisait l'écho de ces préoccupations, en 1845. Parlant du Sacerdoce, il s'exprimait ainsi : « C'est sans doute le zèle le plus pur et le plus désintéressé qui le fait descendre dans cette arène pour les luttes de laquelle il paraît si peu fait... Mais les existences que ce zèle met en question, les fortunes grandes et petites qu'il compromet, ne considérant pas ce zèle au même point de vue, grondent sourdement, et les deux camps attendent et préparent peut-être l'instant où chacun pourra librement déployer son énergie. La lutte aura malheureusement alors changé de terrain, et plaise à Dieu qu'on ne confonde pas alors les hommes et les principes... Il ne convient pas que la concurrence cache, comme en matière de commerce et d'industrie, le charlatanisme et la duperie... (1) »

(1) Rapport annuel.

On fausse, en effet, le sens de ce terme en l'appliquant à des actes qui n'ont rien de commun avec l'échange commercial ou avec la réclame, c'est-à-dire à l'émulation, à l'apostolat, à la propagande.

L'émulation, le zèle peuvent-ils se comparer à cette rivalité dans la qualité des produits industriels et à cette baisse des prix qui en est la résultante? La qualité de l'enseignement est très relative. Il vaut ce que valent non seulement les maîtres, mais les élèves. Combien souvent les efforts des meilleurs maîtres ne sont-ils point paralysés par l'apathie de certains élèves? Pour germer, ne faut-il point que la semence tombe dans la bonne terre? Veut-on voir un signe de la concurrence dans les modifications de programmes? Ce serait oublier que les programmes sont partout sensiblement les mêmes, dans les établissements semblables et que les changements qui les bouleversent périodiquement ne sont pas toujours des améliorations. Serait-ce l'application de méthodes nouvelles qui produirait la concurrence? Mais aucune n'a de valeur absolue. Une méthode ne vaut que par l'art de s'en servir. Telle méthode convient dans un cas, qui doit être rejetée dans un autre. L'enseignement est surtout une affaire de tact. Un véritable maître saisit d'un coup d'œil rapide l'opportunité de telle ou telle démonstration. Ce sont les élèves qu'il faut d'abord connaître, afin de savoir ce qui leur convient le mieux. Voilà un talent qui n'est guère objet de concours. A chaque instant, la pensée du maître doit se faire simple pour être accessible :

« Il faut qu'en cent façons pour plaire il se replie »

BOILEAU.

Cette qualité, que, seule, donne l'expérience, ne se ramène pas à des recettes, à des procédés plus ou moins ingénieux. Tout ce qui est artificiel est nuisible à l'esprit. A vrai dire, il n'y a que des méthodes générales, tantôt l'analyse, tantôt la synthèse, tantôt la démonstration, tantôt l'interrogation, tantôt l'explication. L'expérience seule les rend fécondes. Il y a là, avant tout, un effort d'intelligence qui est aussi personnel que varié dans les conditions où il se produit.

La propagande n'est pas davantage la concurrence. Elle consiste à répandre une doctrine et à combattre les doctrines contraires. Il n'y a rien de commun entre la concurrence et cette lutte incessante contre les erreurs d'autrui pour une vérité ou pour un dogme, pour une science ou pour une foi, entre la concurrence et cette action directe de la pensée d'un maître sur celle d'un disciple, en vue de le convaincre de la vérité scientifique ou religieuse. L'équivoque est donc évidente.

La concurrence se circonscrit dans le domaine des affaires. Elle est l'offre de produits plus parfaits ou de prix plus bas. Elle est un phénomène commercial, économique, rien que cela. Or, l'enseignement n'est pas une marchandise, l'école une boutique, l'éducateur un débitant. L'enseignement est un service gratuit, non un échange. Il ne peut donc pas être un objet de concurrence.

Cependant, si ce n'est pas dans l'enseignement même, c'est du moins entre les écoles que peut exister la concurrence, au point de vue économique : car l'enseignement se distribue dans les mêmes conditions extérieures que les richesses industrielles ou commerciales. Il faut que l'Ecole vive. Il y a l'*accessoire*.

Sur ce terrain, en quoi consiste la liberté ? Elle ne peut être autre chose que ce qu'elle est dans les autres domaines, c'est-à-dire l'égalité devant la loi. Si les conditions de l'existence ne sont pas les mêmes pour les établissements rivaux, si l'égalité n'existe pas entre les moyens d'action, la liberté n'est plus qu'une illusion pour les uns, un privilège pour les autres. A moins d'une raison d'utilité publique, le privilège ne se justifie pas sous un régime de liberté.

Ce n'est pas un régime de liberté que celui qui laisse subsister ou se constituer de grandes corporations puissantes et privilégiées, que soutiennent en face les unes des autres les plus hautes autorités. Le monopole s'établit en fait, sinon en droit. Et ce n'est pas un phénomène économique analogue à celui qui se produit dans la grande industrie, car ici les capitaux circulent au lieu de s'amortir, la responsabilité financière de chaque associé est entière ; le fruit de ce mouvement d'affaires se répartit proportionnellement entre tous ceux qui y collaborent ; aucun ne renonce au profit de la communauté, ni à l'intérêt de son capital, ni au salaire de son travail ; ce salaire n'est jamais assuré ; les obligations et les droits de tous les membres associés ne sont pas d'une autre nature que ceux des simples citoyens ; les responsabilités et les charges sont les mêmes pour tous ; il n'y a pas de privilège. Il n'en est pas de même des puissantes corporations que soutiennent soit l'Etat, soit l'Eglise.

On pose très mal le problème pratique quand on se contente de réclamer l'égalité des droits. En réalité, on le déplace. C'est l'égalité des conditions d'exercice qu'il convient d'établir, car le droit n'est que la forme des actes ; il reste leur matière, c'est-à-dire les conditions de l'action. L'équité exige qu'elles soient les mêmes pour tous. Jusqu'à ce jour, les droits civils ont été fondés sur les droits naturels de la personne humaine, sur sa liberté ; le Code de nos lois ne considère que l'individu. Par conséquent, toute violation à ces principes est une contradiction, car un droit collectif n'est pas de même nature qu'un droit personnel. Si, en outre, le même droit est reconnu à une corporation, dont chaque membre a renoncé à ses obligations civiles, qu'à un simple particulier, les moyens de l'action ne sont plus les mêmes.

Que si, malgré la contradiction que le privilège constitue en face des principes, on persiste à le maintenir, la conséquence nécessaire est la transformation des corps privilégiés en des moyens puissants d'action sociale, la lutte pour la prépondérance, la subordination de l'enseignement à la politique. Une cause politique vient s'ajouter ainsi à une cause économique pour fausser l'exercice de la liberté et la rendre illusoire dans l'ordre civil pour d'autres que pour les plus puissants rivaux.

Ces conséquences sont évidentes, et, si l'on doutait de leur exactitude, l'histoire des cinquante dernières années suffirait à l'établir. En fait, ce n'est pas la liberté qui a été donnée, mais le privilège. A quoi bon rappeler des événements qui nous entraîneraient dans le domaine de la polémique? Nous avons indiqué plus haut les effets de la loi de 1850. Il suffira d'avoir indiqué un principe d'ordre pratique pour l'exercice de la liberté et de constater que, s'il s'est produit une crise, c'est qu'elle a eu pour cause une situation fausse. En constituant une Université centralisée, l'Etat moderne violait son propre principe et fournissait un motif d'attaque à ses adversaires, tant que ceux-ci n'en seraient pas les maîtres. En acceptant une situation privilégiée dans l'Etat moderne, les Congrégations religieuses s'étaient exposées aux périls que cette situation devait engendrer le jour où l'Eglise et l'Etat cesseraient d'être d'accord. Elle ne pouvait se dénouer que par une révolution ou par un coup de force. Il est regrettable que ce soit au détriment des intérêts civils et plus encore des intérêts moraux d'un pays, car, si l'on se demande qui a souffert de cet état de choses, il n'est pas difficile de constater que c'est tout ensemble l'enseignement qu'on a dénaturé, l'enfant qu'on s'est disputé, le père de famille qu'on a opprimé, le maître qu'on a ruiné.

La libre concurrence est donc moins un argument en faveur de la liberté qu'un prétexte à la détruire, ou du moins à en fausser le jeu, par l'inégalité des conditions économiques et par l'effet des luttes politiques introduites sur un domaine qui devrait leur être fermé. Il ne faut pas oublier que l'enseignement est une industrie et qu'à ce titre, si les conditions de son exercice ne sont pas les mêmes pour tous, elle n'est pas vraiment une liberté.

La liberté d'enseignement est donc une conséquence

des droits naturels de l'homme, reconnus et posés en principes sociaux par la Charte constitutive de la société issue de la Révolution, mais que la loi seule peut définir. En dehors du sanctuaire inviolable de la famille, l'exercice des droits naturels a besoin d'être réglé, dans l'intérêt même des personnes et de la société, qui n'en est que l'ensemble. Ces droits naturels sont la liberté humaine en général, puis la liberté des pères de famille dans l'éducation à donner aux enfants, enfin la liberté des esprits, soit de se développer, soit de se répandre. Il suit de là que la liberté d'enseignement a deux formes : une forme passive et une forme active ; il y a la liberté des pères de famille et la liberté des maîtres. Ces deux formes se complètent réciproquement. Mais elles sont égales entre elles et elles se rattachent l'une et l'autre à un même principe, susceptible des conséquences les plus diverses, la liberté morale. Celle-ci engendre toutes les autres libertés, que la loi consacre, de telle sorte que, dans la vie civile, la liberté n'est que la souveraineté de la loi, instituant le droit d'une manière précise et universelle.

Or, il nous manque une loi libérale de l'enseignement : car on ne peut accepter ni les entraves d'un nouveau monopole, ni l'anarchie que produirait une liberté absolue. L'enseignement proprement dit n'appartient ni à l'Etat, ni même aux simples particuliers en dehors des conditions légales. Il doit être placé sous la garantie de la loi, d'une loi qui fasse à tous les mêmes obligations et leur impose les mêmes charges. S'il doit se transformer en une lutte de doctrines, ce ne peut être qu'en dehors de toute condition privilégiée et à égalité de moyens. Avons-nous joui d'une loi semblable ? Sans hésiter, on peut répondre négativement et regretter que les nécessités de la lutte politique aient faussé la législation. On a fait et l'on fait encore passer les intérêts des partis ou les considérations d'utilité publique avant les principes. Mais il est trop facile de se donner ce prétexte pour détruire le droit commun et y substituer des lois de combat.

Le projet Chaumié en est une au même titre que la loi Falloux. Il se complète d'un nouveau projet sur l'enseignement primaire, conçu dans le même esprit. Les projets préparés par J. Ferry, en 1880, et par P. Bert, en 1881, avaient le même but. Le projet Chaumié ne conserve que le mot de liberté. Au fond, il dissimule le monopole par tout ce qu'il édicte. Il exhume sous une forme originale les vieux projets avortés de Villemain et de Salvandy. Il n'est pas une solution.

Est-ce par un retour plus ou moins déguisé au monopole qu'on pense résoudre un tel problème? Le monopole ôterait au père de famille, ainsi que le démontrait fortement M. Ch. Dupuy (1), son droit de choisir ; il empêcherait le citoyen qui se sent une vocation et qui a les capacités requises d'embrasser la carrière, sans en référer au bon plaisir d'une autorité qui, en l'espèce, placerait les intérêts de sa politique au-dessus des intérêts privés et de la liberté ; il laisserait l'Etat unique maître des intelligences. La liberté s'en irait bientôt par lambeaux avec la dignité des caractéres et l'indépendance des esprits. On peut donc souhaiter qu'on nous fasse des lois moins semblables aux usages contre lesquels s'est faite la Révolution et plus conformes aux principes de la raison, de la conscience, de la liberté.

(1) Discours du 5 novembre 1903.

CHAPITRE VI

LES RÉFORMES

La crise reste ouverte et l'on se demande comment y mettre un terme. Il semble bien que le régime créé par la loi de 1850 ait vécu. Encore que nous ne sachions qu'à demi ce que seront les prochaines lois scolaires, nous sommes en présence d'une situation tout à fait nouvelle et comme au détour d'une route historique. C'est vers l'avenir qu'il importe de regarder.

Le problème ne se pose pas de la même manière, dans un temps où il existe des lois sur les Syndicats professionnels, sur les Associations, sur la mutualité, que lorsque l'individualisme restait désarmé en face de collectivités puissantes et privilégiées. Il ne se réduit, au fond, exclusivement, ni à défendre les droits des familles, ni à revendiquer ceux des maîtres, ni à protéger les enfants, ni à réserver l'autorité de l'Eglise sur les consciences ou celle de l'Etat sur l'Ecole, ni à sauver les débris des Congrégations. La défense de la liberté de l'enseignement est une action très complexe, car elle procède de droits et d'intérêts divers qui parfois s'opposent et dont rien n'est plus difficile que d'établir les rapports. Toujours, la préoccupation de certains intérêts risque de fausser l'intelligence et la vue nette de la situation.

En pratique, il faut examiner si les lois dont nous disposons sont propres à faciliter cette opération, s'il y a possibilité et s'il n'y a aucun danger à se servir des lois de coopération sociale, si une modification profonde de notre législation scolaire ne serait pas désirable.

Le Congrès tenu à Lyon, en septembre 1904, s'est

posé ces questions. Quoiqu'il ait eu le mérite de tenter un grand effort pour réorganiser l'enseignement primaire libre, et de mettre en lumière le parti qu'on pouvait tirer des lois récentes, il a donné des solutions en certains points contestables, qui ne nous paraissent pas établir une parfaite harmonie entre les droits divers et les intérêts en cause. Il a fait reposer toutes les solutions sur un principe unique, sur un droit certain, mais considéré comme exclusif, le droit du père de famille, et tout reconstruit au moyen de la seule loi d'association, rejetant de parti pris la forme syndicale, subordonnant l'autorité des directeurs d'école à celle des Associations propriétaires, liant l'action religieuse à une action laïque, qui risque de la dénaturer et de la transformer en une action politique, exagérant la valeur des lois de coopération et les faisant dériver vers une sorte de socialisme plus ou moins chrétien. On doit faire des réserves sur ces divers points, car les nécessités de l'action paraissent avoir fait oublier certaines vérités.

Je n'ai pas la prétention de tracer à mon tour un programme de réformes. Mon rôle n'est pas de faire de la politique militante, mais seulement d'agiter des idées, de rappeler certaines vérités, de signaler des erreurs, de rechercher les causes de certains désordres. J'écris en philosophe et en homme dont la vie s'est passée au milieu des choses de l'enseignement. La pensée la plus éloignée de mon esprit serait de viser à réformer l'Etat. J'ai moins d'ambition que de désir du bien et la passion de la liberté. Je crois devoir me maintenir sur le terrain des principes et ne pousser leurs conséquences que jusqu'à la limite qui sépare la théorie de l'action.

Il est certainement intéressant d'examiner quelle utilité on peut tirer des lois sur les Associations et sur les Syndicats, leurs avantages et leurs inconvénients, et si, pour échapper aux dangers auxquels nous expose leur application, une réforme profonde du régime universitaire et de toute la législation scolaire ne serait pas nécessaire, de manière à donner à l'enseignement, en France, une autonomie analogue à celle dont il jouit dans la plupart des pays étrangers. L'association, le syndicat, la décentralisation seraient des moyens qui se compenseraient, pourvu que les premiers ne fussent pas des entraves à la liberté personnelle.

I

Nous nous bornerons à quelques remarques au sujet du rôle des Associations et des Syndicats.

L'Association a été regardée par le Congrès de Lyon comme un moyen de résoudre efficacement tous les problèmes qui se posent au sujet de l'éducation et de l'Ecole : l'instruction religieuse, la fondation et l'administration de l'Ecole, les services auxiliaires de l'Ecole, par exemple la formation des maîtres, la direction générale, l'inspection, etc. Tout cela dépendrait, dans la pensée de quelques-uns, uniquement des familles associées.

Est-il téméraire d'avancer que le Congrès s'est exagéré les droits des pères de famille sur l'Ecole et a méconnu quelque peu ceux des directeurs ? Car enfin, ni un propriétaire d'école, ni un père de famille n'a le droit de s'immiscer dans sa direction, la même personne fût-elle à la fois l'un et l'autre. L'Ecole n'existe pas en vertu du droit de jouir d'un local, mais en vertu de la déclaration d'ouverture et elle relève exclusivement de l'autorité administrative. Aucun contrat civil, ni titre de propriété, ni bail, ni acte d'association, ne confère une parcelle de l'autorité sur l'école à une personne autre que le directeur. La même personne peut être à la fois propriétaire d'une école et père de famille à l'égard d'un directeur, mais elle ne l'est pas pour les mêmes raisons, et ces deux qualités, non seulement ne se confondent pas, mais ne lui confèrent pas les mêmes droits. En tant que propriétaire, elle n'a qu'un droit de gestion financière ; en tant que père de famille, c'est-à-dire si elle a confié son fils au directeur, elle a un droit de contrôle indirect à l'égard de celui-ci. A aucun titre, elle ne peut s'immiscer dans les actes de la direction. Ce n'est pas le père de famille qui confère au directeur le droit d'enseigner. Ce droit, celui-ci le tient de la loi. Le père de famille ne lui confère que l'autorité sur son fils. C'est un simple contrat d'obligations réciproques qui les lie. Mais si ce contrat permet au père de famille de juger les actes du directeur, il ne lui donne pas le droit de placer celui-ci dans sa dépendance ni de faire des actes de direction scolaire. Au contraire, le directeur a seul ce droit, car, seul, il est responsable administrativement, et même civilement, comme un médecin ou un pharmacien. La coopération d'une association financière ou autre ne change rien à la situation administrative. Il n'est pas un simple prête-nom (1). Il n'est pas l'*employé* d'un propriétaire, mais son *associé*. En le déchargeant de l'accessoire, une société ne se substitue pas à lui. Ses actes, à cet égard, ne sont pas commerciaux et c'est de celui qui a ouvert l'école qu'elle tient ce caractère civil (2). Il est donc le véritable maître de l'Ecole. La loi sur les Associations n'a qu'une portée civile. Elle permet aux familles de s'unir pour entretenir une école, mais il faut que l'Association, ainsi constituée, fasse un nouveau contrat avec une personne jouissant de la capacité d'ouvrir l'école. Or, ce contrat, à moins que le directeur n'ait eu la faiblesse de renoncer à son indépendance et de limiter lui-même la durée de cette nouvelle association, le place sur le pied de l'égalité avec les autres membres de l'association, et non pas dans leur dépendance ou à leur service. L'article 8 du projet Barthe, en 1831, prévoyait le cas. Il stipulait l'éventualité d'Associations autorisées, pour fonder des écoles, mais il limitait là leur

(1) *Cf.* la décision du Conseil académique de Paris, juillet 1905.
(2) *Cf.* Ruben de Couder, n° 99, cour de Paris, 23 juillet 1852.

action et les subordonnait à l'autorité de l'instituteur titulaire.

S'il en était autrement, c'est l'existence même de l'Ecole qui serait, chaque année, remise en question. Elle cesserait d'exister par le fait même du départ du directeur, et, de plus, des changements trop fréquents empêcheraient de s'y former ces habitudes, ces traditions, cette unité d'esprit qui en sont l'âme et la force. Cela, un directeur stable, seul, peut le créer, à la condition que les familles le comprennent et le soutiennent.

Le rôle de la famille est, en effet, plutôt autour de l'école même. A combien de difficultés d'ordre disciplinaire, tant du côté des subordonnés que du côté des élèves, ne seraient pas exposés les directeurs, s'il en était autrement ? Où en seraient-ils si, à chaque instant, les parents pouvaient s'introduire dans l'école ? Nous n'insistons pas.

Remarquons, cependant, qu'une direction supérieure d'études et une inspection scolaire ne peuvent se faire qu'avec le consentement des directeurs d'écoles eux-mêmes, ce qui rend illusoire celle-ci, puisqu'elle est dépourvue de sanction, et celle-là impuissante. Pour faire la loi, il faut avoir pour soi tout le droit.

Un système, fondé uniquement sur l'autorité des pères de familles, ouvre la porte à bien des abus, à bien des influences étrangères à l'école même. On devra craindre les effets du caprice, de l'incompétence, de la faveur. Des vues intéressées peuvent se couvrir des prétextes les plus légitimes. Le droit du père de famille est trop étroitement uni à son droit de citoyen, pour que celui-ci ne fasse pas, parfois, dévier l'exercice de celui-là. A plus forte raison en serait-il ainsi, quand il cesserait de s'exercer individuellement. A cet égard, l'exemple de Montalembert renferme un enseignement.

On ne peut rattacher l'Ecole exclusivement à l'autorité du père de famille, sans affaiblir l'autorité directrice et sans altérer son caractère.

L'association présente des inconvénients à côté de certains avantages. Elle est pour l'individu un auxiliaire en tant que puissance financière et en tant que puissance morale. Elle peut aider doublement à la prospérité des écoles, en leur fournissant des capitaux et en créant autour d'elles un mouvement de sympathie. Mais, du moment que les intérêts des familles et ceux des maîtres sont solidaires, il faut se garder de sacrifier les uns aux autres. S'il est vrai que l'association est une force d'action sociale, elle est aussi un groupement dont l'esprit est nécessairement étroit. Comme elle est constituée en vue d'une fin spéciale, elle ne laisse aucune liberté à ses membres par rapport à cette fin, et les uns y tombent, plus ou moins, à cause des influences dirigeantes, dans la dépendance des autres. Par suite, elle est exposée à être entraînée hors de son but, et l'école avec elle. L'association tend à former des groupes rivaux et, par là même, à détruire l'individualisme et à limiter étroitement le champ de l'activité libre et de l'initiative privée. C'est la conséquence de toute espèce de socialisme.

Il en est de même des syndicats. Ce sont des associations restreintes qui n'admettent que certaines personnes parmi leurs membres, car leur but est spécial, leur caractère professionnel. Le Congrès de Lyon s'en est peu préoccupé et a plutôt témoigné à leur égard une certaine défiance. Appliquée à l'enseignement libre, l'association syndicale peut aider à la défense des intérêts professionnels du corps enseignant et de l'enseignement libre en général. La loi du 21 mars 1884, qui institua les Syndicats, et la loi du 1er avril 1898, qui les autorise à bénéficier des avantages attribués aux Sociétés de secours mutuels, ne fournissent pas seulement aux instituteurs les moyens de défendre leurs propres intérêts et de s'aider mutuellement, par la création de caisses de secours, de caisses de retraites, d'offices de placement, de bureaux pour les affaires contentieuses ou de cours professionnels, mais ces mêmes moyens, qui permettent aux maîtres de corriger les abus de l'individualisme et de guérir les maux qu'engendre l'isolement, ont par suite pour le public une utilité semblable.

De tout temps, il a été nécessaire de s'unir pour accomplir cette double tâche. Les Syndicats d'instituteurs en ont hérité des Sociétés de chefs d'institution, qui, avant la loi de 1850, s'étaient formées dans ce but. C'est de l'une d'entre elles, de la Société Nationale d'Education de Lyon, qu'est sorti le premier Syndicat. Dès sa fondation, cette Société s'occupa à la fois des moyens d'améliorer la condition des maîtres de l'enseignement privé et de cet enseignement même. On a vu son rôle dans la défense de la liberté d'enseignement. Elle fit davantage. Elle mit les maîtres en rapport et leur fournit les moyens de s'entr'aider. Elle contribua, ainsi que les autres Sociétés, à créer le mouvement d'opinion qui se produisait, sous la Monarchie de Juillet, en faveur de la liberté. L'enseignement privé profita même de cette activité. La Société d'Education continua la lutte entreprise sur le terrain fiscal, sur celui des réformes pédagogiques. En 1838, elle avait une existence officielle, elle constituait un Jury d'examen pour les professeurs des institutions ; elle s'occupait des méthodes nouvelles, de l'enseignement à l'étranger ; elle créait des journaux pédagogiques, instituait des prix et des récompenses, fondait une bibliothèque, s'occupait du placement des maîtres, réclamait pour eux une retraite. Depuis, elle n'a cessé, avec la collaboration ou le patronage des plus savantes autorités, de poursuivre son œuvre, et, tandis que les autres Sociétés ont disparu (1), elle subsiste encore, toujours prête à soutenir la meilleure des causes.

Les conditions de la défense ne sont plus les mêmes qu'il y a trois quarts de siècle. Nous avons les moyens de faire mieux et davantage. Mais c'est la même œuvre qu'il convient de continuer. Il appartient aux Syndicats professionnels de défendre la liberté d'enseignement contre les abus du pouvoir et les intérêts des maîtres contre toute entreprise de nature à les léser. Il leur appartient de s'occuper des questions générales d'enseignement et d'éducation.

Déjà, le Syndicat de Lyon a obtenu, en 1900, l'exonération de la taxe dont on voulait frapper les institutions libres ; celui de Paris, à l'exemple de la Société nationale d'éducation, a fait des démarches auprès de la Commission sénatoriale au sujet du projet Chaumié.

Il est possible d'exercer une certaine influence dans le Conseil supérieur du travail en s'y faisant représenter, ainsi que la loi y autorise les Syndicats.

Les Syndicats peuvent, en vertu de la loi de 1898, constituer des retraites au profit de leurs membres, au moyen de livrets individuels de la Caisse nationale des retraites. L'Etat ajoute aux versements des sociétaires un quart, plus 1 franc par membre, et un supplément de pension à soixante-cinq ans (1).

C'est des Syndicats que paraît relever l'examen des besoins généraux, des réformes à faire, des progrès à réaliser dans l'enseignement et l'éducation. L'enseignement pédagogique est spécialement leur affaire. Il existe à Paris depuis deux ans. A Moulins, une exposition permanente des travaux scolaires des élèves des syndiqués a été organisée. A Lyon, un concours annuel et des prix ont été institués par la Société d'Education au profit des élèves des syndiqués. Des bibliothèques peuvent être créées, des conférences organisées. L'éducation religieuse elle-même y peut trouver un point d'appui, car ici la défense de la liberté de conscience est liée à celle des intérêts professionnels. A cet égard, les Syndicats offrent une base plus large et plus libérale que les Associations, plus conforme aux besoins réels, car ils offrent le grand avantage d'être par eux-mêmes des associations professionnelles. Ce qui importe avant tout, c'est que les maîtres apprennent à ne jamais donner un enseignement contraire aux croyances des familles et à se mettre eux-mêmes, et dans la

(1) *Cf.* les observations intéressantes de M. Milcent, au Congrès de Lyon, p. 174.

mesure convenable, en rapport avec les autorités religieuses comme avec les autres. Sur ce point, les Syndicats peuvent exercer une utile influence, comme ils peuvent contribuer aux progrès de l'enseignement privé.

Ces services sont incontestables. Mais il faut reconnaître qu'ils profitent plutôt aux membres de l'enseignement eux-mêmes, à qui ils permettent surtout de travailler ensemble à se rendre plus dignes de leur mission et de se protéger mutuellement contre toute action de nature à porter atteinte à leurs droits ou à leur autorité, qu'elle vienne du pouvoir ou d'une concurrence intéressée. L'union syndicale leur fournit un moyen de préparer le bien public en s'améliorant eux-mêmes, et aussi de conserver leur indépendance, leur libre initiative, leur personnalité. C'est pourquoi elle inspire une certaine défiance. Les Syndicats ont été trop souvent des instruments de lutte sociale et de propagande révolutionnaire. Nous n'avons pas su, en France, en tirer, comme en Angleterre, un parti avantageux. Très peu ont réussi à organiser les institutions autorisées par la loi. Ils ont opprimé parfois les individus, suscité et entretenu les grèves. Les meneurs s'y font des places privilégiées. Tout cela est exact mais les vices d'une chose doivent nous montrer les correctifs à y apporter pour la rendre utilisable. On a vite fait de dire que les Syndicats sont des organisations étroites, insuffisantes, égoïstes, plus attentives à défendre les intérêts des syndiqués que ceux de l'enseignement, incapables de garantir la valeur professionnelle et morale des maîtres, dépourvus d'autorité pour s'imposer, juges et parties dans les appréciations à donner sur le compte des maîtres, susceptibles de fomenter des grèves d'instituteurs (1). N'exagérons rien. Plaçons-nous en face de la réalité et faisons le bien.

Toute union a ses dangers comme ses avantages, car, si elle permet de constituer des forces plus puissantes

(1) *Cf.* les Rapports du Congrès de Lyon.

que les individus, ces forces se retournent parfois contre les individus eux-mêmes. L'égoïsme collectif, l'esprit de corps, l'optimisme de commande détruisent ou diminuent le sentiment des responsabilités personnelles et l'esprit d'initiative.

Ces inconvénients nous montrent assez que l'efficacité des lois d'union sociale est toute relative. Là n'est pas toute la solution du problème. L'œuvre de l'éducation n'est pas une entreprise analogue à une grande usine, dans laquelle disparaissent toutes les individualités et où l'on n'entend plus que le bruit confus des machines. Elle n'est pas par elle-même une industrie. Elle n'est pas l'action disciplinaire d'une corporation sur ses membres. Elle est l'action intellectuelle et morale de l'homme fait sur l'homme à faire. Cette action ne peut être féconde que si elle part d'une âme libre. Les lois d'union sociale ne sont donc applicables, en l'espèce, que partiellement, parce que l'enseignement n'est que partiellement une œuvre sociale.

Il reste d'autres réformes à faire, peut-être plus radicales et plus profondes, pour assurer la liberté de l'enseignement.

II

La réforme qui donnerait à la France un véritable régime de liberté serait celle qui décentraliserait l'enseignement et le remettrait, comme à l'étranger, aux mains d'Universités régionales ne relevant que de la loi. Si hardie que paraisse cette opinion, une telle réforme serait désirable, car elle permettrait de soustraire l'éducation à tous les degrés aux influences politiques, officielles ou autres, et de rapprocher des éléments intellectuels qui se séparent et s'isolent. L'exemple de l'étranger nous aiderait à l'admettre et à modifier l'idée que nous nous faisons de la liberté d'enseignement.

La liberté d'enseignement existe chez nos voisins, soit

en droit, soit en fait, car ils se font une notion juste du rôle de l'Etat et des droits des individus ou des communes. Si tout n'y est pas parfait, du moins ils nous donnent une leçon de tolérance et l'exemple de procédés dont nous pourrions faire notre profit.

Le pays le moins libre est la Prusse. L'action de l'Etat y est plus forte que dans le reste de l'Allemagne, mais elle ne va pas jusqu'à détruire le droit privé de choisir les maîtres ou d'enseigner. La liberté y est disciplinée en ce sens que, si toute personne munie des grades a le droit d'ouvrir une école, c'est au nom de l'Etat qu'elle enseigne et sous son contrôle. La loi du 11 mai 1872 a déclaré établissements d'Etat toutes les écoles privées de tout degré et de toute confession. Elles relèvent du Ministre, des inspecteurs et des Comités provinciaux. Les écoles primaires sont placées sous le contrôle du Comité établi dans chaque Cercle, à côté du Président de cercle. Celui-ci nomme les instituteurs. Les pères de famille exercent par des délégués une certaine surveillance morale. Les écoles sont confessionnelles, et un seul enseignement, protestant ou catholique, y est donné. Les collèges secondaires sont fondés par l'Etat, par les communes ou par les particuliers. Tous sont soumis aux mêmes prescriptions pour le plan des études, la surveillance, les examens de sortie. Les onze Universités prussiennes sont des établissements d'Etat, mais pourvus de la personnalité civile et gouvernés par un Sénat académique, dans lequel l'Etat est représenté. Les écoles ont donc, en général, la liberté administrative et religieuse, mais elles sont incorporées à l'Etat, qui exerce sur elles une certaine impulsion et un certain contrôle.

La loi prussienne ne s'étend pas à toute l'Allemagne. La Constitution impériale a laissé aux Etats particuliers non seulement le soin des œuvres d'assistance, l'administration des cultes, la police locale, mais encore l'enseignement. La seule loi commune à tout l'Empire est l'obligation de l'instruction primaire. Cette loi se complète par la loi du 2 juillet 1900, qui prévoit le défaut de soins matériels ou moraux des parents et édicte des mesures préventives à l'égard des enfants exposés à tomber dans le vagabondage. Ces enfants peuvent être placés dans d'autres familles ou confiés à des écoles de préservation, que les provinces instituent. Chaque Etat livre les écoles primaires aux communes ou à l'initiative privée. Il en est de même des écoles secondaires et des établissements d'enseignement supérieur, des écòles réales, des gymnases, des Universités. Dans une même Université, on trouve des chaires de théologie catholique et de théologie protestante, et, à côté des professeurs en titre, des professeurs libres, des *privatdocenten*. La plus grande autonomie existe donc, malgré l'autorité de l'Etat.

En Suisse, l'instruction relève de la législation de chaque canton. La loi du canton de Berne (6 mai 1894) repose sur ce principe : « L'école a pour but de seconder la famille dans l'éducation des enfants » (art. 1er), mais elle fait de l'enseignement primaire une obligation rigoureuse. Des Commissions scolaires électives ont la haute main sur les écoles, veillent à l'application des lois dans chaque arrondissement scolaire, mais c'est la *commune scolaire* qui les organise. Une commune scolaire comprend plusieurs communes civiles. Les instituteurs sont choisis au concours. Les instituteurs privés ne peuvent ouvrir une école sans autorisation de la direction cantonale, qui peut être retirée.

L'enseignement secondaire est faible en Suisse. Quant à l'enseignement supérieur, les Universités de Zurich, de Genève, de Bâle ont une liberté entière. En somme, la liberté est moins grande qu'en Allemagne, car l'Ecole est dans la dépendance directe des communes et des Etats particuliers.

Le contraste avec la Belgique est très grand. Ici, la liberté la plus étendue est accordée par la loi de 1842, rétablie en 1895. Le père de famille n'est pas même obligé à donner à ses enfants une instruction quelconque. Toute personne peut ouvrir une école. Elle n'est astreinte qu'à des règlements de police et à une surveillance judiciaire. Les Municipalités ont la faculté, soit de fonder des écoles, soit d'agréer et de subventionner les écoles privées, à la condition que celles-ci se soumettent à l'inspection de l'Etat et adoptent les programmes officiels, qui font une part à l'instruction religieuse. L'Etat n'entretient pas les établissements secondaires, ou Athénées royaux, mais il aide à leur fondation. Les Universités de Louvain et de Gand sont libres, seulement les diplômes qu'elles confèrent doivent être *entérinés* par une Commission spéciale résidant à Bruxelles.

La liberté de l'enseignement est plus considérable encore dans les pays anglo-saxons.

En Angleterre, l'enseignement est réglé par les lois de 1902 (18 décembre), de 1897, de 1880, qui ont modifié le régime établi par les lois de 1870 et 1833. La loi anglaise n'est intervenue que pour coordonner les efforts de l'initiative privée et établir un régime d'égalité dans les faveurs du pouvoir aux diverses écoles, pour sauvegarder la liberté de conscience et assurer l'instruction des pauvres. Les établissements secondaires ou supérieurs sont entièrement libres ; ils sont très anciens et possèdent des domaines, des dotations, des rentes, comme l'ancienne Université française. C'est dans l'enseignement primaire que les lois récentes ont opéré des réformes. L'école primaire anglaise réalise le type de l'école familiale, sans léser aucun droit. Le rôle de l'Etat se borne à fournir des subventions à toutes les écoles établies, à stimuler le zèle des fondateurs, à provoquer la création d'écoles là où elles manquent. C'est l'office du Bureau central de l'instruction publique (1), duquel relèvent encore les questions de contentieux. La création des écoles appartient aux communes et aux particuliers. Avant la loi Balfour (1902), ces fondations étaient dans les communes le fait des Bureaux scolaires (2) qui les administraient ou des particuliers. Les

(1) *Education Departement.*
(2) *Board of Education.*

membres de ces bureaux étaient élus par les habitants des bourgs et des paroisses. La concurrence qu'ils faisaient aux établissements privés les a fait supprimer. Depuis, toutes les écoles, confessionnelles ou non, ont été placées sous la double juridiction locale d'un Conseil de comté ou de bourg (4) et d'un Comité d'éducation, c'est-à-dire à la fois du Conseil qui, dans les comtés et les bourgs, administre les finances, et d'un Comité composé de personnes compétentes en matière d'éducation. Le Conseil s'occupe de toutes les écoles, entretient les bâtiments des unes, paie et nomme le personnel, s'occupe, dans les autres, du logement et des frais de l'enseignement. L'enseignement religieux, il le fait donner dans les premières ; dans les secondes, il le laisse à la charge du directeur. Le Comité d'éducation s'occupe de toutes les questions d'enseignement. Les dépenses scolaires sont calculées par tête d'élève à raison de 14 shillings par an. Elles sont prélevées sur le budget local et sur le budget de l'Etat. Il suffit qu'une école privée se soumette à l'inspection officielle pour jouir des avantages des écoles publiques. Rien n'est plus libéral que ce système.

Les habitudes anglaises d'autonomie se retrouvent aux Etats-Unis, où elles ne se sont pas perfectionnées. L'enseignement y est presque entièrement aux mains des femmes, même celui des garçons. Aucun système régulier n'existe. C'est un régime tout à fait inorganique et rudimentaire. L'Etat n'exerce sur l'école qu'une action morale. Il ne l'inspecte même pas. Le *Bureau National d'Education* de Washington, créé en 1867, n'est qu'un bureau central de renseignements statistiques, et son commissaire n'a guère d'autre fonction que de les recueillir, de publier des circulaires de renseignements, de faire connaître les méthodes, les livres, d'organiser des conférences, de créer des bibliothèques. L'Etat ac-

(1) *Voluntary Schools.*
(2) *County Council, Borough Council*

corde des subventions et en règle l'emploi. Par les lois de 1785 et de 1848, il a constitué des fonds scolaires, en réservant des lots de terres affectés à des constructions d'écoles et il a autorisé les communes à se taxer elles-mêmes. C'est la commune, le *town*, la *city*, qui a la responsabilité de l'enseignement. Depuis 1813, les contribuables élisent des Conseils et des *superintendants* pour garantir les grades, qui ont une durée limitée, et pour se renseigner sur l'état des écoles. Toute personne a le droit d'ouvrir une école privée de tout ordre. Elle n'est tenue qu'à l'obligation d'envoyer chaque année un rapport sur sa situation. Les établissements secondaires ou supérieurs, à qui on donne indistinctement les titres de Collèges, Académies, Universités, richement dotés par certains milliardaires, sont également libres. Mais ces dotations fameuses ne portent pas tous leurs fruits, car les étudiants sont misérables et les études en général mal réglées. De ce que les effets sont contestables, il ne faut pas conclure que les principes soient faux, mais seulement qu'ils sont mal appliqués. Le zèle pour l'instruction ne distingue pas les Américains.

Ainsi, à peu près partout, nous rencontrons les mêmes principes admis : tutelle et minimum d'action de l'Etat, initiative communale et initiative privée, liberté de l'éducation religieuse dans l'école publique même. Il n'est pas étonnant que les étrangers préfèrent l'éducation libre et le régime familial des écoles anglo-germaniques à la discipline et à la réglementation étroite et méticuleuse des nôtres. C'est un fait remarquable que les étrangers vont plutôt faire leur éducation en Suisse, en Allemagne ou en Angleterre. Depuis quelques années, ce sont les élèves français eux-mêmes qui commencent à émigrer. Il n'est pas rare non plus de voir des écoles privées qui ont plus d'un siècle d'existence et qui sont demeurées, de père en fils, la propriété d'une même famille. Les principes essentiels se trouvent donc observés, les droits de chacun reconnus quelquefois même trop largement, ou insuffisamment garantis.

Nous ne prétendons pas que l'un ou l'autre de ces divers systèmes puissent être introduits en France tel quel. Mais tous peuvent nous fournir quelque indication, car, en définitive, la question n'est pas autre pour nous que pour les étrangers, quoiqu'il faille tenir compte des habitudes et des traditions. Il ne s'agit pas, bien entendu, de leurs systèmes pédagogiques, qui sont le plus souvent inférieurs au nôtre, mais de la vie civile des écoles et de leurs relations avec l'Etat. On peut se demander s'il est interdit à des Français de concevoir une organisation de l'instruction publique qui fût une application des principes libéraux, analogue à celle dont les nations étrangères nous donnent l'exemple, capable de satisfaire à la fois aux besoins des intelligences et des consciences, de garantir les droits de la science et de la religion, les libertés les plus respectables et l'autorité de l'Etat.

Cela est possible, à la condition qu'on élimine de l'enseignement toute pensée étrangère au but véritable de l'éducation et qu'on cesse de la faire servir à des fins politiques plus ou moins déguisées. Ce sont les desseins politiques qui ont présidé à la constitution des monopoles, à la centralisation de l'enseignement, soit entre les mains de l'Etat, soit entre les mains de l'Eglise. En donnant la liberté d'enseignement, on n'a pas décentralisé l'Université, on a centralisé l'enseignement libre. Une pensée de direction sociale a présidé à la promulgation de la loi qui a remis l'enseignement privé entre les mains des Congrégations religieuses comme à la création de l'Université. Les monopoles et la centralisation ne sont que les instruments de cette direction. Nécessaire dans l'organisation de certains services généraux de l'Etat, comme l'armée ou la marine, partout où il convient de fortifier le pouvoir et d'unifier son action, pour assurer la défense nationale ou l'ordre public, elle devient oppressive, dès qu'elle substitue l'action de l'Etat à celle des communes ou des particuliers, dans les choses qui relèvent d'eux, dès qu'elle touche aux besoins immédiats, aux droits naturels, aux consciences des citoyens. Le salut public n'exige pas que l'enseignement soit centralisé, car l'enseignement n'est pas le militarisme. « Nos bureaucraties universitaires, disait Le Play, ont détruit les rapports naturels de respect et d'affection que la surveillance fait naître (1). » Les professeurs s'isolent, remarque-t-il encore, et les élèves ne vivent pas assez de la vie de leurs maîtres. C'est l'effet inévitable de la tendance naturelle qui porte les uns et les autres à s'affranchir d'une tutelle imposée. N'y a-t-il pas contradiction entre le principe constitutionnel de la liberté des opinions et l'existence d'une vaste organisation administrative ayant mission d'exercer sur les esprits une pression officielle ? Nous savons avec quel libéralisme les maîtres de l'Université usent de ce pouvoir. Mais la possibilité même de cette action est une chose antilibérale. Du moment que l'Etat se fonde sur un principe libéral, il n'a pas le droit d'en neutraliser les effets par une action exercée en son propre nom. L'erreur de Napoléon pèse encore sur nous. La même raison l'a perpétuée sous tous les régimes. N'a-t-on pas le droit de la dénoncer et d'en combattre la cause, qui est précisément la subordination de l'éducation aux intérêts de la politique ? Voilà ce qui complique, en France, à la différence des pays étrangers, le problème de la liberté d'enseignement.

Or, ce problème vient d'être simplifié par l'exclusion des Congrégations religieuses. Ne semble-t-il pas qu'une mesure d'une autre sorte devienne dès lors possible et même s'impose, sinon comme une compensation, du moins comme un moyen de conserver cette émulation dans l'effort, qu'on a, par un abus de langage, appelée la concurrence, de libérer l'enseignement même et de donner satisfaction aux consciences ? Cette mesure est le contraire du monopole ; c'est la décentralisation administrative et pédagogique de l'Université (2).

(1) *La Réforme sociale.*
(2) Notre opinion vient de recevoir une demi-confirmation, dans

Oui, c'est une réforme complète du système universitaire, fondé par l'Empire, qu'il conviendrait de faire, réforme sans laquelle toutes les lois de liberté resteront illusoires ou seront faussées dans leur application.

Certes ! nous savons quels services l'Université a rendus à la cause de la science et de la liberté, au cours du siècle dernier. Nous savons tout le mérite, toute la valeur, toute la supériorité de la plupart de ses membres, leur désintéressement, leur conscience dans les recherches, leur dévouement dans l'enseignement, quel essor ils ont donné à l'histoire, à la critique, à la science positive, même à la philosophie spiritualiste. Si elle formait un grand corps indépendant de l'Etat, peut-être, malgré les inconvénients de l'uniformité, serait-il possible de défendre son privilège. Mais combien d'esprits, et des plus distingués, n'ont-ils pas senti peser lourdement sur eux cette dépendance et réclamé un régime libéral !

Cependant, les tentatives de réforme ont été timides et insuffisantes. Elles ont toujours été partielles et ont maintenu entre l'Université et l'Etat un lien très étroit. En 1870, une Commission avait été instituée pour examiner la question de la liberté de l'enseignement supérieur. Renan y fit le tableau de la vie des Universités allemandes, où toutes les doctrines s'enseignent côte à côte. Il ne concevait pas la liberté de l'enseignement supérieur comme le droit de créer librement des Universités, mais comme celui de prendre part à l'enseignement public, d'opposer une doctrine, une méthode, une chaire à une autre. On ne le comprit pas. En 1873, Paul Bert proposa une réforme plus hardie encore, qui eût consisté à « or-

un article de M. Gustave Lanson, dans la *Revue Bleue* (25 février 1905). « L'Université, dit-il, est un organisme constitué pour le despotisme napoléonien, utilisé ensuite au profit de la bourgeoisie et de la prépondérance sociale et politique, tour à tour dominé, disloqué ou combattu par l'Eglise... D'où nécessité d'une réorganisation... » Nous ne suivons pas M. Lanson plus loin, car il ajoute : « réorganisation *sociale* et *politique* des institutions scolaires. »

ganiser, avec le concours de l'Etat, quelques Universités puissantes », à « leur donner la liberté » et à « en faire des corps agissant librement sous leur propre responsabilité (1). » Ces deux réformes combinées eussent réalisé la liberté de l'enseignement supérieur. Elles ne se firent ni l'une ni l'autre, car on vota la loi du 18 mars 1880, qui créa les Universités catholiques. La lutte qu'elles soutinrent provoqua un effort de l'Etat en sens contraire. Les décrets du 28 décembre 1885, du 22 février 1890, la loi de finances de 1892, les décrets des 9 et 10 août 1893 ont été la contre-partie de la loi de 1880. Ils n'ont pas réalisé une réforme essentielle. M. Liard convient que « légalement, ces corps de Facultés ne sont que des Universités en expérience ». Dans le fond, ces lois ont placé la lutte au sommet de l'enseignement ; elles l'ont rendue plus âpre, plus vive, plus aiguë, mais la réforme de l'Université ne s'est point faite.

Depuis, un maître de la science administrative, M. Berthélemy, a repris l'idée de Renan. «Une chose, dit-il, était plus nécessaire que la liberté de l'enseignement privé : c'est la liberté dans l'enseignement public. Que celle-ci soit largement entendue et fermement garantie, et celle-là perd une grande partie de sa raison d'être. » M. Berthélemy explique ce qu'il entend par la « liberté dans l'enseignement public », et non « à côté ». C'est le droit pour tout maître, sans aucune réserve, d'enseigner ce qu'il tient pour vrai, comme les juges exercent celui de dire le droit. « Le vrai, dit-il, pas plus que le droit, n'est le monopole d'un parti, il n'y a pas de vrai officiel. L'indépendance de la chose doit être aussi fortement assurée que l'indépendance d'un Tribunal (2). » On ne peut qu'approuver ce langage. Mais nous ne comprenons pas ce qui suit : « Cela étant, l'on peut contester qu'aucun intérêt scientifique justifie la création d'établissements privés à côté des établissements publics d'enseignement... » On peut répondre en

(1) *Liard*, p. 215.
(2) *Traité de droit administratif*, t. III, p. 716.

retournant la phrase : «Cela étant, l'on peut contester qu'aucun intérêt scientifique justifie la création d'établissements publics à coté des établissements privés. » L'intérêt même de la science réclame la liberté de la recherche, la liberté des opinions. Mais la question est plus haute, car la consigne exige encore qu'on ne la lèse pas. Elle ne peut être résolue par le principe de l'Etat enseignant.

Il faudrait se faire une idée plus large des Universités, les concevoir sous une forme très compréhensive, et non pas seulement comme des établissements d'enseignement supérieur, mais comme de vastes corporations comprenant les divers degrés de l'enseignement, jouissant d'une entière autonomie pédagogique et laissant à chaque établissement sa liberté administrative, son individualité propre, son esprit, sa personnalité. Une loi unique, définissant le droit d'enseigner, les conditions de son exercice à tous les degrés et réglant le mode d'existence des établissements divers qu'elles pourraient renfermer, leur donnerait une sorte de Charte, dont l'Etat n'aurait qu'à contrôler l'exécution, sans se désintéresser des progrès à réaliser.

De la sorte, non seulement les droits de chacun seraient sauvegardés, mais les besoins locaux les plus divers recevraient satisfaction, car il dépendrait des communes, des Associations, des Syndicats, des individus, de prendre l'initiative des fondations utiles, et la vie intellectuelle la plus intense, cessant d'avoir un caractère politique et une autre fin que la vérité, en serait le résultat fécond.

Cette opinion n'est pas aussi chimérique qu'il semblerait d'abord. Elle repose sur des faits et sur les idées de quelques-uns de ceux qui, au temps de la Révolution, et, plus tard, sous la Restauration, furent mêlés aux luttes pour ou contre l'Université.

Sous l'ancien régime, l'enseignement secondaire ne se distinguait pas de l'enseignement supérieur, du moins en droit. Les Universités donnaient tout l'enseignement en dehors des petites écoles. Elles possédaient, non seulement les quatre Facultés, mais aussi des collèges dirigés soit par des laïques, soit par des Congrégations autorisées. Elles étaient placées sous la tutelle du Roi et sous la surveillance du Parlement, à qui incombait la mission d'assurer l'exécution des lois.

L'Académie de Dijon n'était ni une Université, ni un collège. Elle faisait donner à la fois l'enseignement à tous les degrés. Elle continua son œuvre même au temps de la Convention, car elle refusa de se fermer.

D'ailleurs, les *bureaux des collèges*, institués par Louis XV, qui furent maintenus jusqu'en 1806, étaient des institutions municipales. C'étaient des espèces de Conseils scolaires communaux, analogues à ceux qui existent encore en Angleterre.

Mais l'idée d'un enseignement indépendant de l'Etat, et même d'un corps professoral soumis uniquement à une loi générale s'était plusieurs fois affirmée dans les rapports de Mirabeau, de Talleyrand, de Condorcet. « Aucun pouvoir permanent, disait Mirabeau, ne doit disposer d'une arme aussi redoutable que celle de l'éducation... (1) ». « Si tout privilège est odieux, un privilège en matière d'instruction serait plus odieux encore (2). » Talleyrand avait eu l'idée de véritables Universités départementales dans lesquelles chacun pourrait enseigner. Condorcet disait que « la première condition de toute instruction était de n'enseigner que des vérités, que les établissements que la puissance publique y consacre doivent être aussi indépendants que possible de toute autorité politique (3). » Il ne reconnaissait pas à l'Etat le droit de nomination et affirmait l'indépendance du corps enseignant, son droit de se recruter lui-même.

Ce principe fut sur le point de recevoir une application dès les débuts de la Restauration. Louis XVIII publia un arrêté dont le but était de réagir contre « le

(1) *Archives parlementaires*, t. XXX.
(2) *Ibid.*
(3) Rapport du 20 avril 1792.

système de diriger exclusivement vers l'Etat et l'esprit militaire les hommes, leur inclination et leur talent (1) » et une ordonnance qui créait dix-sept Universités indépendantes les unes des autres à tous les points de vue (2). « C'était, dit M. Liard, une segmentation de l'Université impériale, chacune d'elles étant moins une véritable Université qu'une Académie ayant sa circonscription géographique, son recteur, son Conseil, ses biens, ses facultés, ses collèges royaux et ses collèges communaux ; mais, pour la première fois, c'était une décentralisation de l'enseignement (3). »

Cette mesure avait été inspirée par Guizot et R. Collard, dont les idées devaient se modifier beaucoup dans la suite. Leur but était de détruire le caractère politique de l'Université, « d'abolir le pouvoir absolu qui, dans l'Université impériale, disposait seul, soit de l'administration des établissements, soit du sort des maîtres, et de placer les établissements sous une autorité plus rapprochée et plus contrôlée, en assurant aux maîtres plus de fixité, d'indépendance et de dignité dans leur situation (4). » On s'était proposé de décentraliser le mouvement scientifique et littéraire, aussi bien que l'Administration, de « créer, hors de Paris, dans les départements, de grands foyers d'études et d'activité intellectuelle ».M. Liard définit le type de l'Université régionale, tel qu'il avait été conçu, de la manière suivante : « Un recteur pour chef, puis un Conseil composé, avec le recteur, de l'évêque et du préfet, des doyens des Facultés, du proviseur du collège royal et de trois notables (5). » « De là, ajoute M. Liard, les attributions de ce Conseil, nommant, sur présentation du recteur, proviseurs, censeurs et professeurs, percevant les revenus de l'Université, administrant ses biens, exerçant la discipline sur le personnel. »

(1) 9 avril 1814.
(2) 15 février 1815.
(3) *L'Enseignement supérieur*, t. II, p. 130.
(4) Guizot, *Mémoires*.
(5) *Ibid.*, p. 131.

Le retour de Napoléon empêcha l'exécution de ce projet. L'ordonnance fut oubliée pendant les Cent-Jours et la centralisation universitaire maintenue au profit de la monarchie, une seconde fois restaurée.

Il y aurait des réserves à faire sur la conception administrative de ces Universités provinciales, sur le mode de composition du Conseil, sur la nomination des directeurs et professeurs, sur l'organisation financière elle-même. Pris à la lettre, le système ne donnerait pas une liberté suffisante. Il y aurait moyen de faire autrement. L'Etat serait suffisamment représenté par un recteur, chargé de veiller partout à l'exécution de la loi. Le Conseil pourrait être élu et comprendre des représentants des divers ordres de l'enseignement. Les établissements pourraient se créer eux-mêmes, s'administrer, recruter librement leur personnel, pourvu que directeurs et professeurs fussent munis des grades nécessaires. Il ne nous appartient pas de poursuivre ces réflexions. Ce que nous voulons en retenir, c'est le principe.

En 1845, Salvandy rendit des ordonnances qui relâchaient le lien ministériel de l'Université, par la substitution d'un corps de trente membres à l'ancien Conseil royal (1).

En 1849, le *Journal des Economistes* proposait à son tour de rendre les établissements universitaires à l'indépendance et au droit commun. La liberté « ne sera jamais qu'un leurre, tant que l'on fera réglementer et diriger les études par l'autorité centrale... ».

C'est une loi analogue à l'ordonnance de 1815 qu'il faudrait souhaiter pour notre pays, si on pouvait espérer enfin, avec un régime politique vraiment libéral, une loi qui, sans donner une liberté absolue, ni instituer un enseignement d'Etat, définirait les conditions d'existence des établissements d'instruction à tous les degrés et celles du droit d'enseigner pour les personnes, et qui rattache-

(1) 7 décembre 1845. Cf. *Thureau Dangin*, t. VII, p. 577.

rait à la fois ces établissements et le personnel enseignant à un même centre universitaire.

De la sorte, l'Etat resterait dans sa sphère et sa véritable fonction, qui est de faire des lois et de les appliquer, soit en vue du bien général, soit en vue du bien des citoyens, soit pour garantir leur liberté, soit pour stimuler les initiatives.

Il semble d'ailleurs que l'Université elle-même éprouve comme un besoin d'émancipation. Usant de la loi sur les Syndicats, les membres de l'enseignement public ont tenté de s'associer pour défendre leurs intérêts corporatifs et les questions pédagogiques. Récemment, un préfet assistait à une réunion de ce genre. Tandis qu'on s'en alarme dans les hautes sphères, le public peut voir là un symptôme de décomposition. Si un tel mouvement se propageait, il conduirait l'Université à une crise administrative. Une telle conséquence ferait ressortir avec évidence la nécessité d'une décentralisation, qui serait entrée à demi dans les mœurs universitaires.

Il nous manque donc une loi de décentralisation, conforme aux principes libéraux et aux besoins sociaux tout ensemble. Cette lacune, le président même de la Commission de l'enseignement, M. Ribot, la constatait lui-même. « Ce n'est pas vers des restrictions à la liberté, mais vers de larges réformes de notre système d'enseignement que je voudrais voir la Commission orienter ses travaux. »

La loi Chaumié n'est pas cette loi. Elle est, sous une apparence libérale, une loi de monopole. Elle n'est pas un progrès, mais une réaction sur la loi Falloux. Celle-ci était une loi de transaction dont on fit une loi de combat, celle-là est une loi de combat avec des prétentions au libéralisme. Les hommes qui bouleversent l'enseignement en France ne semblent pas avoir la largeur d'esprit nécessaire pour concevoir des réformes fécondes. Trop préoccupés des besoins de leur politique, ils oublient ceux du pays. Ce n'est pas à demi qu'il faut faire une pareille réforme. Les demi-mesures ont créé, au cours de ce siècle, assez de situations fausses pour qu'on éprouve le désir d'en sortir une fois pour toutes. Puisqu'on touche à l'enseignement et qu'on se prétend les défenseurs de la liberté, qu'on lui donne donc une charte définitive. Toute la législation scolaire est à refaire dans un esprit différent. Elle ne convient pas à une République, république unitaire sans doute, mais dont le principe fondamental est la liberté par l'égalité, par la tolérance et, je ne dis pas par l'unité, mais par l'union morale. Il en faut une autre au siècle qui vient de s'ouvrir, car il est temps que les luttes finissent et que les hommes vivent.

Certes ! cela serait désirable ; mais il faut convenir qu'une telle loi ne serait possible que par une réforme profonde de l'esprit public, qu'avec des hommes résolus à ne pas faire de l'école autre chose qu'un lieu de recueillement pour toutes les forces de l'âme.

RÉSUMÉ ET CONCLUSION

Avant de vous présenter mes conclusions, j'ai un devoir à remplir, qui est de vous remercier de l'intérêt que vous avez pris à ces lectures, malgré leur longueur et quelquefois malgré le caractère abstrait de certaines discussions. Si j'ai abusé de votre attention, mon excuse est surtout dans l'importance des problèmes que nous avons agités ensemble et dans l'utilité qu'il y aurait à les résoudre.

L'enseignement secondaire traverse une double crise, car, d'une part, il se transforme dans sa nature, de l'autre, on discute sur le droit de le donner. Dans cette crise, l'enseignement même semble moins se réformer que se décomposer, descendant trop bas vers l'enseignement primaire, qui aspire à le remplacer, s'élevant trop haut vers l'enseignement supérieur, qui tend à absorber toutes les Ecoles spéciales, s'éloignant de son objet propre, qui est la culture générale, et produisant de tous côtés, par une spécialisation hâtive des facultés, comme des branches gourmandes qui épuisent le tronc. De même qu'il s'oriente vers l'intérêt social, de même le droit d'enseigner tend à devenir un droit social, une tolérance de l'Etat.

Cette crise a pour cause l'évolution profonde qui est en voie de s'accomplir dans les idées et dans les institutions. Le libéralisme recule devant le socialisme. Les esprits sont emportés par un vent de réformes, qui souffle des régions de la science positive sur tout ce que la foi des peuples avait édifié, renversant même les institutions qui reposaient sur la pure raison et le sentiment de la liberté. La lutte s'est élevée entre le présent et le passé, entre la religion et la science, entre l'individu et la société, entre le droit et la force. Elle s'est enfin transportée sur le domaine de l'éducation et c'est l'âme de la jeunesse qui en est l'enjeu.

Tout ce qui touche à l'éducation, la matière de l'enseignement et le droit d'enseigner, tend, comme la vie économique, à se socialiser, à devenir, comme chez les anciens ou sous l'ancien régime, une fonction de l'Etat, ayant pour fin son intérêt.

C'est ce que nous avons tâché de démontrer, en même temps que la nécessité de réagir contre l'influence de cet esprit qui nous emporte loin de la liberté.

Nous avons trouvé une première preuve de cet état de choses dans l'examen des programmes de 1902 et du projet Chaumié, dont nous avons montré l'étroite relation. Le projet Chaumié n'est qu'un retour déguisé au régime de 1806 ou une reprise des projets de Salvandy et de Villemain, le plan d'études un essai d'adaptation de l'enseignement secondaire et des esprits aux besoins sociaux, en vue de l'utilité générale et de l'unité morale de la démocratie.

L'histoire nous a montré les origines de l'éducation sociale et du monopole de l'enseignement, puis les antécédents immédiats de la crise actuelle, c'est-à-dire, d'une part, la lutte de l'Eglise et de l'Etat, de l'autre, la lutte du socialisme et du libéralisme, l'alliance du socialisme et de l'Etat contre la bourgeoisie libérale et contre l'Eglise.

Rapportant tous ces faits à une même cause, aux progrès du droit social, nous en avons examiné le fondement philosophique et la valeur, montré qu'il mettait en péril la liberté, qu'il était contraire à la nature morale de l'homme. Nous avons, par là même, établi la nécessité de conserver à la base du droit la notion spiritualiste de la conscience et de la liberté, c'est-à-dire de la personne morale considérée comme ayant une valeur propre et supérieure à toute collectivité.

De ce point de vue, nous avons envisagé le double problème de l'éducation et du droit d'enseigner. Nous avons recherché quelle est la fin, quels sont les moyens de l'éducation secondaire, quelles sont les sources et les conditions du droit d'instruire. Sur ces deux questions, nous avons constaté, encore une fois, l'antagonisme du socialisme et du libéralisme.

Enfin, nous avons examiné la nécessité et la possibilité de fermer la crise au moyen de certaines réformes. Nous nous sommes demandé dans quelle mesure il était prudent de faire usage, ainsi que l'a proposé le Congrès de Lyon, des lois de coopération sociale, pour les appliquer à l'enseignement, d'imiter les institutions scolaires des autres pays, et opportun de décentraliser l'Université. Tel est le cadre que nous avons rempli bien ou mal.

Ce qui nous a frappé surtout dans l'examen que nous avons fait des projets de lois, du nouveau plan d'études, des causes historiques et politiques de la crise, des doctrines les plus récentes sur le droit, sur l'éducation et sur la fonction d'éducateur, c'est la constante pensée de tout subordonner aux intérêts sociaux, plutôt que de respecter la valeur morale et le droit des personnes ; c'est la lutte de l'Eglise et de l'Etat pour rester les maîtres de l'enseignement et pour étendre leur action sur la société civile et sur les consciences ; c'est aussi le conflit de deux doctrines sur le droit, sur la morale, sur le sens de la vie, sur la nature de la vérité, conflit de la conscience collective et de la conscience morale, conflit de l'empirisme et de la raison. Se réalisant dans les actes, les idées ont engendré deux politiques hostiles et deux systèmes d'éducation opposés.

Nous avons vu dans cette lutte un danger pour l'éducation, car elle est la conséquence d'un dogmatisme qui ne laisse pas aux esprits la libre disposition d'eux-mêmes et qui impose aux volontés une fin étrangère au but de l'éducation. C'est en vue de l'action que celle-ci est organisée, non en vue de l'enfant. C'est à la société future que l'on songe plutôt qu'au présent, c'est à y adapter les intelligences, à préparer des combattants, des hommes de parti, plutôt que des esprits solides et droits. Quel que soit le principe en vertu duquel cette action s'organise, toujours l'éducation est dénaturée. Fondée sur les intérêts pratiques, l'éducation manque son but, sur les besoins sociaux elle ne donne pas à la personne morale le sentiment de sa valeur, sur la pure science elle n'est pas plus une éducation complète que la science elle-même n'est une solution définitive des grands problèmes philosophiques. Détachée de toute pensée religieuse, elle n'est qu'une culture de surface, impuissante à communiquer à l'âme la force et la vie, car le sentiment religieux est une partie intégrante de la vie intellectuelle et morale : il couronne les sommets de la pensée ; mais il ne saurait être exclusif de toute autre culture ni être un principe de domination des esprits. Ni les besoins sociaux, ni les besoins intellectuels ni ceux de la conscience ne créent un droit à aucune autorité sur lui, ni sur son esprit, ni sur sa volonté. Ce droit, cependant, on se l'arroge. De part et d'autre, l'éducation n'a pas seulement été liée à une doctrine, mais à une politique ayant pour but plutôt de faire triompher cette doctrine que de garantir la liberté des esprits et des consciences. Le danger n'est pas dans l'éducation scientifique ou religieuse, mais dans le rôle politique auquel on la subordonne ; il n'est pas dans l'intervention des autorités auprès des enfants, des pères de familles ou des maîtres, mais dans leur tendance à s'emparer d'eux et à diriger leur action vers des fins sociales, vers des intérêts communs, dont l'importance est exagérée, à placer ces intérêts purement temporels au-dessus de l'intérêt supérieur de l'enfant, qui est le développement de sa nature en vue d'elle-même et de sa fin morale, à confisquer en somme sa personnalité au lieu de la libérer.

Nous avons vu aussi dans cette lutte un danger pour la liberté du père de famille et pour celle du maître, pour la liberté des consciences et des intelligences. Un certain milieu les enveloppe et les enserre. Sur eux pèse une certaine contrainte morale : d'un côté, la politique de l'Etat, de l'autre, celle de l'Eglise. Pour les uns comme pour les autres, il est nécessaire de prendre parti, sous peine de paraître suspect. Les médiateurs, les conciliateurs, les esprits moyens et larges, les caractères indépendants sont regardés comme des ennemis ou des transfuges. De la sorte, la liberté n'est pas devenue, chez nous, un régime de paix, sous la protection de lois égales pour tous, réglant équitablement les charges et les obligations, assurant la vie, c'est-à-dire l'équilibre des intérêts et des droits ; elle est devenue, sous prétexte de justice sociale ou de liberté religieuse, un état de guerre religieuse et sociale, un perpétuel conflit non seulement d'intérêts, mais de droits, un moyen de discordes intestines, qui nous exposent aux révolutions, aux réactions, aux coups d'Etat, qui mettent sans cesse la liberté en péril et font douter de la valeur de son principe.

Ces dangers sont réels. On ne peut se les dissimuler. Le jeu des libertés se fausse et l'éducation dévie. De profonds malentendus se produisent dans les esprits et des divisions redoutables dans la société. De plus en plus, au lieu de la diversité des opinions et des idées, qui fait la vie morale d'un peuple, tout s'organise et se discipline comme pour une lutte suprême ; il s'établit deux camps et deux écoles, deux sortes de citoyens et deux jeunesses, deux éducations et deux politiques. La crise de l'enseignement est liée à une crise sociale. Tous les jours elles s'accentuent l'une et l'autre, bien loin d'entrer dans la voie d'une solution. Celle de l'enseignement est d'autant plus grave que les nouvelles lois ne sont pas promulguées et que les anciennes sont faussées dans leur application. La situation est si mal définie, qu'un critique distingué se demandait naguère si nous assistions à une *réorganisation* ou à une *décomposition* (1). La crise sociale détruit les liens moraux des hommes, comme elle bouleverse ou compromet les for-

(1) *Cf.* Revue Bleue, février 1905. G. Lauson.

tunes. On sacrifie les droits les plus légitimes à de prétendues mesures d'humanité. Ainsi disparaît la liberté avec la notion même du droit, et l'on se demande quel sera le dénouement d'une telle crise.

Tout ceci est l'effet du désordre, que des doctrines hardies et trop pressées de se réaliser ont jeté dans les esprits et dans la vie. On ne s'entend plus sur les idées essentielles. Les notions de liberté et d'éducation sont plus ou moins altérées par des éléments secondaires auxquels on a attribué une importance excessive. Le bien est confondu avec l'utile, l'ordre avec l'adaptation mécanique, et c'est de ce point de vue que l'on considère la vie sociale et l'éducation. En toutes choses on veut voir une évolution nécessaire vers le meilleur. Ce n'est plus l'idée de progrès qui nous dirige, car elle supposait la liberté, mais celle d'un mouvement fatal et d'une transformation scientifique des êtres et des sociétés. On perd ainsi le sens de ce qui est possible et juste, et l'on appelle réformes des bouleversements de surface. On croit trop à la science et pas assez à la raison. C'est de ces erreurs de doctrine que dérivent tous les effets que nous constatons dans la pratique. De part et d'autre, on affirme être en possession de la vérité et l'on prétend l'imposer par la contrainte sociale et par l'éducation. Au fond, on tombe dans le dogmatisme et l'intolérance et l'on méconnaît le droit et la liberté, seules conditions de la paix des esprits et de la réconciliation sociale.

Le socialisme l'emporte sur le libéralisme, et, dans cette transformation, la machine révolutionnaire, dont tous les rouages sont faussés, se précipite au hasard, chassant ou traînant les uns, broyant les autres.

Si ces désordres et ces dangers résultent d'un faux dogmatisme scientifique et social, c'est donc à une plus exacte notion de la vérité et du droit qu'il convient de ramener les esprits afin d'assurer la paix et la liberté dans l'éducation et dans la vie.

C'est ce qu'il me reste à démontrer.

Il n'y a pas d'autorité sociale ni politique, ni religieuse, qui puisse raisonnablement ou légalement s'attribuer sur les esprits ou sur les volontés une action autre que celle qui aurait pour but d'assurer à chaque personne morale le libre jeu des puissances de son âme ou d'empêcher les actions capables de nuire aux autres. La vie n'est possible entre les hommes que par le respect mutuel des consciences et des droits, de ce qu'ils tiennent pour vrai et de ce qu'ils revendiquent comme leur bien propre. Mais aussi, ce qui la rend impossible, c'est la violation de ces mêmes choses, soit au nom de la science, soit au nom de la religion, soit au nom de la société elle-même. On ne saurait, sans exposer les hommes aux divisions et aux haines, méconnaître ces deux choses : la liberté de la pensée et le droit individuel.

Tout dépend, dans la vie et dans l'éducation, de l'idée qu'on s'en fait, de la doctrine qu'on professe, des vérités qu'on tient pour essentielles. L'homme qui agit obéit à certains principes et l'éducation ne se fait pas avec des incertitudes. Les croyances, remarque Montesquieu, engendrent les mœurs, celles-ci les lois, les institutions, les formes politiques. Les nécessités pratiques manifestent le besoin impérieux d'une certaine définition de la vérité : est-ce à dire que l'adhésion à cette vérité puisse être ordonnée par quelque autorité, que les esprits puissent y être contraints ? Nullement, car la nature même de la vérité, ses conditions contingentes, l'impossibilité d'atteindre l'absolu, et la part que chacun de nous apporte dans l'élaboration de ses connaissances font qu'elle n'est pas imposable, que ce soit la vérité scientifique, la vérité philosophique ou la vérité religieuse. Dans l'une comme dans l'autre, toujours quelque chose nous échappe. Dans toute connaissance, même dans la croyance, la part de l'esprit est considérable. Il résulte de là que la personnalité doit être avant tout respectée, et qu'en pratique la vérité, c'est une mutuelle indulgence à l'égard des opinions .

La recherche du vrai est un besoin de la pensée, qui ne se repose que dans la certitude. Tout homme qui réfléchit se pose le problème de son existence et de sa destinée, de celles des autres êtres. Il se demande à quels principes il doit rattacher sa pensée et sa volonté, ce que vaut sa science et quelles règles dirigent sa conduite. Il fait la critique de ses connaissances et son examen de conscience. Il mesure la portée de son esprit et l'étendue des choses. Il cherche la vérité sur lui-même, sur ce qui est visible et sur ce qui est invisible. Il la découvre dans l'accord de sa pensée avec ses propres principes et dans son rapport avec les objets extérieurs. Il pose une limite à ce qui est scientifiquement connaissable. Mais la science ne lui suffit pas, car elle ne lui apparaît que comme un système de relations, qui supposent démontrés certains problèmes, fondées certaines notions essentielles, primordiales, sans lesquelles ses déductions ou ses inductions manqueraient de garanties. Il veut savoir enfin quelle loi gouverne ses actions aussi bien que ses pensées. Il faut de toute nécessité que le contingent ait un point d'appui, que la raison et la conscience s'éclairent à un foyer de lumière. Voilà à quels besoins éternels de la pensée prétend répondre la philosophie, à défaut de la science, et auxquels répond mieux encore la religion, par l'idée qu'elle se fait de la vérité.

Quel savant, quel philosophe, quel homme oserait dire : « ceci est la vérité » ? Les réflexions de Pascal sur l'immensité des choses n'ont rien perdu de leur portée par les progrès de la science, puisque, à son tour, elle nous fait voir dans les infiniment petits « un abîme nouveau », qu'elle ne saurait entièrement sonder. Peut-on se flatter que les inductions scientifiques aient une valeur absolue ? Qu'aucune cause d'erreur ne vienne de l'expérience ? La puissance de l'hypermicroscope, si étonnante quelle soit, est-elle une garantie qu'aucun corpuscule vivant n'existe de dimension inférieure à un millionième de millimètre ? Tout est-il déterminable en quantité ? L'étendue est-elle l'unique condition de l'être ? Oui, pour le savant, non, pour le philosophe. Celui-ci est-il satisfait des résultats de ses propres recherches ? Ses conclusions sont-elles certaines ? La philosophie n'est guère que l'ensemble des spéculations de l'esprit cherchant un point fixe tantôt en lui-même, tantôt dans l'expérience sensible, tantôt dans une idée réalisée. Ou bien il se prend lui-même pour la mesure du vrai, ou bien il confesse que tout s'écoule et fuit, ou bien il avoue son impuissance à pénétrer jusqu'à l'au-delà. Pour le philosophe, comme pour le savant, la vérité n'est qu'un rapport, une forme de la pensée, une représentation, une illusion. L'esprit, avide de la connaître, peut-il se contenter de l'idéalisme d'un Descartes, du phénoménisme d'un David Hume, du criticisme d'un Kant, du positivisme d'un Stuart Mill ou d'un Taine, du néo-criticisme d'un Renouvier, du monisme d'un Hœckel, de la « philosophie à la fois positive et idéaliste » d'un Fouillée ? Où puiser dans ces systèmes sans cesse renaissants l'idée unique, le principe premier, la pensée directrice, assez simple et assez compréhensive pour rendre raison de tout ? Pauvre philosophie que celle qui s'imagine tenir le principe des choses ! Pauvre science que celle qui ne voit pas que la vérité d'aujourd'hui peut être l'erreur de demain ! La science et la philosophie ne possèdent que les apparences de la vérité, son essence leur échappe. Modifiant sans cesse leurs points de vue, elles ne font que la pressentir. Fondées sur une intelligence naturellement bornée et sur une expérience plus limitée encore, elles dépassent leurs prémisses, quand elles concluent au dogmatisme.

Le dogmatisme n'est qu'une exaltation de l'orgueil humain. Pascal l'avait remarqué, lorsqu'il s'attaquait aux Stoïciens et déclarait le *moi haïssable*. Ceux-ci croyaient à l'infaillibilité de la raison : « *Sapiens non opinatur* » (1). Pascal se moquait encore de ces savants qui « font les entendus » et ne voient pas que la vraie science est une « ignorance savante et réfléchie ». Les savants et les philosophes de nos jours n'ont pas évité cet écueil, où sombre la pensée, pour s'être exagéré son pouvoir. Ils

(1) Sénèque.

croient trop imperturbablement à un progrès indéfini, à une évolution nécessaire de la nature et de l'homme, à la possibilité de réformer l'humanité, de la conduire infailliblement à la perfection de l'esprit, du cœur, de la conscience, de l' « organiser scientifiquement », de lui assurer « le maximum possible de bonheur et de moralité » ; dogmatisme nouveau, qui conduit à l'intolérance, car il ne respecte pas la condition essentielle de toute connaissance, qui est la liberté de l'intelligence et la spontanéité de son adhésion à la vérité reconnue.

Tout autre est le dogmatisme religieux. C'est un dogmatisme libéral et charitable. Il enseigne aux hommes les vérités les plus conformes au sens commun et à la tradition , et, s'il prescrit l'humilité, c'est une humilité volontaire, qui est pour eux un mérite. Les vérités chrétiennes se sont transmises à travers les siècles comme un testament sacré, dont la forme dogmatique précise les points essentiels, mais auquel chacun a part.

Ces mêmes vérités, chacun les retrouve dans sa propre raison. Les hommes croient au bien, à la justice, à la vertu. Ils admirent la générosité, le dévouement, le sacrifice, la beauté de certains caractères et de certaines actions. Ils reconnaissent aussi leur faiblesse. Et cela n'est pas un simple phénomène psychologique, respectable en chaque conscience comme tout autre phénomène, parce qu'il s'y produit, et en soi-même une illusion mystique, cela répond à des actes réels.

Mais l'absolue vérité est au-dessus de la raison et celle-ci n'en approche qu'en se renonçant elle-même. Elle offre le salut aux pauvres d'esprit, aux simples de cœur, aux hommes de bonne volonté. La religion leur fait un mérite de cette foi qui prend son fondement dans la conscience morale, pour s'élever à travers les ombres de la pensée vers la lumière des premiers principes, vers cette sphère lumineuse et voilée, que le philosophe entrevoit à peine, mais dont le croyant ne détache jamais ses regards et qu'il aperçoit encore, alors que les ténèbres qui la dérobent semblent s'épaissir : *Deus absconditus*. C'est la condition humaine. La foi n'est pas seulement pour l'homme un don de la divine Sagesse, elle est un acte moral, une adhésion libre de la pensée au vrai, un consentement volontaire au bien, un effort vers la perfection suprême. L'activité humaine cesserait bientôt de se déployer si l'intelligence et le cœur cessaient d'espérer ou de désirer. La plus belle doctrine qui ait été enseignée aux hommes, c'est celle qui leur a fait voir en Dieu un être qui, par l'attrait du désirable, est le premier moteur d'un monde qui, sans le connaître, gravite autour de lui. Enveloppant sous les symboles du mystère les vérités les plus conformes aux plus hautes aspirations de l'âme, le dogmatisme religieux suscite celles-ci sans les contraindre. Il est, dit Lactance, « la seule chose où la liberté ait élu domicile ». Il ouvre à l'esprit les horizons infinis des choses, lui montre ce qu'il est lui-même, jusqu'où il doit s'élever, jusqu'où il peut descendre ; mais en lui découvrant les sommets et les abîmes, la religion le soutient et le guide, sans lui ôter le sentiment de ce dont il est capable. C'est la vérité sur nous-mêmes, dans ce qu'elle a de plus universel et de plus profond.

Ce qu'elle renferme d'éternel et d'universel est précisément ce qui fait son prix à nos yeux, car cela nous sert d'appui et de guide, au milieu des incertitudes de la science, dans la mobilité et l'antagonisme des systèmes. Cela démontre aussi l'absurdité des doctrines qui, échelonnant par couches successives des besoins égaux de l'esprit, le sens des réalités et celui de l'absolu, ne voient dans la pensée religieuse qu'un premier élan de la pensée vers la connaissance positive, c'est-à-dire contingente, expérimentale ou abstraite, dans celle-ci son terme définitif. Elles ignorent que tout devient faux, quand on s'écarte de ces points fixes autour desquels l'humanité se meut depuis des siècles et qu'on appelle les éternelles vérités de l'ordre moral, les principes de la raison et de la conscience.

Ainsi, la vérité consiste moins dans les conditions contingentes de l'induction scientifique, observées dans la nature ou même dans la vie sociale, dans les hypothèses et les spéculations des philosophes, que dans la tradition morale et religieuse de l'humanité, dans la libre adhésion des esprits et des consciences, dans la croyance à l'être et au bien.

De toute façon, l'absolu nous échappe et nous dépasse. Nous ne l'atteignons que d'une manière indirecte, par les relations qu'il soutient avec notre raison, dans ce qu'il n'est pas plutôt que dans ce qu'il est. Mais précisément, tout ce que la connaissance renferme de libre et de contingent produit dans les opinions la plus grande diversité. L'existence des choses n'est pas leur connaissance, et dans la connaissance un élément subjectif et personnel s'ajoute à leur objet. Chaque savant, chaque philosophe, chaque croyant conçoit et exprime d'une manière propre la vérité à laquelle son esprit s'applique : « *propriè communia dicere* ». C'est la liberté de la pensée.

Il résulte de ceci une conséquence pratique de la plus haute importance, c'est la liberté de l'erreur et l'obligation de la tolérance pour les uns comme pour les autres.

L'erreur est un mal nécessaire, comme la douleur physique ou la souffrance morale. Les maux sont la condition des biens dont nous jouissons et qu'ils font valoir, comme l'ombre la lumière. Ce sont des imperfections auxquelles même les biens n'échappent pas. L'erreur est une négation, une affirmation partielle. Elle résulte de la faiblesse de notre intelligence. Mais elle se détruit elle-même. Les hommes la reconnaissent aux ruines qu'elle cause. Ces maux sont sa propre sanction et leur châtiment, car ils en sont responsables comme de leurs fautes. Pour leur propre justification, il est nécessaire qu'ils la reconnaissent eux-mêmes.

L'enfant, sans doute, n'est pas toujours un juge compétent et il doit se soumettre d'abord à l'autorité de ceux qui l'enseignent. Mais il n'est pas sans défense contre les abus de cette autorité ou contre les erreurs de l'enseignement. L'action de la famille peut suffire à le mettre en garde, et, quand elle ne suffirait pas, il trouverait un appui contre elles, pourvu qu'il ne soit pas influencé, dans la probité même de son intelligence, chaque fois qu'il ferait lui-même la critique de ses propres connaissances.

Le respect des pensées et des convictions d'autrui, c'est ce qu'on appelle la tolérance. La tolérance est la condition de la paix intellectuelle dans la vie publique, comme dans la vie privée. Si l'autorité soutient le dogmatisme, celui-ci devient intolérant, celle-là oppressive ; elle ne tarde pas à se servir de la contrainte et à substituer la force à la persuasion. Car, comment imposer une doctrine, sans attenter aux personnes, sans profaner le sanctuaire de l'âme, sans violer ce qui est inviolable et sacré ? C'est ce qui se produit, chaque fois que le bras séculier se met au service de la science, comme il a pu se mettre au service de la religion, sous un vain prétexte d'unité morale. L'Etat se substitue ou s'allie à elles et se fait persécuteur en leur propre nom. Il n'admet plus aucune dissidence, aucun non-conformisme. Le caractère de la science et de la religion s'en trouve altéré, leur mission faussée, leur autorité compromise, par le mélange des intérêts temporels avec les intérêts spirituels de la personne morale. Les Constituants de 1789 faisaient preuve d'une grande sagesse, quand ils plaçaient en dehors des questions constitutionnelles toutes celles qui ont pour objet la pensée et la croyance. En séparant l'ordre civil de l'ordre de la pensée, ils laissaient à celui-ci toute son indépendance et ils reconnaissaient à la personne morale tous ses droits. Tout ne peut pas être réglé par des lois. La vérité, la foi, le dévouement ne se décrètent pas. L'autorité véritable en ces matières n'a rien de commun avec la contrainte sociale ou la force publique. Elle réside tout entière dans la supériorité intellectuelle et morale, universellement reconnue et ne s'imposant que par l'influence personnelle. Dès lors, elle est tolérante, indulgente, patiente et bonne. A ces conditions seulement, la vie devient possible entre les hommes, la liberté est assurée aux consciences, la paix établie entre les esprits. Les rapports des hommes sont composés d'abord de respect et d'amour. Dans la vie pratique, la vérité, c'est la charité.

La tolérance, la liberté de la pensée, même quand celle-ci se trompe, découlent donc de la nature même de la connaissance et de la vérité. Le dogmatisme n'en respecte pas les conditions, et, quand il prétend s'imposer aux esprits pour les unifier, c'est toujours à l'aide de la contrainte et dans un autre but que la simple culture de l'esprit. Et alors s'accusent ces divisions profondes, dont nous nous plaignons tous et qui rendent la vie impossible autant pour les uns que pour les autres. Ne voit-on pas comme elles vont tous les jours s'accentuant davantage ? Il est inutile de retracer un tableau que tout le monde a sous les yeux, mais dont les traits ne suffisent pas encore à nous montrer combien nous sommes dans le faux. La vérité n'est pas dans le dogmatisme intransigeant, brutal et sans âme, comme la science, mais dans cet esprit de charité qui découle de ce qu'il y a d'universel, de profondément humain et de mystérieux dans la religion, et qui enseigne aux hommes à se respecter et à s'aimer les uns les autres.

La question s'est donc déplacée. Du domaine des esprits et des consciences, elle s'est transportée dans le domaine de l'action. Cela met en évidence le sophisme que renferme la thèse de l'unité morale, quand elle pose en loi de l'action les obscurités de la pensée. Dès lors, il ne s'agit plus de savoir ce qu'est la vérité, au sujet de laquelle les hommes ne sauraient être d'accord, mais ce qu'est la justice et si elle n'est pas la suprême sauvegarde de la liberté, comme de la conscience. La paix intellectuelle et la paix sociale ne peuvent être assurées ni par la contrainte, ni par l'autorité religieuse, ni par la philosophie, ni par la science, ni même par la morale, puisque sur toutes ces matières l'entente est impossible. Ceux qui font appel aux intérêts généraux, à la solidarité humaine, au patriotisme, compliquent la situation, au lieu de la simplifier. Ce sont des motifs d'union, mais secondaires et spéciaux. Pour faire remonter aux esprits la pente si rapidement descendue, il leur faut un point fixe, une notion commune ; nous les trouvons non pas dans l'unité d'une doctrine, mais dans le respect du droit, car le droit est la forme la plus générale de la vie.

Le droit présente ce caractère d'être la forme personnelle ou commune de nos actes moraux ou de nos actes sociaux, et d'être essentiellement libéral. Dérivant de notre liberté naturelle, il la transporte dans la vie publique, au moyen de certaines formules précises qui fixent les rapports des volontés. L'idée de liberté est étroitement liée à l'idée de droit, tant au point de vue civil qu'au point de vue moral. Qu'est-ce que le droit, sinon le pouvoir d'exercer sa liberté ? Qu'est-ce que la liberté, sinon le pouvoir de jouir de son droit ? Le droit et la liberté sont des pouvoirs naturels et sociaux tout ensemble.

C'est la raison qui d'abord fait l'homme libre, et c'est la liberté morale qui engendre son droit. Le sentiment du droit et de la liberté est si profond chez les hommes et si universel, que toute affirmation de l'une ou de l'autre impose le respect et l'admiration, toute violation soulève les protestations indignées de ceux qui en sont victimes. N'est-ce pas dans ce sentiment que l'individu puise la force de résistance et d'action ? Tout homme découvre en lui-même assez d'énergie pour affirmer sa liberté, assez de lumières pour reconnaître son droit. Ce sentiment touche de trop près à l'honnêteté, pour admettre aucune entrave. Les martyrs chrétiens osaient lancer aux Décius et aux Dioclétiens cette fière parole : *non possumus*. Cela est si naturel que les Constituants de 1789 inscrivaient dans leur Déclaration que la résistance à l'oppression est plus qu'un droit, mais un devoir sacré. Et quand bien même l'homme courbé sous le joug en subirait la contrainte, il conserverait encore, comme Cicéron entre les mains des soldats d'Octave, la foi dans le triomphe de la justice.

En fait, toute la vie n'est qu'une incessante revendication du droit. Dès l'instant où, par nos actes, nous entrons en relation avec nos semblables, quels que soient les motifs qui nous les dictent, ils prennent une forme juridique. Les lois sont même souvent des formules morales très précises. Le droit règle toutes les conditions sociales de la vie privée et celles de la vie publique, tous les rapports qui naissent des besoins et des intérêts réciproques des hommes. Rien n'est plus varié que la vie. Vivre, c'est tout ensemble agir et penser, se mouvoir et parler, travailler et développer ses facultés, soutenir sa santé et enrichir son intelligence, acquérir des biens, fonder une famille, communiquer avec ses semblables. Aucun de ces actes ne peut être interdit, sans qu'il s'ensuive une diminution de la vie, un amoindrissement de l'être humain. La vie aussi est faite d'intérêts. Les intérêts les plus divers s'y heurtent, s'y opposent, s'y limitent, ceux de l'intelligence, ceux de la conscience, ceux des personnes, ceux des institutions, au point que parfois l'on confond les doctrines, les intérêts et les hommes. C'est l'office des lois de rétablir leur harmonie. Tout ce que la raison et la conscience ordonnent, tout ce que les besoins naturels exigent, les lois le reconnaissent, le précisent, le règlent. Elles interviennent pour tracer les limites de notre action et nous garantir du même coup l'exercice de notre liberté. Le droit ne disparaît qu'avec la personne civile, et, comme toutes les personnes sont égales, au regard de la loi, le droit est commun et c'est dans cette communauté du droit, dans cette égalité des personnes civiles, que consiste en fait la liberté.

Que l'on considère la personne morale ou la personne civile, la liberté est inséparable du droit, car c'est par le droit que l'individu prend possession de lui-même et s'affirme aux yeux d'autrui.

C'est pourquoi le droit embrasse toutes les libertés, celle de disposer de sa personne et de ses biens, celle d'avoir des opinions, de professer certaines doctrines, certaines croyances, de les transmettre à autrui ou à ses propres enfants. Il est placé en dehors et au-dessus des débats qu'elles peuvent engendrer. Il les rend même possibles, et, ce qui est davantage, légaux.

Voilà pourquoi le terrain du droit est le seul sur lequel les hommes puissent se rencontrer, de même qu'il leur offre un appui solide pour résister aux adversaires de la liberté.

Les adversaires de la liberté sont, en effet, les ennemis du droit, auquel ils s'attaquent et dont ils dénaturent la notion, parce que le droit libéral est encore aujourd'hui le fondement de la Société. Ceux qui ne voient dans le droit aucun principe naturel, qui le ramènent à un ensemble de garanties sociales, sont aussi ceux qui nient la raison, la conscience, la personne morale, la liberté. La justice, pour eux, est purement sociale. Elle consiste à donner à chacun tout ce qui lui est dû en vertu de la solidarité qui unit les hommes. Ils ne voient point qu'il est des actions qui ne sont pas socialement exigibles, ou qui ne le deviennent que par un abus de la force collective, qu'il est des fautes que la société ne peut réprimer, des vertus qu'elle ne peut prescrire, car elles ne sont ni des actes de justice, ni des injustices. Ils ne voient point que leur prétendue justice sociale n'est souvent qu'un acte de faiblesse qui s'accomplit au détriment du droit véritable. N'importe. Ils ramènent la charité à la justice, et ils considèrent la société comme un pouvoir dont l'objet est, au moyen des lois, de contraindre les hommes à devenir meilleurs, en dépit de leur propre nature et de leur liberté. Volontiers, ils diraient comme les lois d'Athènes à Socrate : « N'est-ce pas nous, à qui d'abord tu dois la vie ?... Peux-tu nier que tu sois notre enfant et notre serviteur ?... Crois-tu avoir des droits égaux aux nôtres ?... » (1).

Si nous avons combattu ces doctrines, c'est que nous avons vu en elles, au lieu du principe d'unité morale qu'on nous annonçait, celui d'une contrainte sociale aussi redoutable que celle de la cité antique. Si nous leur

(1) Platon, *Criton*

avons opposé les principes du spiritualisme traditionnel, ce n'est pas seulement parce qu'il a triomphé du paganisme et affranchi l'humanité, mais parce qu'il est la doctrine la plus conforme à la conscience et à la raison, la seule vraiment libérale.

Le droit est supérieur aux autorités sociales. Aucune société ne peut se placer au-dessus des personnes autrement que pour établir leurs rapports. Aucune n'a le pouvoir de créer le droit. Après tout, qu'est-ce que cette garantie sociale, dont on fait l'essence du droit ? Quelle en est la valeur ? Sur quelle règle s'appuie-t-elle ? Je ne vois que l'intérêt du moment, c'est-à-dire ce qu'il y a de plus variable. Dans ce cas, où est la garantie ? La justice serait donc faite de passions, de calculs, de faiblesses, d'audace ? Le droit est universel et absolu dans sa nature. Les législateurs qui le définissent, les magistrats qui l'interprètent parlent moins au nom de la société qu'au nom de la raison et de leur conscience. A supposer que l'individu ne puisse s'affranchir des liens qu'elle impose, puisqu'en effet il a besoin de la société pour vivre, comme de l'air qu'il respire, ce n'est pas d'elle qu'il tient tout ce qu'il est, mais de la nature. Ce n'est pas uniquement pour elle qu'il vit. La solidarité, qui lie les membres entre eux, soit par rapport au passé, soit par rapport au présent, n'est qu'une réciprocité d'intérêts et de besoins. Elle ne supprime pas le droit. Elle fait que, dans une société et du fait même de son existence ou de ses progrès passés, il y a quelque chose qui s'impose à l'individu, quelque chose d'extérieur à lui, dont il profite et qui parfois le lie. Le droit est antérieur à tous ces faits. Il y a quelque chose, qui échappe au mouvement social, aux conditions contingentes de la vie publique, qui n'est pas susceptible de développement dans sa nature et d'aucun progrès : c'est la raison, et la raison sous sa forme sociale, c'est le droit. Si quelque jour la sociologie devient une science positive, elle ne sera qu'une science des conditions observables, expérimentales de la vie, elle ne pourra rendre raison de ce qu'il y a de nécessaire et d'universel dans les principes de l'équité et dans la nature morale de l'homme.

C'est pourquoi toutes les mesures qui tendent à socialiser les droits tendent par là même à réduire le droit. De nos jours, tout se socialise à notre insu, le travail, le capital, le commerce, l'industrie, l'enseignement, même la religion. Nous sommes enveloppés par le socialisme. Les individus sont insensiblement incorporés aux groupes ou à la masse, et leurs fortunes comme leurs personnes. Le cercle se resserre sans cesse davantage et le droit se rétrécit, comme le champ de la liberté, à mesure que s'exagèrent les fonctions sociales et se multiplient les actions collectives.

Ce qui importe, c'est qu'en intervenant dans la définition des droits, la société ne constitue des privilèges que pour des motifs supérieurs, pour des raisons d'utilité publique et pour des services que les particuliers ne peuvent pas se rendre les uns aux autres. Pour tout ce qui relève de la libre activité des citoyens et compose leur vie, le rôle du législateur n'est pas de mettre une entrave, mais de définir la forme de l'action et de respecter les principes fondamentaux sur lesquels repose la société. Quand une loi doit être appliquée à tous les citoyens, il faut que ce soit dans les mêmes conditions pratiques. Si les moyens d'action n'étaient pas les mêmes pour tous, le droit serait faussé, non dans sa forme, mais dans sa matière. La société est faite pour tous ceux qui y vivent. Elle leur doit une égale protection.

Le droit reste donc, en dépit des sophismes politiques d'une science téméraire et trop pressée de conclure, le principe vital par excellence pour toute société attachée à la liberté et désireuse de conserver la paix dans son sein et parmi ses membres. Il offre aux hommes divisés sur toutes les questions qui regardent la conscience un terrain d'entente, qui est la commune nécessité de vivre, et un suprême refuge.

Le respect de la justice devient ainsi la garantie des droits de la vérité comme il est celle de la liberté. Reconnaître les droits de chacun, ce n'est pas seulement permettre à tous de vivre sous la protection des mêmes lois, c'est encore leur laisser l'indépendance morale au sein de la société et donner à celle-ci cette diversité d'éléments, qui fait la variété et le charme de la vie.

Tous nos efforts doivent donc tendre à combattre l'invasion du droit social, à n'appliquer qu'avec la plus extrême prudence les lois de solidarité, de coopération, de mutualité, qui substituent l'action collective à l'initiative privée et emportent par morceaux la liberté, à maintenir dans nos lois les principes du droit libéral ou naturel, du droit rationnel et moral, à rappeler, en un mot, les hommes au sentiment de leur valeur propre et de leur dignité. Par là seulement peut se résoudre la crise que traverse l'âme française.

Soyons des libéraux, mais de véritables, c'est-à-dire de ceux qui, tout en répudiant les privilèges sociaux, tout en réclamant l'égalité dans l'application des lois, savent respecter la personne d'autrui, les droits de chacun et ceux de la conscience. De toutes les questions agitées dans les temps que nous traversons, c'est la seule que nous voulions retenir, car elle nous paraît capitale. Défendons les principes du droit.

Au surplus, nous avons confiance dans le triomphe du libéralisme, parce qu'il est la seule doctrine raisonnable et qu'il n'est au pouvoir d'aucun homme de se placer en dehors de la raison. Tôt ou tard celle-ci prend sa revanche et se redresse contre ceux qui l'ont méconnue. La force ne peut pas toujours suffire à l'opprimer. Elle peut l'emporter un instant ; mais elle ne prime pas le droit.

C'est donc, en définitive, entre les législateurs que le problème le plus grave est posé maintenant. L'avenir de l'enseignement, comme celui de la société, dépend, à l'heure présente, des principes qui prévaudront dans leur pensée, car les lois scolaires seront inspirées du même esprit que les autres. Qui l'emportera, soit dans l'enseignement, soit dans l'ordre politique, du socialisme ou du libéralisme ? voilà ce qu'il s'agit désormais de savoir.

Quelles lois est-ce qu'on nous prépare ? Se propose-t-on d'assurer enfin à la France ce régime de justice tant annoncé depuis un siècle, ou, remontant par delà la Révolution, de restaurer au profit d'une collectivité impersonnelle les règles despotiques des monarques absolus ou des cités antiques ? Allons-nous voir disparaître de nos Codes ces principes rationnels et universels, dont s'étaient inspirés ceux qui les rédigèrent et que les Conventionnels eux-mêmes inscrivaient, en trois mots, au frontispice de tous les temples, comme la Charte du libéralisme ? Allons-nous subir la tyrannie sociale ? Des deux traditions que nous a léguées l'ancienne France, laquelle entend-on continuer ou reprendre ? Est-ce la tradition des libertés municipales ou communales, des franchises locales, des chartes provinciales, de l'émancipation des bourgeois et des serfs, de l'émancipation de la terre, du rationalisme de Montesquieu, de Voltaire, de Turgot, de Mirabeau ? Est-ce la tradition de la centralisation administrative, de la tyrannie politique, de la révocation de l'édit de Nantes, de la persécution des jansénistes retournée contre les catholiques, des lettres de cachet, du jacobinisme, du proconsulat ?

Il ne nous appartient pas de faire des conjectures, car nous savons que personne n'est maître de l'avenir. A tout le moins, puisqu'on invoque les traditions de la race et qu'au nom de ces traditions les hommes politiques prétendent en diriger l'évolution, est-il permis de remarquer que les leçons du passé ont leur éloquence et de voir si ceux qui s'en réclament les ont fidèlement retenues.

La véritable tradition française, c'est celle qui de tout temps nous montre tantôt le tiers-état luttant contre la noblesse, tantôt la noblesse luttant contre la royauté, et à la fin l'une et l'autre s'unissant pour ramener celle-ci à son véritable principe, à sa fonction naturelle, qui est d'assurer l'ordre dans la société et le bien de ses membres. En 1789, les hommes que la nation avait envoyés à Versailles s'étaient proposés de rappeler à la monarchie que la condition de son existence et son rôle, c'était cette œuvre d'émancipation nationale, qu'elle avait laissée inachevée et qu'il fallait couronner en fixant les lois, en y introduisant le principe d'une égalité déjà établie dans les mœurs, en donnant au pays avec la liberté civile une constitution libérale. Ils ont détruit les privilèges. Ils en ont tari même la source. Ces hommes appartenaient à la vieille bourgeoisie, à cette classe moyenne, derrière laquelle et quelquefois devant marchait la foule des artisans et des paysans récemment affranchis. Voilà la tradition nationale ! C'est une lutte persévérante pour la conquête de l'égalité civile et de la liberté politique.

Cette tradition, deux partis la répudient, deux sortes de réactionnaires en remontent le courant : les uns confisquent la liberté, entraînés par l'excès de leur zèle ou par les besoins de la défense religieuse en dehors des justes limites : les autres la suppriment, convaincus qu'elle s'identifie avec le progrès social et l'émancipation des esprits par la science. Tous invoquent la tradition, tous la dénaturent. Les premiers oublient que le gallicanisme fut la politique religieuse de la nation et des rois, les seconds reprennent pour leur propre compte les maximes de l'absolutisme. Tandis que les militants reconstituent d'un côté le parti catholique et reprennent sous une autre forme l'action de Montalembert, de l'autre la démocratie s'efforce non seulement de renverser l'œuvre de la bourgeoisie, transformée en une aristocratie financière, mais de restaurer les moyens de gouvernement pratiqués par les despotes. A son tour, elle vient dire : « Si veult le roy, si veult la loy », alors que ses adversaires répètent le mot célèbre : « compelle intrare ». De telles exagérations troublent les esprits et altèrent le sens de l'histoire.

Il ne faut pas oublier que les réactions ne sont point des solutions et qu'elles laissent subsister les problèmes.

Les plus violentes ne font que motiver des représailles terribles, qui se produisent tôt ou tard. Mais il faut toujours reprendre les questions débattues.

L'œuvre sociale et juridique de la Révolution va-t-elle être emportée dans une Révolution nouvelle, qui, non contente de renverser les institutions établies, étoufferait sous ses ruines jusqu'aux principes, jusqu'à la conscience, jusqu'à la raison même ? En présence d'une telle éventualité, on se rappelle la parole de Tacite : *Pejora timuere*, et l'on se demande si, au lieu de bouleverser le monde, de tenter des expériences dangereuses avec l'illusion de réaliser des progrès problématiques, il ne conviendrait pas de rester attaché à ce point fixe, qu'enveloppent les formules de 89, et qu'on appelle le droit et la liberté. Nous voulons croire que le sens des réalités et des choses possibles ne s'est pas altéré, en France, au point de disparaître, que le bon sens, qui est la marque de notre génie et notre véritable tradition, suffirait, en dépit des erreurs, à nous préserver des excès et à conserver dans nos lois l'équité ; et, quand le bon sens français ne réagirait pas, la raison humaine protesterait contre l'injustice et contre l'oppression.

Puisque c'est aux législateurs qu'il appartient de décider de l'avenir, osons leur dire que la société, dans sa forme adulte, qui est l'ensemble des citoyens, et dans son germe, qui est l'enfance, attend d'eux une œuvre de paix et de liberté.

Oui, c'est dans la paix seulement et dans la liberté, dans le calme de l'esprit et du cœur, loin des orages de la vie, à l'abri des passions des hommes, que doivent grandir l'enfant et se dresser l'école. La cité des esprits s'élève autour du temple de la sagesse.

Malgré moi, ma pensée se reporte vers les lieux où s'est passée ma jeunesse. C'est ici, auprès de ces chaires éloquentes, dans lesquelles se sont assis plusieurs de ceux qui furent mes camarades et sont restés mes amis, que se faisait entendre le langage de la raison et de la liberté. Les maîtres qui tenaient ce langage avaient la noble ambition d'enseigner la vérité et de fortifier les esprits par la science. C'est là-bas, dans la haute et mélancolique vallée, au milieu des pins, des genêts et des myrtilles, que beaucoup d'entre nous ont respiré l'air reposant des solitudes ; là-bas, dans cette salle d'étude sévère, sur ces tables de bois séculaires, qui portent encore les noms de nombreuses générations de disciples, qu'ils ont feuilleté les textes antiques, et, tandis que le vent montait des grands bois ou que le soleil levant empourprait les murailles, qu'ils ont médité et senti, ouvert leurs esprits aux choses de la nature et de la vie, à tout ce qui élève et fortifie, aux grandes vérités et aux éternels principes ; c'est là que leurs cœurs ont battu ensemble sur une page de Virgile ou de Sophocle ; là que se sont formées, par de communes pensées et parfois de hautes aspirations, qu'ont grandi, associées plus tard au souvenir de maîtres vénérés, des amitiés qui durent encore.

N'envions pas à la jeunesse ces années de douce tranquillité, de labeur désintéressé, de féconds et libres efforts. Assez tôt s'offriront à elles les combats de la vie réelle, la lutte des intérêts, les désenchantements, les déceptions amères. Demain ne nous appartient pas, et, quand nous croyons préparer l'avenir, souvent nos espérances sont vaines. Qui peut savoir ce que fera demain la jeunesse d'aujourd'hui ? Les convictions des hommes ne se forment que dans l'âge mûr. Ne la mêlons donc pas à nos luttes présentes. Élevons-la pour elle-même dans cette paix de l'âme et cet amour du bien, qui sont le meilleur fruit de la culture classique et de l'éducation religieuse.

Lyon. — Imp. A. Rey, 4, rue Gentil. — 37138

www.ingramcontent.com/pod-product-compliance
Ingram Content Group UK Ltd.
Pitfield, Milton Keynes, MK11 3LW, UK
UKHW012152240726
13966UKWH00002B/287